별난, 한국사
Keyword

별난, 한국사 Keyword (下)

초판 1쇄 2019년 03월 06일

지은이 최우창
발행인 김재홍
교정 · 교열 김진섭
마케팅 이연실

발행처 도서출판 지식공감
등록번호 제396-2012-000018호
주소 경기도 고양시 일산동구 견달산로225번길 112
전화 02-3141-2700
팩스 02-322-3089
홈페이지 www.bookdaum.com
이메일 bookon@daum.net

가격 15,000원
ISBN 979-11-5622-437-2 04910
SET ISBN 979-11-5622-025-1 04910

CIP제어번호 CIP2019006563
이 도서의 국립중앙도서관 출판예정도서목록(CIP)은 서지정보유통지원시스템 홈페이지(http://seoji.
nl.go.kr)와 국가자료공동목록시스템(http://www.nl.go.kr/kolisnet)에서 이용하실 수 있습니다.

57개의 핵심어로, 한국근현대사 꿰뚫어 보기

별난,
한국사
Keyword

▌최우창　　下 근현대편

『별난 한국사 Keyword 상上』을 2014년에 출간했으니 햇수로 5년이 지나, 이제 하권을 내게 되었습니다. 그 중간인 2017년에 『앎엔삶』을 냈지만, 저에게 하권을 쓰는 것은 묵은 숙제였습니다. 지인들께서 하권은 언제쯤 나오느냐고 물을 땐 괜히 상권을 썼구나 싶기도 했습니다. 그런 부담 때문에 이래저래 핑계를 대며 빠져 다녔는데, 이젠 막다른 골목이다 싶어 드문드문 쓴 것들을 다듬어 탈고하고 나니 "언제쯤"의 말씀은 듣지 않아도 될 것 같습니다. 가려운 귓속을 면봉으로 마구 후빈 것 같은 마음입니다.

가끔 수업시간에 학생들이 "역사가 뭐예요?" 물을 때마다, 저는 "과거에 살았던 사람들의 이야기입니다."라고 대답해 왔습니다. 그런 맥락에서 말하자면, '역사는 사람이다.'고 말할 수 있고, 또한 '역사는 이야기다.'라고도 할 수 있습니다. 사람은 본능적으로 이야기를 좋아합니다. 갖은 종류의 이야기 가운데 '사람들의 이야기'를 좋아합니다. 가장 좋아하는 것은 좋아하는 사람들끼리 모여, 뭘 먹으면서 이야기하는 것입니다.

당연히 맛난 것을 먹으면서 수다를 떠는 것을 좋아합니다.

얼마 전에 종영된 드라마 〈SKY 캐슬〉은 명문대학교 입시와 관련된 상류층과 그 자녀들에 관한 이야기로서, 그 본질은 이것입니다. 자녀들을 명문대학교에 진학시켜, 높은 신분계급을 갖고 살도록 하겠다는 것입니다. 계층과 계급은 구별된 개념이지만, 아직도 우리 사회에는 계층을 계급으로 인식하는 분들이 많습니다. 드라마 〈SKY 캐슬〉 속에서 어른들이 집착한 이유는 오직 명문대학교, 명문직업, 명문신분, 명문집안으로 이어지는 연결고리를 갖는 것이었습니다.

일반적으로 신분사회계급사회에서 신분계급이 높으면 권리와 권한은 많고 의무는 적습니다. 반면에 신분이 낮으면 권리와 권한은 별로이고 의무만이 한가득 입니다. 따라서 인간은 본능적으로 낮은 신분보다 높은 신분을 갖길 원합니다. 왜냐하면 생존에 유리하기 때문입니다. 신분이 높으면 생존에도 유리하고 또한 누릴 것이 많습니다. '누리다'는 생활 속에서 마음껏 즐기거나 맛본다는 뜻이고, 비슷한 말은 즐기다, 향유하다,

만끽하다 입니다.

　드라마 〈SKY 캐슬〉의 상류층 주인공들은 자신들이 쌓은 성채城寨. Castle에서 누리는 기쁨을 자녀들도 동일하게 또는 그 이상으로 누리길 바랐던 것이고, 그 성채의 성문을 여는 열쇠가 명문대학교였던 것입니다. 어느 곳이든 차이는 존재할 수 있습니다. 그러나 차이에 따른 차별이 큰 사회일수록 건강하지 못한 사회가 되는 것입니다. 제가 이 책을 쓴 이유는 차이에 따른 차별을 조금이라도 줄여서, 조금 더 많은 사람들이 행복과 평화를 균등하게 누리고 살았으면 하는 바람 때문입니다.

　역사를 배우는 것은 과거에 살았던 사람들의 이야기로부터, 현재와 미래를 사는 데 필요한 것들을 배우는 일이기도 합니다. 또한 역사를 배우는 것은 현재와 미래의 이야기를 엮어 가는 것이기도 합니다. 맛깔스럽게 엮을 것인가 그렇지 않을 것인가의 여부는 배우는 사람이 판단할 일입니다. 맛깔스럽게 엮는다는 의미는, 올바른 역사의식을 갖고 역사가 한 걸음 더 진보하는데 보탬이 되는 삶을 산다는 뜻입니다. 잘 배우는 사람은 잘 판단할 것이고 잘못 배우는 사람은 그릇된 판단을 할 것입니다.

이 책을 통해 올바른 역사의식으로, 본인은 물론 역사의 긍정적 진보에 단단한 디딤돌을 놓는 계기가 되셨으면 합니다. 역사의 긍정적 진보란, 신분.계급. 계층과 차이에 따른 격차와 차별이 조금씩 해소되어 가는 것일 것입니다. 역사의 긍정적 진보란, 조금 더 많은 사람들이 행복과 평화를 균등하게 누리고 사는 사회가 되는 것일 것입니다.

이 책을 쓸 때, 문서의 파일명이 '주님의 지혜와 명철과 은혜로 쓴다.' 였습니다. 정말 하나님의 은혜와 지혜로 원고를 마감할 수 있었습니다. 모든 영광을 주님께 드립니다. 저는 여러 가지로 부족하고 부실한 사람이라 살면서 도움을 받는 분들이 참 많습니다. 늘 기도로써 도움을 주시는 점촌중앙교회 최대영 목사님과 성도님들께 깊이 감사드립니다. 같은 학교의 때론 친구처럼 형처럼 아우처럼 응원해주신 이정호, 김사현, 권영하 선생님께 깊이 감사드립니다. 제자인 남상우, 백동수 신부님의 기

도에 깊이 감사드립니다. 또한 나의 절친 배준이, 환규, 전표야 고맙고
고맙다.

  그리고 항상 존경하고 사랑하는 부모님과 장모님, 늘 죄송하고 고맙
습니다. 평생의 단짝인 아내 애란과 예쁜 딸 혜민이, 믿음직한 아들 태
훈에게 미안하고 고맙다는 말을 하고 싶습니다. 마지막으로 출간이 잘
되도록 여러모로 도와주신 지식공감 김재홍 대표님께 감사의 인사를 드
립니다.

2019년 2월 문경에서 최우창

별난, 한국사
Keyword ★ **차례**

머리말 · 5

01 참고하기

신석기시대의 농업혁명 이후로 시작된 농사를 포함한 모든 생업 활동은 사람의 힘이나 가축의 힘, 물과 바람과 같은 자연의 힘으로 이루어졌습니다. 그러던 것이 18세기 후반에 들어와 수증기의 힘으로 동력움직이는힘을 얻는, 동력의 획기적인 변화가 있게 됩니다. 이렇게 수증기로 동력을 발생시키는 기관엔진을 증기기관이라고 합니다. 증기기관에 의해 기계를 움직여 물건을 생산함으로써, 이전과 달리 생산방식에 큰 변화가 있게 됩니다. 이러한 생산방식의 큰 변화를 산업혁명이라고 합니다. 산업분야에서 생산방식의 혁명으로, 산업활동은 수공업 또는 공장제 수공업단계에서 공장제 기계공업으로 바뀌게 됩니다. 공장제 기계공업으로의 산업혁명은 물건상품의 대량생산을 가져왔습니다.

이러한 산업혁명은 자본주의의 발달을 촉진시켰습니다. 자본주의란 생산수단을 자본돈 등으로 소유한 자본가가 이윤이익 획득을 위하여 생산활동을 하도록 보장하는, 사회·경제체제주의를 말합니다. 자본가의 이윤 추구를 보장하는 사상이 자본주의입니다. 자본資本은 사업하는 데 필요한 밑천本이 되는 재물財을 말합니다. 자본주의 체제에서 자본가는 더 많은 이윤을 추구하다 보니 상품의 공급이 수요보다 많은 상태가 되기 쉽습니다. 즉, 산업혁명과 자본주의의 두 시스템은 초과 공급 또는 공급 과잉예정한 수량이나 필요한 수량보다 많음이 필연적이라고 할 수 있습니다. 공급의 과잉 문제를 해결하려면 자본가는 상품의 공급을 줄이든지, 수요를 늘리든지 하여야 합니다. 공급을 줄이면 공장이 멈추고 자본가와 노동자는 처지가 곤란하게 됩니다. 공장이 문을 닫고 실업자가 대량으로 발생하면 사회와 국가도 곤란한 지경이 됩니다. 따라서 자본주의 체제 아래서 자본가와 국가는 수요소비를 늘이는데 초점을 맞추었습니다. 수요는 어떤 재화물건나 용역서비스을 일정한 가격으로일정한 돈을 지불하고 사려고 하는 욕구를 말합니다.

문제는 자국자기 나라 내의 소비는 한계가 있기 때문에, 자본가와 국가가 판매를 늘리기 위해 더 넓은 판매시장을 획득개척해야 했습니다. 즉, 새로운 시장을 획득개척해야 했습니다. 그 새로운 판매시장이, 소위 말하는 식민지인 것입니다. 자본주의 성향의 국가체제나 자본가들에게서 새로운 시장개척의 가장 좋은 방법은 식민지를 획득개척하는 것이었습니다. 그런 식민지를 획득하려는 성향을 제국주의라고 합니다. 산업혁명은 자본주의를 자본주의는 제국주의를 낳았습니다. 근대 자본주의 체제 아래서 자본을 가진 자본가를 시민이라고 불렀습니다. 근대 자본주의

체제 아래서 경제권력을 가진 자본가들이, 경제권력을 지키고자 그들의 정치·사회적 지위와 권리를 요구하는 과정에서 시작된 것이 시민혁명입니다.

제국주의帝國主義는 제국帝國을 건설하려는 주의와 주장을 말합니다. 제국주의는, 우월한 군사력과 경제력으로 다른 나라나 민족을 정벌하여, 대국가제국. 帝國를 건설하려는 침략주의적 성향을 말합니다. 제국주의는 자본주의 체제의 열강강대국 여러 나라이 경제적·군사적으로, 다른 나라나 약소민족을 정복하여 영토와 권력을 넓히려는 팽창정책입니다. 근대 자본주의 체제가 낳은 괴물이 제국주의입니다. 제국은 식민지종속국에 상품공산품을 비싼 값으로 판매하고, 식량과 원료를 싼값으로 공급받았습니다. 이로써 식민지는 제국의 상품시장이 되었고 식량과 원료 공급지가 되었습니다. 다윈의 진화론의 영향을 받은, 스펜서 등의 사회진화론은 우월한 인종이 열등한 인종을 지배하는 것을 자연의 법칙이라고 주장함으로써 제국주의의 정당화에 기여한 이론입니다. 스펜서는 빈부격차의 심화는 사회 진화 과정에서 불가피하며, 기업의 활동을 규제하는 것은 종種의 자연적 진화를 막는 것과 같다고 주장했습니다. 그는 가난한 사람들에게 사적으로든 공적으로든 도움을 준다는 것은 인류의 진보를 심하게 방해하는 것이라고 주장했습니다. 이처럼 사회진화론은 제국주의 확대의 사상적 기반이 되었습니다.

19세기 후반의 제국주의 열강의 팽창정책은 초기에 네덜란드, 영국, 프랑스가 주도가 되어 아시아·아프리카 침략과 식민지화 정책을 추진하였습니다. 이후 독일, 이탈리아, 미국도 여기에 가담함으로써 제국주의

열강 간에 충돌이 발생하였고, 이 과정에 열강 간의 군비전쟁을 위한 준비 경쟁이 심화되었습니다. 제국주의적인 성향을 지닌, 열강들끼리 식민지 쟁탈전을 벌이게 된 것입니다.

18세기 후반에 산업혁명으로 시작된, 시민혁명, 자본주의, 제국주의 는 세계역사뿐만 아니라 우리역사 이해의 중요한 한 묶음입니다. 시민혁 명 ⇨ 산업혁명 ⇨ 자본주의 발달 ⇨ 과잉 생산물 해결 문제 발생 ⇨ 제 국주의 성행 ⇨ 열강의 식민지 쟁탈전 ⇨ 세계대전 발발전쟁이나 큰 사건 따위 가 갑자기 일어남이라는 맥락에서 세계사도 한국사도 살필 필요가 있습니다.

모든 공부가 그렇겠지만, 특히 역사공부에서 '전체의 흐름'을 아는 것은 엄청나게 중요합니다. 전체에서 부분을 보고, 부분에서 전체를 보는 노력 은 쉼이 없어야 합니다. 세계사 속에서 한국사를 보는 시각이 필요합니 다. 또한 한국사 속에서 세계사를 보는 시각이 필요합니다. 숲과 나무를 번갈아 보는 노력은 인간사든 인류사든 매한가지로 절실한 것입니다. 그 렇지 않으면 우리는 코끼리 다리를 보고 만지면서, 무량수전의 배흘림기 둥목조건축의 기둥을 위아래로 갈수록 직경을 점차 줄여 만든 흘림기둥의 하나이라고 아득바 득 우기며 살 수 있습니다. 지식이 모여 지혜가 됩니다. 전체에서 부분으 로, 부분에서 전체로의 쉼 없는 애씀이 지혜롭게 사는 비결이 될 수 있습 니다. 역사를 배우는 이유 가운데 하나가, 지혜를 얻는 것입니다.

02 근대화

좁은 의미로 근대화란, 중세 봉건사회에서 근대 자본주의사회로 변화하는 것을 말합니다. 봉건사회는 생산수단인 토지를 왕과 영주가 소유하고 통치하던 사회를 말합니다. 생산수단은 생산물재화, 서비스 등을 만들어 내는 수단을 말합니다. 생산물은 생산수단에 의해서 만들어지는 물건을 말합니다. 중세 봉건사회에서 가장 중요한 생산수단은 영주가 가진 장원토지이었습니다. 근대 자본주의사회에서 생산수단은 자본가부르주아, 시민가 가진 공장이었습니다.

넓은 의미로 근대화란, 이전 사회보다 여러 방면에서 진보적으로 변화하는 것을 말합니다. 경제적으로 봉건주의에서 자본주의로, 사회적으로 계급사회에서 평등사회로, 사상적으로 신神 중심에서 사람의 이성이 중심인 합리적 사회로 진보하고 변화하는 것을 근대화라고 할 수 있습니다. 이처럼 근대화는 정치·경제·사회·문화·가치관 등의 모든 면에서 전반적으로 구조적 변화가 진행되어 후진적인 상태에서 보다 향상된 생활 조건을 조성해 가는 과정을 말합니다.

지금으로부터 얼마 되지 않은, 가까운近 시대時代가 근대입니다. 중세에서 현대 사이에 위치한 시대를 근대라고 합니다. 서양에서의 근대사회는 산업혁명과 시민혁명이 시작된 18세기 중반에서 제2차 세계대전이 끝난 1945년까지로 볼 수 있습니다. 한국사에서 근대사회는 대체로 흥선대원군이 집권한 1863년부터 1945년 광복 때까지 또는 강화도조약의 체결로 일본에 개항을 한 1876년에서 1945년 광복 때까지로 봅니다.

03 이양선

  이양선異樣船은 우리의 전통적인 선박과는 '모양模樣이 다른異 배船'라
는 의미입니다. 이양선은 증기기관으로 움직이는 증기선으로서, 서양유럽
의 상선무역선이나 군함입니다. 19세기 서양의 무역선들은 대부분 대포와
총으로 무장하고 있었습니다. 선원들은 대포와 총 같은 무기를 기본적
으로 다룰 줄 아는 사람들이었습니다. 따라서 모습과 모양이 우리와 또
는 동양인과 다른이상한 사람들과 배가, 우리의 주변 바다에 나타나 서성
대니 사람들의 마음이 불안할 수밖에 없겠지요.

  이양선에 대한 기록은, 18세기 중반 영조 때부터 보이기 시작하며 특
히 순조 이후로 이양선의 출몰이 급증하여 민심이 동요흔들림하게 됩니
다. 특히 우리 주변국 가운데, 우리가 세계 최강이라고 여겼던 청나라가
영국과의 아편전쟁1840에서 패배하고, 이어 영·프 연합군에 의해 청의

수도였던 베이징이 점령당했다는베이징 조약. 1860 소식은 조선에 충격이었습니다. 러시아는 베이징 조약을 중재한 대가로 청으로부터 연해주를 얻어, 조선과 국경을 접하게 됩니다. 또한 일본에서는 에도 막부가 미국 페리함대의 개항 요구무력시위에 굴복해, 미·일화친조약1854을 체결하고, 개항항구를 열어서 외국과 서로 거래하는 것을 허용하는 일했다는 소식이 연이어 들려옵니다.

제국주의적 성향을 지닌, 영국·프랑스·미국·러시아 등과 같은 서양 열강들의 침략적 접근서세동점은, 조선의 생존에 큰 위협이 됩니다. 서세동점西勢東漸은 서양 세력이 동양으로 점점 밀려오고침략해오고 있다는 뜻입니다. 19세기 조선에서는 서세동점에 대한 위기의식위기가 닥쳐오고 있다는 불안한 느낌이 높아만 가고 있었습니다. 서양 세력의 침략적 접근에 대한, 조선을 포함한 청과 일본의 반응은 대체로 비슷합니다. 서양 세력의 침략적 위기에 대한 동양의 해법해내기 어렵거나 곤란한 일을 푸는 방법은 '통상수교'를 거부하는 것이었습니다.

통상은 나라들 사이에 서로 물품을 사고팔거나 또는 그런 관계를 맺는 것을 말하고, 수교는 외교관계를 맺음을 말합니다. 결국 통상수교수교통상를 거부한다는 말은, 다른 나라와 외교관계를 맺고 무역을 하는 것 자체를 반대하는 의미입니다. 1863년에 집권한 흥선대원군 역시, 서양 열강의 이러한 통상요구를 거부남의 의견이나 제안 따위를 받아들이지 않고 물리침하는 통상수교거부정책을 실시하였습니다. 그 과정에서 제너럴셔먼호사건1866과 병인양요1866, 신미양요1871 등이 일어난 것입니다.

통상수교거부정책은 외세 배척 정책입니다. 외세 배척은 외국외부의 세력을 따돌리거나 거부하여 밀어 내침을 말합니다. 외세 배격이라고도 합니다. 이양선이 나타나거나 천주교서학의 교세종교 세력 확장에 대한 최제우가 창시한 동학의 해법, 역시 외세 배척이었습니다. 그래서 명칭도 '서학'에 반대되는 의미의 '동학'이었습니다. 서양 이양선의 등장과 수교통상의 요구에 대한 동양의 대응책은, 대체로 거부외세 배척였습니다.

KEY WORD

04 흥선대원군

대원군大院君은 왕위를 바로 이을 직계 자손이 없어서, 방계가까운 일가친척 자손 가운데에서 왕위를 이어받았을 때, 그 왕위를 이어받은대통. 大統. 왕위를 계승할 수 있는 옳은 계통 왕의 친아버지에게 주던봉하던 벼슬작위. 院君을 말합니다. 왕을 이을 직계 자손이 없어서, 대통한大統. 임금의 혈통을 이음 왕의 방계 친아버지에게 주던 벼슬院君이, 대원군大院君입니다. 원군院君은 왕의 종친친족에게 주던 정일품18품계 가운데 첫째 등급의 봉작제후로 봉하고 관직을 줌입니다.

조선시대에 왕이, 형제나 자손 등 후사대를 잇는 자식가 없이 죽어, 종친왕의 친족 중에서 왕위를 계승하는 경우에, 신왕새로운 왕의 친아버지에게 내린 벼슬이 대원군입니다. 왕의 아버지가 왕인 경우에는, '~조, ~종, ~군'이라고 하면 됩니다. 조선시대에 성공한 반정이 두 번 있었습니다.

중종반정과 인조반정이지요. 중종반정으로 쫓겨난 왕이 연산군이고, 인조반정으로 쫓겨난 왕이 광해군입니다. 이 두 명을 제외하고 나머지 25명의 임금은 '~조 아니면 ~종'입니다. 결론적으로 왕의 아버지가 왕이 아닌 경우에, 그 왕의 아버지를 '대원군'이라고 호칭하는 것입니다.

대원군은 선조의 아버지 덕흥군을 덕흥대원군으로 추존높이 받들어 공경함한 데서 비롯되어, 그 후 3명이 대원군에 봉해졌습니다왕이 벼슬을 내려주다. 그래서 조선시대의 대원군은 인조의 아버지인 정원대원군, 철종의 아버지 전계대원군, 고종의 아버지 흥선대원군 4명이 있습니다. 다만 고종의 아버지, 흥선대원군만이 생전살아 있는 동안에 대원군으로 봉해졌고, 그밖의 3명은 사후죽은 뒤에 추존왕위에 오르지 못하고 죽은 이에게 추후에 왕의 칭호를 올려 높이 받듦되었습니다. 특히 정원대원군은 나중에 '원종'으로 다시 추존되었습니다. 생전살아 있는 동안에는 임금으로 등극임금의 자리에 오름하지는 못했거나 폐위왕이나 왕비의 자리에서 물러나게 하다되었던 임금들 중에서 죽은 뒤에 다시 왕으로 모시는 것을 추존이라고 합니다.

대체로 우리는 대원군 하면 흥선대원군을 연상합니다. 그것은 그가 유일하게 살아 있으면서 대원군 칭호를 받았고, 고종을 대신하여 실질적으로 조선사회를 10년 간1863~1873 통치하였기 때문입니다. 물론 대원군은 임오군란과 갑오개혁 때도 잠깐 집권하기도 했지만 그렇게 큰 의미는 없습니다.

한편 1863년 왕위에 오를 당시 고종의 나이가 12세였습니다. 왕의 나이가 어리다는 구실로, 처음에는 조대비헌종의 어머니. 신정왕후가 수렴청정하였으나, 점차 고종의 아버지 흥선대원군이하응이 섭정으로 실권을 장악하

였습니다. 세도가권력을 행사하던 사람 또는 집안가 권세권력과 세력를 잡고 국정나
랏일을 마음대로 좌우하던다스리던 정치형태를, 세도정치라고 합니다.

　25대 임금 철종 때 흥선대원군은 안동김씨의 세도정치 아래서, 왕족
왕실의 종친이었지만 갖은 수모와 모멸을 당하면서 살았습니다. 순조 때는
안동김씨 집안이 세도를 부렸습니다. 헌종 때는 풍양조씨 집안이 세도
를 부렸습니다. 철종 때에는 다시 안동김씨 집안이 세도를 부렸습니다.
이에 풍양조씨 집안은 안동김씨 집안을 제치고 다시 집권하려는 의지가
강했습니다. 왕족으로서 안동김씨 집안의 세도로 핍박받던 흥선대원군
역시 안동김씨 집안을 제치고 왕실의 권위남을 지휘하거나 통솔하여 따르게 하는
힘를 높이고자 하는 의지가 강했습니다. 이로써 풍양조씨 집안의 조대비
조만영의 딸. 헌종의 어머니. 철종의 법적인 할머니와 흥선대원군의 정치적 결탁마음을 결
합하여 서로 의탁함은 자연스럽게 이루어졌고, 그 과정에 흥선대원군의 둘째
아들이 왕위에 올랐던 것입니다. 그가 조선의 26대 임금인 고종입니다.

　조선시대에는 왕이 후사대를 잇는 자식를 두지 못하고 사망하면, 사망한
왕의 아내왕대비 또는 사망한 왕의 할머니대왕대비에게 옥새가 넘어갔습니
다. 옥새는 왕의 권위힘를 상징하는, 왕임을 증명하는 왕의 인장도장입니
다. 옥새를 넘겨받은 대왕대비 또는 왕대비는 차기다음 시기 왕에 대한 지
명권이 있었습니다. 철종이 사망하고, 철종의 후계자에 대한 지명권어떤
공적인 자리에 오를 사람을 결정할 수 있는 권리이 당시에, 왕실의 가장 큰 어른이었
던 풍양조씨 집안의 조대비에게 있었습니다. 고종이 왕위에 오르면서 조
대비는 일시적으로 수렴청정을 하지만, 점차 흥선대원군이 섭정하게 되
었습니다. 수렴청정垂簾聽政은 발렴을 내리고垂 정사政事에 관하여 신하

가 아뢰는 말을 임금이 듣고聽 처리하는 것을 말합니다. 발은 가늘고 긴 대막대를 줄로 엮거나, 줄 따위를 여러 개 나란히 늘어뜨려 만든 물건으로, 주로 무엇을 가리는 데 쓰는 것입니다. 발을 드리우는 이유는 명분상형식적으로는 왕이 정사를 처리하지만, 왕이 실제적으로 그런 입장이 못 되기에 왕대비 또는 대비가 전면에 나서지 않고 뒤에서 정사를 돕는 것입니다. 정사는 정치적 또는 행정적인 일업무을 말합니다. 주로 수렴청정이라는 말의 뜻은 왕이 어린 나이로 즉위등극. 임금의 자리에 오름했을 때 왕대비아직 살아 있는. 임금의 어머니. 대비나 대왕대비아직 살아 있는. 임금의 할머니가 왕을 대신하여또는 왕을 도와서 정사를 돌보는 것을 말합니다. 철종이 사망한 후, 고종이 왕위에 오르면서 왕실의 가장 큰 어른이었던 조대비가, 고종을 대신하여 수렴청정을 일시적으로 했습니다.

섭정攝政은 임금이 직접 나라를 다스리기 어려운 상황에서, 특정한 인물이 임금을 대신하여 임금을 도와攝 정사政事를 처리하는 것을 말합니다. 수렴청정과 섭정은 기본적으로 특정 인물이 왕을 대신해서 정사정치 또는 행정상의 일를 처리한다는 면에서는 기본적으로 동일하지만, 조금 다른 부분도 있습니다. 수렴청정이 앞쪽에 왕을 내세우고, 뒤쪽에서 돕는 형태이고, 섭정은 아예 왕은 뒤쪽으로 밀려나고 섭정자실권자가 앞쪽에 나서서 정사를 처리하는 형태라고 보면 될 것입니다. 고종을 대신하여 조대비는 수렴청정을 했고 흥선대원군은 섭정을 했습니다. 흥선대원군은 10년 동안1863~1763 섭정을 했습니다. 그 후 아주 잠깐씩 두 차례임오군란. 갑오개혁 더 섭정을 하였습니다.

고종이 왕위에 오르면서 섭정을 시작한 흥선대원군의 가장 큰 과제는 세도가들의 세력을 누르고 왕권을 강화하여 왕과 왕실의 권위힘. 위세를 회복하는 것이었습니다. 그 출발점이 비변사의 폐지입니다. 당시에 비변사는 국가의 전권일체의 권한을 갖고 있는 것이나 마찬가지였다. 특히 인사권공공기관이나 기업체 따위에서, 구성원에 대해 채용·해임·승진·상벌·이동 등, 사람의 신분과 능력에 관한 문제를 다루는 권한을 포함하는 행정권과 군대를 통솔하는 군사권을 갖고 있었습니다. 이러한 비변사를 장악하고 있었던 사람들이 안동김씨와 풍양조씨 집안의 세도가들이었습니다.

홍선대원군은 비변사를 폐지하면서, 비변사의 기능 가운데 행정업무는 의정부에, 군사업무는 삼군부에서 담당하게 하였습니다. 그리고 의정부와 삼군부를 그가 장악했습니다. 정치권과 군사권을 홍선대원군이 장악한 것이지요. 그 말은 조선의 실권실제로 행사할 수 있는 권리나 권세이 홍선대원군에게 넘어왔다는 의미가 됩니다.

홍선대원군이 집권하던 시기에 안으로는, 세도정치와 탐관오리의 횡포로 인한 삼정의 문란으로 생활이 궁핍해지고 흉년과 전염병염병 등으로 극한한계. 최후의 단계의 상황으로 내몰린 백성민중들은 화전민이나 도적이 되기도 하였습니다. 또한 납세를 거부하거나 탐관오리를 비방하고 관청을 습격하기도 하였습니다. 홍선대원군이 집권하던 시기에 밖으로는, 제국주의적인 서양세력의 침략적 접근상선과 군함인, 이양선 출몰과 천주교서학의 교세 확장으로 인한 위기의식이 고조되어 있었습니다.

종실왕족의 입장에서 볼 때, 홍선대원군 일생의 큰 과업은 내우외환나라 안팎의 여러 가지 어려운 상황으로부터, 조선이라는 나라의 국가체제국왕중심. 군주제를 지키는 것이었을 것입니다. 그는 왕족으로서, 내우외환으로 생명력을 잃어가는 '조선'에 인공호흡을 해서라도 생기를 살려야 한다고 생각했을 것입니다. 내우나라 안의 걱정는 세도정치와 그로 인한 민생일반 국민의 생활 및 생계의 불안과 곤란이고, 외환외적의 침범에 대한 걱정은 천주교 세력의 확장과 이양선 출몰, 그리고 통상수교 요구였을 것입니다.

이러한 내우외환이라는 문제를 푸는 실마리를, 세도가들의 세력을 누르고, 왕권왕실의 권위을 강화하는 것에서 찾았을 것입니다. 그리고 강화된 왕권을 바탕으로 삼정의 폐단을 국가재정수입의 근본인 삼정, 전정·군정·환정의 문란으로 인한, 국가재정수입의 감소와 백성들의 삶이 곤란 시정잘못된 것을 바로잡음하여 민생국민의 삶을 안정시키고, 국방력군사력을 강화하여 외세의 침략을 막아내는 것이었습니다. 왕권강화의 핵심은 비변사 폐지와 세도가들안동김씨 등의 축출쫓아내거나 몰아냄이었습니다. 이에 흥선대원군은 안동김씨가 중심이 된 노론세력을 정계정치계에서 몰아내고, 남인과 소론이나 서얼 출신도 등용하는 탕평정책고른 인재등용을 실시하였습니다.

그리고 국가의 기강으뜸이 되는 중요한 규율과 질서을 바로잡아 왕권을 강화하는 데 필요한, 법률과 제도를 정비하는 것이었습니다. 그것이 대전회통과 육전조례의 편찬입니다. 법률은 기준이고 제도는 기준을 실행하는 데 필요한 도구입니다. 새 시대에는 새로운 기준이 필요합니다. 그 기준이 대전회통과 육전조례였습니다. 대전회통大典會通은 고종 때 흥선대원군의 뜻에 따라, 조두순 등이 대전통편정조 때 편찬 이후에 변경된 법령들을 모아서會 보완보충하여 편찬한 법전法典입니다. 참고로 회통은 언뜻 보기에 서로 어긋나는 뜻이나 주장을 해석하여 조화롭게 한다는 뜻입니다. 대전회통은 대전통편 이후의 서로 다른 여러 종류의 법령들을, 모아서 조화롭게 해석하여 다시 편찬한 법전이라고 보면 될 것 같습니다.

육전조례는 육조이·호·예·병·형·공조, 즉 행정 각부관청의 담당 업무와 실무 처리에 필요한 행정규칙세칙과 사례를 편집한 행정 법규집입니다.

05 비변사

　비변사는 변방邊方. 국경에서 일어나는 난리亂離. 전쟁 등에 대비對備하여 설치한 관청司입니다. 비변사備邊司는 조선시대에 남쪽의 바닷가와 북쪽의 변방으로 침입해 오는 외적의 침입에 대비하여 설치한 관청입니다. 16세기 이후 조선은 사화와 붕당정치로 정치가 혼란해지고 양난왜란과 호란을 겪으면서 지배체제정치체제. 통치체제. 통치구조의 동요가 더욱 심해지자, 각종 제도를 개혁하는 한편 비변사의 기능도 강화하였습니다. 비변사의 기능 강화는 통치체제를 유지하고 강화하기 위한 목적이 있었습니다.

　중종 때 임시군사회의기구였던 비변사는 을묘왜변1555을 계기로 상설기구항상 열려있는 기관로 개편되었고, 임진왜란을 거치면서 그 기능이 더욱 강화되었습니다. 이로써 임진왜란 이전에 비상시 군사행정을 담당했던 비변사는 조선후기 고위 문무관의 국방·행정 최고의결기구가 되었습니다. 비변사는 고위 문무관의 합의로 국가의 중요한 의사를 결정하는 기관이 되었던 것입니다. 왜란 이후 비변사는 의정부를 대신하여 국정 전반나랏일 전체을 총괄하는 실질적인 최고의 관청이 된 것입니다.

비변사의 기능 강화로 의정부의 기능역할. 맡은 일은 약화되고, 국가의 중요한 의사 결정을 비변사에서 고위 문무관들이 함으로써, 왕권도 약화되었습니다. 결국 비변사의 기능 강화는 왕권의 약화를 의미합니다. 고종 때, 흥선대원군은 왕권을 강화하기 위하여 비변사를 폐지하고, 의정부의 기능을 회복시킵니다. 의정부는 행정적인 기능을 주로 담당하게 됩니다. 물론 의정부는 흥선대원군이 장악했습니다.

세도정치 시기에는 세도가권세가. 주로 왕의 외척들이 비변사를 통하여 국정을 장악하고 있었기 때문에 흥선대원군의 입장에서는 비변사를 폐지하는 것이, 세도정치로 실추명예나 위신 따위를 떨어뜨리거나 잃음된 왕실왕의 권위권세와 위엄. 힘를 회복하는 지름길이었던 것이었습니다. 이에 흥선대원군은 비변사를 폐지하고 의정부와 삼군부의 기능을 부활시켜 행정은 의정부가 군사는 삼군부가 나누어 맡게 했던 것입니다. 행정과 군사를 분리시키고, 의정부와 삼군부는 흥선대원군 자신이 직접 통솔하여 국정 전반을 그가 장악하게 된 것입니다. 결국 흥선대원군의 비변사 폐지, 의정부 기능 부활, 삼군부 기능 부활의 중심에는 세도가들의 세력을 누르고 왕권을 강화하기 위한 그의 노림수가 있었던 것입니다.

06 당백전

당백전은 일반 돈의 백百 배에 해당該當. 들어맞음하는 돈錢이라는 의미
입니다. 일반 돈상평통보보다 백배의 값어치를 하는 돈이라는 뜻입니다.
1866년 흥선대원군은 경복궁의 중건에 필요한 재원재화나 자금이 나올 원천을
마련하고자, 당시 통용되던 화폐상평통보의 100배의 액면가를 가진 돈을
발행하였습니다. 그 돈이 당백전입니다. 당백전은 당시 상평통보의 100
배의 액면가로 발행되었지만 실제로는 5~6배 정도로만 유통되었습니
다. 당백전의 발행과 유통으로 화폐의 가치는 폭락하고 물가는 폭등하
였습니다. 그로 인해 일반 백성들의 삶과 국가 재정이 어려워지게 되었
습니다. 이에 당백전은 발행 2년 만에 중단되고 말았습니다.

앞에서도 말했듯이 흥선대원군이 생각하는 내우외환의 해법은, 생명
력을 잃어가는 조선에 새로운 생기를 불어넣는 핵심은, 왕권강화왕실의 권

위를 높임였습니다. 왕과 왕실의 위엄을 높이는 데 필요한 것 가운데 하나가 왕의 집이었습니다. 경복궁은 조선 왕의 본궁본가. 본래 살던 집이었습니다. 그런데 왕의 집이 1592년 임진왜란 때 불탄 것입니다. 그것도 일본군왜군이 불을 낸 것이 아니고, 무책임하고 무능한 왕선조에 분노한 민중들이 불을 지른 것입니다. 불탄 집을 새로이 지으려면 재원돈이 있어야 하는데, 40여 년 사이에 왜란임진왜란. 정유재란과 호란정묘호란. 병자호란을 겪다 보니, 왕들은 자신의 집을 다시 짓고 싶은 마음을 굴뚝같으나, 재원이 별로 없어서 다시 지을 엄두감히 무엇을 하려는 마음을 먹음. 또는 그 마음조차 내지 못했던 것입니다.

세도정치로 인한 탐관오리들의 부정부패로 삼정국가 재정 수입의 근본은 문란어지러움했고, 그로 인한 국가 수입이 크게 감소한 상황에서 흥선대원군이라고 특별히 재원돈이 있었던 것도 아니었습니다. 이에 왕의 집을 다시 짓는 데 필요한 재원을 마련하기 위하여, 그는 무리수상황에 맞지 않은 무리한 생각이나 행동의 비유를 두게 됩니다. 그 무리수가 당백전 발행과 원납전 징수였습니다.

쇠퇴하던 것이 중간에 다시 일어나거나 또는 다시 일어나게 하는 것을 중흥이라고 합니다. 조선의 중흥은 왕족왕실의 일원이었던 흥선대원군이 반드시 해야 하는 과제였습니다. 조선을 중흥시키기 위해서는 왕과 왕실의 권위가 되살아나야 하고, 그러기 위해 그 권위를 상징하는 왕의 집인, 불탄 경복궁을 중건해야 했던 것입니다. 중건은 절이나 궁궐 따위를 다시 세우는 것을 말합니다. 흥선대원군의 이러한 의지에 의해, 불탄 경복궁은 1865에서 1868년 사이에 다시 세워졌습니다. 당시에 건물은 대부분 목조였습니다. 건물을 짓는데 많은 나무가 필요하다는 의미입니다. 무덤 근처에 있는 나무들을 묘지림이라고 합니다. 공사에 필요한 목재를 조달하기 위해 양반들의 묘지림까지 벌목하고, 백성들을 토목 공사장에 징발하여 양반과 백성들 모두에게 원망을 듣게 되었습니다.

원납전顧納錢은 스스로 원願. 희망하여 납부納付하는 돈錢이라는 뜻입니다. 흥선대원군은 경복궁 중건에 필요한 재원을 마련할 목적으로, 재상 이하의 모든 관원관리들과 백성들에게 원납전이라는 명목구실으로, 스스로 기부금을 내도록 했고 그 액수에 따라 벼슬과 상을 주기도 했습니다. 말이 원하여 스스로 납부하는 돈이지, 실제로는 강제적인 성격의 기부금이었습니다. 당연히 이로 인한 불평과 불만을 하기 마련이고, 그래서 당시의 사람들은 원납전顧納錢을 원납전怨納錢이라고 불렀습니다. 원납전怨納錢은 원망하며 납부하는 돈이라는 뜻입니다. 당백전과 원납전은 흥선대원군이 왕실의 권위를 세우는 경복궁의 중건을 목적으로, 발행하고 거둔 돈이었습니다.

07 서원 철폐

   서원書院은 글공부書를 하는 집院이라는 뜻입니다. 조선시대에 선비유생들이 모여, 선현옛날에 어질고 사리에 밝았던 사람에게 제사를 지내고 성리학을 공부하고 가르치던 사립학교가 서원이었습니다. 우리나라 최초의 서원은 풍기 군수였던 주세붕이 세운 백운동서원입니다. 백운동서원에서는 안향을 선현으로 모시고 제사를 지내며, 그의 뜻을 기리고 이어받고자 하였습니다. 안향은 고려시대의 성리학자로, 우리나라에 처음으로 성리학을 전파한 분입니다.

   백운동서원은 이황의 노력으로 소수서원이라는 사액賜額을 받았습니다. 따라서 우리나라 최초의 사액서원은 소수서원이지만, 명칭이 백운동서원에서 소수서원으로 바뀐 것입니다. 사액서원賜額書院은 왕이 서원의 이름명칭을 짓고, 나무판현판. 편액. 額에 새겨 내려 준하사. 下賜 서원書院

을 말합니다. 사액서원은 명칭이 새겨진 현판과 함께 서원의 운영에 필요한 책, 토지, 노비 등도 함께 지급되었습니다. 조선 명종 때, 백운동서원을 '소수서원'이라고 사액한 것이 최초의 일입니다. 정부가 공인_{국가나 공공단체가 인정하는}한 서원이 사액서원입니다. 서원이라고 모두 정부의 공인을 받았던 것은 아니었습니다. 따라서 사림들은 국가의 공인을 받기 위해 애를 썼습니다. 국가의 공인을 받는 데는 권력자의 도움이 필요하였겠지요. 자연히 권력자들이 많이 속한 붕당은 더 많은 사액서원을 갖게 되고, 그것은 그 붕당의 세력을 키우는 원천으로 작용하였습니다.

서원은 성리학의 발달에 크게 기여하였습니다. 그러나 점차 사액을 받는 서원이 증가하면서 국가재정수입이 감소하여, 국가의 재정적 부담이 되었고, 사림세력의 지위를 향상시키는 결과를 초래하였습니다. 또한 서원은 붕당 싸움의 온상_{바탕. 근거지}이 되었고 고종 때, 흥선대원군은 국가재정에 압박을 가하고 붕당 싸움의 온상이 되어버린 서원을 철폐하는 정책을 실시하였습니다. 흥선대원군의 입장에서, 서원 철폐는 세도가들의 세력을 누르고, 왕권을 강화하고 왕실의 권위를 높이며, 국가재정수입을 늘리는 큰 방편_{수단과 방법}이었습니다. 서원의 철폐는 흥선대원군이 일석삼조의 효과를 얻을 수 있는 묘수였습니다.

흥선대원군의 서원철폐정책은 왕을 포함한 왕실과 세도가들의 기세 싸움이었습니다. 흥선대원군에게도 세도가들에게도 운명이 걸린 문제였습니다. 당연히 한 치의 양보도 할 수 없는 입장이었습니다. 흥선대원군의 서원철폐정책은 세도가들의 거센 저항에 부딪쳤습니다. 그러나 흥선대원군은 '백성을 해치는 자는 공자가 다시 살아난다 해도 내가 용서하지 않겠다.'고 하면서 전국의 600여 개의 서원 가운데서 47개만 남기고 철폐해 버렸습니다.

또한 노론 세력의 본거지로 여겨졌던 서원인, 만동묘도 폐쇄해 버립니다. 만동묘는 임진왜란 때 조선을 지원한 명나라 임금을 제사를 지내던 사당이었는데, 송시열을 따르던 노론 세력의 중심지였습니다. 흥선대원군의 서원철폐정책은 1차적으로 대원군의 승리로 끝났습니다. 하지만 그의 서원철폐정책에 반발한 유생 최익현 등이 흥선대원군의 퇴진을 고종에게 상소하면서, 서원철폐는 흥선대원군의 정치적 생명을 단축시키는 일정한 역할도 합니다.

08 호포제

호포제는, 집戶.가정을 단위로 군포軍布.옷감를 부과하던 제도制度를 말합니다. 집집마다 일정한 군포옷감를 부과하던 제도를 호포제라고 합니다. 군포는 조선 시대 때, 병역군역을 면제하여 주는 대신으로 받아들이던 베옷감를 말합니다. 옷을 만드는 데 필요한 옷감천을 베라고 합니다. 삼의 껍질로 실을 만들어 짠 천이 삼베이고, 모시풀 껍질로 실을 만들어 짠 천이 모시이며, 솜목화 실로 짠 천이 무명이고, 누에고치에서 뽑은 가늘고 고운 실로 짠 천이 명주입니다. 명주를 가공한 것이 비단입니다.

조선시대에 군대에 가지 않는 대신에 국가에 내는 '베'가 군포입니다. 군정軍政 은 양인장정16세~60세 사이의 천인을 제외한 양인남자 1인이 군역병역의 대가로 납부하던, 1년에 1필의 군포를 말합니다. 지금은 이해되지 않을 수 있으나, 수공업에 의존하던 과거에는 옷감이 곧 돈이었고, 교환의 수단이었습니다. 세금으로 돈, 베옷감, 현물곡식 등 금전 이외의 물품 등을 납부하였습니다.

영조 때 균역법이 실시된 이후로, 양인장정은 군역국방의무을 면제받는 대신에 1년에 1필의 군포를 납부하여야 했습니다. 그러나 양반장정들은 군역을 면제받거나, 여러 가지 구실로 군포를 제대로 납부하지 않았습니다. 조선 후기에 양반 인구는 급증합니다. 양반 인구는 늘어나는데, 양반들은 군포를 잘 부담하지 않으니 국가의 군포 수입이 감소하여 국방에 문제가 생기게 됩니다. 이에 양반들에게도 군포를 부담시킨 제도가 호포제입니다.

흥선대원군의 개혁의 초점은 안팎의 위기를 극복하고 조선이라는 나라의 생명을 유지하는 것이었습니다. 그러기 위해서는 왕권도 강화되고 국방력군사력도 튼튼해야 했습니다. 강화된 왕권과 군사력을 바탕으로 양반과 세도가들의 세력을 누르고, 외세를 물리쳐야 했습니다. 이러한 길목에서 백성들 삶민생의 안정은 필수적이고, 삼정은 백성들의 경제적 삶과 직결된 것이었습니다. 따라서 삼정 문란으로 인한 폐해를 극복하지 않고는 그가 뜻하는 바를 이루기 어렵다고 판단했을 것입니다.

호포제 실시 이전에, 동네洞. 마을를 단위로 군포軍布를 부과하는 동포제洞布制가 실시되었습니다. 동포제, 호포제의 공통점은 양반들에게도 군포를 한다는 것입니다. 군포를 부담하지 않던 양반들의 특권이 사라진 것입니다. 당연히 양반들은 거센 반발을 하게 됩니다. 호포제 실시는 서원 철폐와 함께 흥선대원군의 개혁정치 중에서 양반들의 가장 큰 반발을 샀던 부분입니다.

삼정三政은 조선 후기 국가 재정 수입의 근본인, 전정田政·군정軍政·환정還政. 환곡을 말합니다. 삼정은 국가의 핵심적인 세금제도였습니다. 전정은 전세행정이고, 군정은 군사행정이며, 환정은 환곡행정입니다. 전정田政은 토지에 부과하는 세금전세이고, 군정軍政은 양인 장정 1인이 군역병역의 대가로 납부하는 1년에 1필의 군포를 말합니다. 양인장정은 16세부터 60세까지의 양인천인 이외 남자를 말합니다. 환정還政은 국가가 춘궁기식량이 궁핍한 봄철에 곡식을 빌려주었다가 추수 후에 갚게 하던 곡식원래의 곡식에, 10% 정도의 이자를 포함하여을 환곡還穀이라 하였고, 그러한 행정을 환정還政이라 합니다.

흥선대원군은 전정에 대한 개혁을 위해 양전 사업을 실시합니다. 양전量田. 헤아릴 양은 토지의 실제 경작 상황을 파악하기 위해, 토지의 위치·넓이·소유주·경작자 등을 헤아리는 일을 말합니다. 누가 어디에 얼마만큼의 땅토지을 가지고 있고, 그것을 누가 경작하고 있는가를 파악하는 일이 양전 사업의 핵심이었습니다. 양전이 선행딴 일에 앞서 행함되지 않으면 세금전세을 정확하게 부과하기 어렵게 됩니다. 전세田稅는 말 그대로, 전田. 토지. 논밭에 부과되는 세금입니다. 근대이전 사회에서 전세는 국가재정 수입의 핵심이었습니다. 또한 생산수단의 핵심이 토지였습니다. 생산물을 만들어 내는 수단인, 토지를 장악하는 자가 그 사회의 지배자가 되는 것입니다. 양반을 포함하여 권세가들은 더 많은 토지를 소유하고 더 적게 세금을 내기 위해 불법법에 어긋남과 탈법법이나 법규를 지키지 않고 그 통제 밖으로 교묘히 빠져나감을 행하였습니다. 그것은 국가재정수입의 감소와 일반백성들의 전세 부담 과중으로 나타나, 백성들의 삶을 어렵게 했습니다.

따라서 근대이전 시대의 국가들은 양전 사업을 통해, 불법과 탈법으로 인한 문제를 해결하고 제대로 된 전세의 부과를 하고자 노력하였습니다. 흥선대원군의 양전 사업 시행은 국가재정수입 확충늘리고 넓혀 충실하게 함, 일반백성들의 전세부담 경감을 통한 민생안정, 권세가들의 경제력 약화, 왕실권위 강화 등이 그 목적이었다고 할 수 있습니다.

원래 환곡은 생활이 궁핍한 백성을 구제하기 위한 제도였는데, 이것이 일종의 세금으로 변질된 것입니다. 따라서 곡식을 필요한 사람들에게만 지급해야 하는데, 필요치 않은 사람들에게도 강제로 지급하고 이자를 받아 국가나 탐관오리들이 사용한 것입니다. 환곡은 흉년이나 춘궁기묵은 곡식은 다 떨어지고 햇곡식은 아직 익지 아니하여 식량이 궁핍한 봄철의 때. 보릿고개에, 국가에서 생계가 곤란한 백성들에게 비축한만약의 경우를 대비하여 미리 갖추어 모아 두거나 저축함 곡식을 빌려주고, 풍년이 들거나 추수기에 약간의 이자를 보태어 갚게 하던 구호어려움에 처한 사람을 도와 보호함 제도였습니다. 그런데 구호제도였던 환곡이, 필요치 않은 사람에게조차 강제로 빌려주는 과정에서 조세 제도로 나쁘게 변질된 것입니다. 이자가 문제가 됩니다. 비축된 환곡곡식을 관리하던 수령이나 향리와 같은 지방관리지방 공무원들이, 강제로 빌려주고 받은 이자를 개인적으로 착복한남의 금품을 부당하게 자기 것으로 함 것입니다. 이 과정에서 일반백성들이 또 고통을 겪게 됩니다. 흥선대원군이 집권하기 이전의 환곡은, 삼정의 문란 상황 가운데 그 폐단이 가장 심했고, 그로 인해 전국적으로 민란民亂. 민중저항이 발생하고 있었습니다. 흥선대원군은 이를 바로 잡고자, 환곡제도를 사창제도로 바꾸게 합니다. 제도를 바꾼 것입니다.

사창社倉은 '사社'에 두었던 창고倉庫라는 뜻입니다. '사社'는 오늘날 우리나라의 '면面'에 해당하는 지방행정단위입니다. 면面은 시市나 군郡에 속한 지방행정구역 단위의 하나로서, 몇 개의 리里로 구성되어 있습니다. '사社'는 '경상북도 문경시 동로면' 할 때의 '면面'입니다. 결국 사창제도는 오늘날 행정상 면面 단위에 해당하는 사社에, 창고를 설치하고 그곳에 곡식을 비축한 다음, 비축된 곡식을 민간인인 관리책임자가 책임지고 빌려주게 했던 제도입니다. 곡식 관리의 주체가 관리에서 민간인으로 바뀌어, 관리들의 비리올바른 이치나 도리에서 어그러짐와 부정부패바르지 못하고 타락함의 여지어떤 일을 하거나 어떤 일이 일어날 가능성를 줄이게 된 것입니다.

흥선대원군의 이와 같은 민생안정 정책들에 농민들은 대체로 반기는 편이었습니다. 그러나 우리가 기억해야 하는 것은 제도의 개혁과 개선도 중요하지만, 더 중요한 것은 제대로 된 법이라면 그것을 잘 지켜나가는 것일 것입니다. 역사적으로 볼 때, 어느 나라든 쇠퇴와 멸망의 중심에는 멍청한 지도자의 멍청한 판단과 결정, 집권세력의 과도한 정치권력과 경제권력에 대한 집착, 그리고 관리들의 부정부패가 있음을 기억해야 합니다. 백성의 재물을 탐내어 빼앗는, 행실이 깨끗하지 못한오염된 관리를 탐관오리라고 합니다.

09 병인양요와 신미양요

양요는 양이洋夷. 서양세력의 침략으로 일어난 소요騷擾를 말합니다. 서양西洋 세력의 침략적 접근으로 인해 발생한 소요소동. 소란가 양요洋擾입니다. 양요는 병인양요와 신미양요, 두 차례 있었습니다. 병인년丙寅年. 1866에 일어난 양요가 병인양요고, 신미년辛未年. 1871에 일어난 양요가 신미양요입니다. 병인년에 프랑스 군함이 강화도에 침략정당한 이유 없이 남의 나라에 쳐들어감한 사건이 병인양요이고, 신미년에 미국 군함이 강화도에 침략한 사건이 신미양요입니다.

병인양요는 병인박해를 구실로 침략한 것이고, 신미양요는 제너럴셔먼호 사건을 구실로 침략한 것입니다. 병인박해는 흥선대원군이 프랑스 신부들을 이용하여 청에 있던 프랑스 군대를 끌어들여 러시아의 남진을 저지하는 데 실패하자, 이를 만회바로잡아 회복함하려는 의도로 프랑스 신부들과 천주교 신자인 남종삼 등 8천여 명을 처형한 사건입니다. 탈출한 프랑스 신부 리델로부터 이 소식을 들은 프랑스는 7척의 군함을 동원하여 강화도를 공격하여 강화성을 점령합니다.

프랑스는 프랑스 신부 처형을 구실로 무력으로 조선의 문호ㄷ나드는 문를 개방시키고자 했던 것입니다. 프랑스군은 강화도의 요충지지세가 군사적으로 아주 중요한 곳였던 문수산성김포을 공격하다가 한성근 부대의 저항으로 좌절되었고, 정족산성삼랑성 공격도 양헌수 부대에게 격퇴당하자, 강화성의 외규장각에 있던 귀중한 도서들을 약탈하여 철수했습니다. 외규장각은 한양서울에 있던 규장각에 딸린 도서관이자 문서보관 창고였습니다. 외규장각에는 역대 왕들의 글과 글씨, 어람용왕이 보는 용도 의궤 및 주요 서적, 왕실 관련 물품 등을 보관하고 있었는데, 병인양요 때 프랑스군이 의궤를 비롯한 300여 권의 서적과 귀중품들을 약탈해 간 것입니다.

의궤儀軌는 '의식儀式의 궤범軌範'이라는 뜻입니다. 의식의례. 예식은 정하여진 방식에 따라 치르는 행사를 의미하고, 궤범은 어떤 일을 판단하거나 행동하는 데에 본보기가 되는 규범이나 법도를 말합니다. 의궤는 수레바퀴 크기의 기준이라는 뜻입니다. 도로의 폭을 넘어서는 수레는 다닐 수가 없겠지요. 수레바퀴 자국을 보듯이 보고, 따라서 하도록 만든 의궤였습니다. 왕실과 국가 행사의 본보기기준가 의궤입니다. 기록을 이기는 기억은 없습니다. 왕실이나 국가 주요행사의 내용을 글과 그림으로 정리하여 기록한 것입니다. 그 기록물이 의궤입니다. 의궤는 후일에 동일한 왕실과 국가의 주요행사가 있을 때마다 참고하기 위한 자료입니다. 우리는 기억해야 합니다. 조선이 500년 이상의 역사를 가질 수 있었던 배경의 한 부분이, 기록에 대한 집중이라는 점을 말입니다. 거칠게 말하면, 조선시대의 사람들은 기록에 미친 자들이었습니다. 과연 현재의 대한민국은 어떤지 되돌아볼 일입니다. 프랑스 파리도서관에 보관되어 있던 외규장각 도서들은, 우리가 프랑스로부터 영구히 임대하는 형식으로 현재 우리나라에 반환되어 있습니다.

1866년 병인양요보다 앞서, 제너럴셔먼호 사건이 있었습니다. 미국 상선무역선이었던 제너럴셔먼호^{이양선}가 대동강을 거슬러 올라와 평양 부근에 정박하고 선, 통상무역. 교역. 나라와 나라 사이에서 물건을 사고팔고 하여 서로 바꿈을 요구하다가 일어난 사건입니다. 1866년 당시 조선의 대외정책은 청을 제외한 다른 나라와의 통상을 금지했습니다. 이를 통상수교거부정책이라고 합니다. 평양의 관찰사^{지금의 도지사 또는 광역 시장}였던 박규수^{북학파 박지원의 친손자}는 당연히 미국 승무원^{선교사 포함}들의 통상무역 요구를 거부합니다. 이에 미국 승무원들이 총과 대포로 평양 사람들을 공격했고 그 과정에 평양 사람들 여러 명이 사망하고 부상을 입습니다. 박규수는 마침 폭우로 모래톱에 걸려, 움직임이 자유롭지 못한 제너럴셔먼호를 화공^{불로 적을 공격함}으로 전소^{남김없이 다 타 버림}시킵니다. 물론 승무원 모두는 사망했습니다. 이것을 제너럴셔먼호 사건이라고 합니다.

제너럴셔먼호¹⁸⁶⁶의 침몰 소식은 평양에 있던 서양 선교사들에 의해 청나라를 거쳐 미국에 전해졌습니다. 사건이 발생한 지 5년이 지나서, 미국은 제너럴셔먼호 사건을 구실로 강화도를 침략하여 신미양요를 일으킵니다. 미국이 조선에 대해 즉각적으로 보복 공격에 나서지 못한 이유는, 당시 미국은 자기네들끼리 싸웠던 내전인 남북전쟁^{1861~1865}으로

뒷수습에 바빴고, 서부개척에 주력어떤 일에 온 힘을 기울임했기 때문이라 여겨
집니다. 프랑스 또한 인도차이나중국과 인도 사이에 있는 대륙으로, 베트남·라오스·캄보
디아 3개국을 가리킨다 식민지 경영에 주력하고 있었기 때문에 무리해서 조선
을 개항시키려는 의지가 없었습니다.

1868년에 오페르트 도굴 사건이 일어납니다. 이 사건은 남연군 무덤
도굴 사건이라고도 합니다. 오페르트 도굴 사건은, 독일 상인이었던 오
페르트가 조선에 통상무역. 교역을 요구했다가 거절당하자, 당시 집권자였
던 흥선대원군의 아버지 남연군 무덤을 파헤쳐서 유골무덤 속에서 나온 뼈을
가지고 통상을 흥정교섭 등에서, 상대방의 나오는 태도를 보아 늦추었다 당겼다 하여 형세를
자기에게 유리하게 이끄는 일을 하고자 했다가, 도굴몰래 무덤을 팜에 실패한 사건입
니다. 조선은 유교사회였습니다. 유교에서 소중히 여기는 가치가 도리입
니다. 사람으로서 마땅히 지켜야 할 도리가 인륜인데, 오페르트의 도굴
행위는 조선의 입장에선 인륜에 어긋나는 것이었습니다. 이 사건은 흥선
대원군의 개인적인 문제임과 동시에 국가적 문제였습니다. 당연히 이 사
건을 계기로 조선 사회에서는 서양인들에게 대한 반발심어떤 상태나 행동 따위
에 대하여 거스르고 반항하려는 마음이 더 거세지고, 조선정부의 통상수교거부정
책도 더 강화됩니다.

양이洋夷는 서양 오랑캐라는 뜻입니다. 오랑캐는 근대 이전의 중국이,
자신들을 제외한 나머지 주변국들과 민족을 낮잡아사람을 만만히 여기고 함부
로 낮추어 대하다. 가볍게 여김 부르던 말입니다. 중국인들이 말하는, 중화의 반
대 개념이 오랑캐동이·서융·남만·북적입니다. 중화는 문명국임을 의미하고,
오랑캐는 야만국을 의미합니다. 자신들의 이권을 위해 무덤까지 도굴한

것은 야만의 행위였고, 오페르트의 도굴 실패는 서양인들이 야만인임을 확인하는 사건이 되었습니다. 남연군의 무덤은 지금도 충청남도 예산군 덕산면에 있습니다.

한편 제너럴셔먼호 사건을 구실로 통상조약을 체결하기 위해, 미국은 아시아함대사령관 로저스를 시켜 조선정부에 통상을 요구하게 합니다. 미군은 그들은 요구가 거부당하자, 5척의 군함으로 강화도를 공격합니다. 이 사건을 신미양요1871라고 합니다. 미군은 강화도의 초지진을 공격하여 점령하고, 이어 광성진을 공격하다가 어재연 부대의 반격으로 여의치 않자 철수를 함으로써 미군의 강화도 침략은 실패로 끝이 납니다. 그러나 실제적으로는 광성진 전투에서 어재연 등이 전사했고, 그의 장군 깃발도 미군에게 빼앗겼습니다. 미군의 피해는 3명 전사와 10여 명 부상이 전부였습니다. 어재연의 장군 깃발은 미군의 전리품전쟁 때에 적에게서 빼앗은 물품으로 미국 해군박물관에 전시되었다가, 2007년에 되돌려 받았습니다.

흥선대원군 집권(1863) ⇨ 병인박해(1866) ⇨ 제너럴셔먼호 사건(1866)
⇨ 병인양요(1866) ⇨ 오페르트 도굴 사건(1868) ⇨ 신미양요(1871)
⇨ 척화비 건립(1871)

제국주의적인 성향을 가진 서양세력러시아·프랑스·독일·미국의 침략적 접근에, 조선의 초기 해결책은 통상수교거부였습니다. 이러한 통상수교거부 정책이 실시되는 과정에서, 러시아와 관련된 병인박해, 프랑스와 관련된

병인양요, 독일과 관련된 오페르트 도굴 사건, 미국과 관련된 신미양요가 일어났습니다. 그 방법은 조선은 박해와 거부였고, 서양세력은 전투 싸움였습니다. 흥선대원군의 입장에서 보자면, 천주교 세력을 격퇴했고 도굴이 실패로 끝나게 했으며, 실제로 그렇지 않지만, 프랑스군과 미군을 잘 격퇴했다고 여겼을 것입니다. 프랑스군은 영국군과 연합하여 청의 수도인 베이징을 함락시킨1860 군대이고, 미군은 일본을 제대로 싸우지도 않고도 굴복1854시킨 군대입니다. 그런 군대를 조선이 격퇴했으니 흥선대원군은 자신감으로 충만했을 것입니다.

흥선대원군은 이러한 자신감의 표현이자, 통상수교거부라는 자신의 의지를 백성들에게 더욱 일깨우기 위해, 1871년 신미양요가 끝난 시점에 서울과 지방의 여러 곳에 척화비를 세우게 됩니다. 척화斥和는 화친和親. 나라와 나라 사이에 다툼 없이 가까이 지냄을 배척排斥. 거부하여 밀어 내침한다는 뜻입니다. 이 말은 서양세력은 물론이고 서양세력의 영향을 받은 일본과도 교류통상수교하지 않겠다는 뜻입니다.

척화비의 앞면에는 이렇게 새겼습니다. '양이침범 비전즉화 주화매국 洋夷侵犯 非戰則和 主和賣國 서양 오랑캐가 침입하는데, 싸우지 않으면 화친하자는 것이니, 화친을 주장함은 나라를 파는 것이다.'

이 말대로 하면 서양 오랑캐가 침입하면 그들과 맞서 싸우는 것이 애국이고, 싸우지 않는 것은 화친을 주장하는 것과 동일하고, 그런 사람은 매국노개인적인 이익을 위하여 나라의 주권이나 이권을 남의 나라에 팔아먹는 행위를 하는 사람라는 것입니다. 매국노가 아닌, 애국자가 되기 위해서는 서양세력과 싸워야 하는 것입니다.

앞면의 한쪽에는 작은 글자로 '계오만년자손 병인작 신미립戒吾萬年子孫 丙寅作 辛未立 우리들의 만대자손에게 경계하노라. 병인년에 짓고 신미년에 세우다.'라고 새겼습니다. 척화비의 이 같은 문구클귀는 분명히 신미년에 지었을 것인데, '병인년에 짓고 신미년에 세우다.'라고 한 이유는, 병인년에 일어난 병인양요와 신미년에 일어난 신미양요를 분명히 기억하라는 의미일 것입니다. 프랑스와 미국과 같은 서양세력들의 침략성을 기억하라는 뜻일 것입니다. 홍선대원군이 제대로 알고 있었던 것은 제국주의의 본질인 침략성이었습니다.

한편 병인양요1866, 신미양요1871, 운요호사건1875의 최대 격전지는 강화도였습니다. 강화도는 서울과 가까울 뿐만 아니라, 삼남지방경상·전라·충청에서 거둔 조세가 서울로 들어오는 길목이었습니다. 사람으로 말하면 목구멍숨통에 해당하는 곳입니다. 누구든 이곳을 조이면 조선은 꼼짝을 못하는 것입니다. 강화도를 거점으로 한강으로 거슬러 올라가면 수도인 한양을 압박하여, 조선정부로부터 그들이 원하는 통상수교조약을 체결할 수 있었기 때문입니다. 그래서 프랑스, 미국, 일본 등이 강화도로 공격해 온 것입니다. 임진왜란 때 권율이 승리한 행주산성에서의 행주대첩도 강화도에서 한강을 거슬러 서울로 오는 길목이고, 그곳을 지켜냄으로써 전세가 조선에게 유리하고 전개된 것입니다. 병자호란 때 인조의 원래 목적지는 강화도였습니다. 청군이 조선 왕의 피난처가 강화도임을 알고 그곳으로 가는 길목을 차단하는 바람에, 남한산성으로 들어간 것입니다. 강화도는 예나 지금이나 전략적으로 중요한 곳입니다. 굳센 우리의 해병대가 이곳에서 똑똑히 지키고 있는 이유일 것입니다.

흥선대원군의 대내외 정책에 대한 백성들의 반응은 조금씩 달랐습니다. 그의 대외정책인 통상수교거부정책은 대체로 양반과 일반 서민들의 지지동의. 찬성를 받았습니다. 통상수교거부정책을 상징하는 비석이 척화비입니다. 흥선대원군의 통상수교거부정책은 안으로 많은 백성들의 지지를 받았습니다. 또한 밖으로부터의 침략적 접근을 일시적으로 차단하는데 일정한 성공을 합니다. 흥선대원군의 대외정책은 그의 집권과 조선의 체제국가의 틀. 몸체 유지에 보탬이 된 것은 사실입니다. 천주교를 탄압한 병인박해도 비슷한 맥락사물이 서로 이어져 있는 관계나 연관. 이유에서 전개되었다 할 수 있겠습니다.

하지만 그것은 대세세상이 흘러가는 방향는 아니었습니다. 세상은 문호대문의 개방을 요구하고 있었습니다. 요즘 말로 하자면 개방이 대세였습니다. 다만 대문을 어떻게 열 것인가? 스스로 적극적으로 활짝 열 것인가? 아니면 국가國家의 대문에 빗장문을 닫고 가로질러 잠그는 막대기. 빗장 쇄. 鎖을 꽉 채우고, 못 들어오게 할 것인가? 집권자들의 판단과 판단에 따른 선택의 문제였습니다. 흥선대원군은 빗장을 채우는 것이 국가에 유리하다고 판단했고 그렇게 선택했습니다. 그것이 통상수교거부정책입니다.

이러한 대외정책은, 생각이 다른 권력자민씨세력가 집권하면서 그들은 개방금하거나 경계하던 것을 풀고 자유롭게 드나들거나 교류하게 함이 유리하다고 판단했고, 민씨세력은 그렇게 선택하게 됩니다. 그것이 바로 강화도조약의 체결입니다. 모든 삶이 그렇듯이 판단에 따른 선택은 결과를 동반합니다. 우리의 삶도 그렇고 역사도 동일합니다. 지금도 우리의 삶과 세상은 쉼 없이 판단하고 선택할 것을 요구하고 있습니다. 현명한 판단과 현명한 선택은 좋은 결과를 가져올 가능성을 높입니다.

오늘날은 세계화가 대세입니다. 세계화는 세계의 시장화입니다. 세계의 어느 곳이든 시장이 될 수 있다는 의미가 세계화입니다. 전 세계가 이웃이 되고 세계가 하나의 마을^{지구촌}처럼 되어, 이젠 전 세계 어디에서든지 물건^{상품}을 사고팔 수 있게 되었습니다. 물론 북한처럼 제약이 따르는 곳도 있지만, 북한도 머지않아 개방에 동참할 것입니다. 뭐든 소통하지 않으면 고통이 동반합니다.

한편 양반출신들은 흥선대원군의 서원 철폐와 호포제 실시에 적극 반대했습니다. 일반서민들은 호포제의 실시 등 삼정문란을 바로 잡는 데 찬성했습니다. 하지만 경복궁의 중건은 양반과 일반서민 모두 반대하는 편이었습니다. 흥선대원군의 서원 철폐와 무리한 경복궁 중건은 양반유생^{선비}들의 강력한 저항을 불렀습니다. 흥선대원군의 섭정^{1863~1873} 명분^{구실} 중의 하나는, 왕의 나이가 어리다는 것이었습니다. 고종은 12살 나이에 왕위에 올랐습니다. 10년이 지난 시점에 고종의 나이는 22살이 되었습니다. 흥선대원군이 나이를 가지도 더 이상 섭정할 명분이 없어진 것입니다. 이제 양반 유생인 최익현 등이 중심이 되어서, 흥선대원군이 하야^{권력의 자리에서 물러남}해야 한다고 고종에게 상소^{왕에게 글로써 소통하던 일}를 올립니다. 명분 싸움에서 최익현이 유리했습니다.

고종에겐 왕비, 명성황후^{민비}가 있었습니다. 민비閔妃는 민씨閔氏 성을 가진 왕비王妃라는 뜻입니다. 최씨 성을 가진 왕비는 최비가 됩니다. 대한제국^{大韓帝國. 제국은 황제의 나라라는 뜻} 수립 이후로 고종이 왕에서 황제가 되면서, 일본인들에게 살해되었던 민비도 왕비에서 황후로 추존^{죽은 이의}

칭호를 올려 높이는 것된 것입니다. 시호훌륭한 인물이 죽은 뒤에 그의 공덕을 칭송하여 부르던 이름. 이순신 장군의 시호는 충무가 '명성'이니 명성황후로 부르게 된 것입니다.

명성황후는 흥선대원군이 직접 뽑은간택한 며느리였습니다. 분간분별하여 선택하는 것을 간택이라고 합니다. 왕의 외척외가 쪽 친척으로, 처가도 포함됨. 아버지 핏줄은 친척이고, 외가와 처가 핏줄은 외척임에 의한 국정농단국정과 농단의 합성어로서, 국정은 나라의 정치를 말하고 농단은 이익이나 권리를 독점하는 것을 의미한다. 따라서 국정농단은 권리를 독점하여 나라의 정치를 마음대로 한다는 뜻이다의 폐해폐단으로 인해 생기는 피해를 누구보다 잘 알고 있었고, 그 자신도 세도가들의 농단으로 인한 피해자상갓집 개라는 소리를 들으며 살았음 중의 한 사람이었습니다. 그래서 무엇보다 왕의 처가 식구들외척로서, 국정에 간여어떤 일에 간섭하여 참여함하지 못할만한 처지의 사람을 고종의 왕비로 간택했습니다.

흥선대원군의 명성황후 간택은 그 개인적으로 볼 때, 가장 통탄할 일 가운데 하나라고 할 수 있습니다. 명성황후는 권력에 대한 집착과 정치적 야망이 많은 사람이었습니다. 명성황후는 남편 고종을 부추기고 최익현 등이 상소에 적극 응답하여, 흥선대원군이 권좌권력, 특히 통치권을 가지고 있는 자리에서 물러나게하야 합니다. 흥선대원군은 왕이 아니었습니다. 왕은 그의 아들 고종이었습니다. 아들이라 하더라도 왕은 왕입니다. 개인적사적으로는 흥선대원군과 고종의 관계는 부자지간이지만, 공적으로는 군신지간임금과 신하의 사이입니다. 고종은 흥선대원군에게 명령합니다. 아버지, 이제 그만 두시라고. 그 막후겉으로 드러나지 않은 뒷면에는 명성황후가 있었습니다.

흥선대원군의 하야로 겉으로는 국정 주도권이 고종에게 넘어갔지만,

실제로는 명성황후가 실권실제로 행사할 수 있는 권리나 권세을 장악합니다. 무슨 일은 하든지 도우는 사람이 있어야 하겠지요. 명성황후는 실권 행사에 자신의 친정식구들왕의 외척들을 동원합니다. 앞에서도 말했던 것처럼 명성황후의 성은 '민씨'라고 했습니다. 역사가들은 명성황후의 국정 조력자도와주는 사람들을 '민씨세력'이라고 부릅니다. 흥선대원군 하야 이후에, 명성황후를 중심으로 한 조선의 국정 운영의 주체세력을 '민씨세력 또는 민씨정권'이라고 합니다.

역사 공부를 할 때는 그 시대나 사회의 주체세력과 그 주체세력의 중심사상을 잘 관찰해야 합니다. 왜냐하면 그들의 생각마인드. 이념과 행위로 세상국가이 돌아가기 때문입니다. 1873년 이후로, 조선은 국정 운영의 주체세력이 '흥선대원군 중심에서 명성황후 중심'으로 바뀌었습니다. 또한 대외정책도, 국정 운영의 중심사상철학도 '쇄국교류금지에서 개국교류하기'으로 바뀌었습니다. 이러한 변화의 틈을 비집고 일본의 군함, 운요호가 제물포 앞바다에 나타난 것입니다.

10 개항

  개항開港은 항구港口를 외국에 개방開放함을 말합니다. 오늘날에는 공항을 통해서 비행기로 외국을 드나들 수 있습니다. 과거에는 외국과 교통하는 방법은 육로 아니면 해로밖에 없었습니다. 항구의 개방인 개항은, 나라의 문호大門를 열어 다른 나라와 교류하는 개국開國을 의미합니다. 개항은 곧 개국을 의미합니다. 흥선대원군의 통상수교거부정책서양은 물론, 서양 문물을 받아들인 일본도 배척이 추진되고 있을 때, 정치에 관심을 가진 사람들의 다른 한편에서는 문호를 개방하여 서양의 문화와 과학기술을 받아들이고, 통상을 하는 것이 필요하다는 주장 합니다. 이를 '통상개화론통상개국론'이라고 합니다.

  통상개화론은 박제가 등과 같은 중상학파 실학자들의 북학론北學論. 청의 학문과 과학기술을 배우고 본받자의 영향을 받았습니다. 통상개화론은 19세기에 이규경, 최한기로 이어지고, 이 배턴Baton은 박규수북학파인 박지원의 친손자, 오경석, 유홍기유대치에게로 이어졌습니다. 부국강병의 수단과 방법으로 주장된 통상개화론은 이후 민씨세력민씨정권의 의한 개항과 개화정책에 일정한 영향을 미칩니다.

홍선대원군이 권좌에서 물러나고 명성황후를 중심으로 한 민씨세력이 정국정치계의 형편의 주도권을 장악하게 됩니다. 이들 민씨세력의 기본적인 대외정책은 통상개화론의 영향을 받은 '통상개국'이었습니다. 통상개국론은 개국나라의 대문을 열고. 개화을 통해서 통상외국과 교역을 하자을 허용하자는 주장입니다. 부국강병을 위한 통상개국이, 서양 세력의 침략을 막는 방법이라고 생각했던 것입니다.

한편 홍선대원군이 집권하고 있던 시기에, 일본에서는 지방의 영주들다이묘이 중심이 되어, 에도 막부를 타도어떤 대상이나 세력을 쳐서 거꾸러뜨림 하려는 움직임이 있었습니다. 막부幕府 밑에 번藩이 있었는데, 막부의 우두머리가 쇼군장군이고 번의 우두머리가 다이묘영주입니다. 중국에서 아편전쟁1840~1842이 일어나기 이전까지, 일본의 에도 막부도 다른 나라들과 비슷하게, 서양세력의 침략적 접근에 통상수교거부로 맞섰습니다. 그러나 아편전쟁을 계기로 서양 열강에 청이 패배하는 것을 보고, 외국 상선이양선. 무역선에 대한 강경하던 태도가 다소 완화되었습니다. 조선이 '붓의 나라'라고 한다면 일본은 '칼의 나라'라고 할 수 있습니다. 늘 칼로써 승부를 보는 사람들은 형세일이 되어가는 형편에 민감합니다. 세계 최강의 나라라고 생각했던 청을 이긴다는 것은, 청의 상대였던 서양세력과 싸워 일본에게 승산이길 수 있는 가능성이 없다는 것을 본능적으로 안 것입니다.

일본은 미국페리함대의 개항요구1853에, 미·일화친조약1854을 체결하고 이어 미·일수호통상조약1858을 체결하여 개항하게 됩니다. 에도 막부의 개방정책으로 미국 등 서양 열강과의 불평등 조약이 체결되면서, 일본은 외국상품 수입과 물가상승으로 상공업자들이 피해를 입었고 민생이 곤란해집니다. 이에 지방의 영주들다이묘이 중심이 되어, 에도 막부를 타도어떤 대상이나 세력을 쳐서 거꾸러뜨림하려고 정변쿠데타을 일으켰습니다. 정변을 일으킨 다이묘들은 일본왕천황을 지지하고, 서양 열강은 배격할 것을 주장합니다. 번의 다이묘영주들이 막부의 쇼군장군을 버리고, 일본왕천황을 선택한 것입니다. 이로써 일본에는 막부군사정부가 무너지고 일본왕 중심의 새로운 정부가 수립되었습니다. 이때 일본왕이 메이지입니다. 메이지는 일본왕의 이름이자, 그의 연호임금이 즉위한 해를 상징하는 이름였습니다. 유신維新은 '새롭게 바꾼다.'는 뜻입니다. 메이지 왕 시대의 개혁을, '메이지 유신'이라고 부릅니다. 메이지 유신의 목표는 일본왕천황을 중심으로 한, 중앙집권체제의 강화와 그러한 국가의 수립이었습니다.

그러기 위해서, 서양의 기술을 도입하고, 조세제도를 개혁하고, 상공업을 육성하고, 징병제사무라이에 의한 쇼군의 군대가 아니라, 천황에게 충성하는 군대를 양성를 실시하였다. 서양 기술의 도입과 서양식 제도로의 개혁을 통해 그들이 얻고자 한 것은 부국강병과 근대화였습니다. 당시 일본 집권세력들은 그것이 일본의 유일한 생존 방법이라고 확신했습니다. 당시 일본의 지도층은, 일본이 속히 서양유럽처럼 되는 것이 일본이 생존하는 유일한 방법이라고 생각했던 것입니다.

근대화는 합리주의, 평등주의, 자유주의, 민주주의 등이 핵심 키워드

이지만, 그들은 그것보다 서양의 과학기술을 배워유학생 파견, 상공업을 육성하고, 그것을 바탕으로 부국나라를 부유하게 만듦과 강병군비나 병력 따위를 강화함을 통한 천황 중심의 국가를 이룩하는 것이었습니다. 이러한 필요에 따라 천황이 절대적 권력을 갖는, 일본제국헌법을 1889년 제정하였습니다. 이를 메이지헌법이라고 하는데, 그 중심에 이토 히로부미가 있었습니다. 그는 을사조약을 강제로 체결하게 했고 초대 통감이었으며, 안중근 의사에게 사살되었던 인물입니다. 일본제국헌법메이지헌법과 같은 헌법을 다시 만들어, 이토 히로부미와 같은 존재가 되고자 하는 사람이, 일본총리 아베 신조입니다. 아베 신조의 외할아버지가 조선총독부의 마지막 총독 아베 노부유키라고 합니다. 아베 신조는 외할아버지를 존경한다고 했습니다.

일본은 미국에 의해 강제로 개항1854 당한 지 21년이 지난, 1875년 미국과 똑같은 모습과 행동으로 강화도 부근 바다에 나타난 것입니다. 강대국이 해군력을 바탕으로 한 무력을 동원해 약소국을 굴복시키는 외교방식을 '포함외교'라고 합니다. 포함砲艦은 대포함포를 갖추고 강기슭이나 해안의 수색과 정찰 및 경비를 맡아보는 작고 날쌘 군함을 말합니다. 영국이 청에, 미국이 일본에, 일본이 조선에 했던, 강제로 통상수교조약을 체결했던 방식이 모두 '포함외교'였습니다. 그 결과 청은 난징조약을, 일본은 미일수호통상조약을, 조선은 강화도조약을 체결하게 된 것입니다.

강화도조약 체결의 계기가 된 사건이 운요호 사건입니다. 운요호는 일본이 영국으로부터 구입한 군함증기선입니다. 일본 군함 운요호가 포함외교의 일환으로, 1875년 강화도 앞바다에 해안 측량을 구실로 불법으로 침범하여, 함포_{군함에 설치한 대포}로 진지_{적과 교전할 목적으로, 설비 또는 장비를 갖추고 부대를 배치하여 둔 곳}. 초지진·영종진를 공격하여 조선에 수십 명의 인명 피해를 입히고선 퇴각한 사건을 운요호 사건이라고 합니다.

이듬해₁₈₇₆ 운요호 등 6척의 군함_{포함. 砲艦}이 다시 나타나 손해배상과 함께 개항을 강요_{무력으로 위협 시위}합니다. 나쁜 것은 빨리 배운다고, 미국이 저들에게 했던 방식을 조선에 그대로 사용한 것입니다. 1876년의 조선은 쇄국_{다른 나라와의 통상과 교역을 금지함}의 상징_{아이콘}이었던 흥선대원군이 하야₁₈₇₃하고, 그와 정반대의 대외정책으로 개국을 염두에 두고 있던 '민씨세력'이 집권하고 있었습니다. 이러한 조선의 입장과 일본의 강요_{위협}가 만나, 맺어진 조약이 강화도조약입니다.

일본의 운요호가 조선에 침범하여, 개항 조약의 체결을 강요하기 이전에, 일본에서는 조선을 정복하자는 논의가 있었습니다. 그것을 정한론_{征韓論}이라고 합니다. 당시 일본에서는 조선을 빨리 정복하자는 자들과 조선을 천천히 야금야금_{남모르게 조금씩 행동하는 모양} 정복하자는 자들 간의 논의가 충돌하다가, 야금야금 정복하자는 쪽의 주장이 채택됩니다. 그 중심인물이 이토 히로부미입니다. 일본 군함 운요호의 조선 침범은 그 첫 출발점이었습니다.

1876년 운요호 사건을 계기로 조선과 일본 사이에 체결된, 강화도조약의 공식명칭은 '조·일수호조규'이며, 또는 '병자수호조약'이라고도 합니다. 강화도조약이라 불리는 것은 강화도에서 체결되었기 때문입니다. '병자수호조약'은 낱말 그대로 말하면, 병자년에 조선과 일본이 사이좋게 지내기 위해 조목낱낱의 항목으로 나누어 맺은 약속이라는 뜻입니다. 조약은 나라와 나라 사이에 조목을 세워 맺은 언약약속이라는 뜻입니다. 수호修好는 나라와 나라가 서로 사이좋게 지냄을 의미하며, 조규條規는 조문의 규정이라는 뜻입니다. '조·일수호조규'는 말 그대로 하면, 조선과 일본이 사이좋게 지내기 위해, 조목조목세세히 글로 적은 규정이라는 뜻입니다.

그러나 '조·일수호조규강화도조약'는 명칭처럼, 두 나라가 동등한 입장에서 체결된 조약이 아닙니다. 강화도조약은 조선을 정복하고자 하던 일본의 무력적군사적 강압에 의해 체결된 조약입니다. 오늘날로 말하면 갑일본이 윽박지른 주장에 따라, 을조선이 불가피하게 동의하는 형식으로 이루어진 불평등조약입니다. 강화도조약의 핵심은 최초의 근대적 조약이자, 불평등조약이라는 것입니다. 강화도조약은 조선이 근대 국제법적 토대 위에 맺은 최초의 조약입니다. 근대적이면 동등한대등한. 평등한 입장에서 체결되어야 하지만, 그땐 그렇지 않았습니다. 강화도조약이 불평등조약이라는 근거는 많습니다. 강화도조약은 전문전체 12조로 되어 있습니다.

강화도조약의 주요 내용은 다음과 같습니다.

제1관 **조선국은 자주의 나라이며, 일본국과 평등한 권리를 가진다.**

⇨ 말 그대로 하면, 조선은 자주국(自主國)이니 조선의 주인은 조선이 됩니다. 얼핏 들으면 조선을 위하는 것 같지만 속셈은 조선을 침략하는데 청의 간섭(개입)을 배제(받아들이지 아니하고 물리쳐 제외함)하여, 일본이 마음대로 치고받고(정복)하겠다는 의도입니다.

제4관 조선국은 부산 외에 두 곳을 개항하고, 일본인이 왕래 통상함을 허가한다.

⇨ 조선 항구에 대한 개항만 있고, 일본 항구에 대한 개항의 언급은 없습니다. 조선만 개항을 한 것입니다. 부산(1876)·원산(1880)·인천(1883)은 조선이 일본에 개항한 조차지였습니다. 조선에서만 조차지를 설정한 것입니다. 조차지는 한 나라가 다른 나라로부터 빌려 통치하는 영토를 말합니다. 조차지에서 영토권은 빌려준 나라에 속하지만, 통치권은 빌린 나라에 속합니다. 부산·원산·인천을 차례로 개항시킴으로써 일본은 조선에서 정치·경제·군사적으로 침략의 근거지를 마련하게 됩니다.

제7관 조선국은 일본국 항해자가 자유로이 해안을 측량하도록 허가한다.

⇨ 일본이 조선 해안만 자유로이 측량하고, 조선이 일본 해안을 자유로이 측량할 수 있다는 항목이 없습니다. 일본만이 조선 해안을 측량할 수 있는 것입니다. 연해(연안. 근해. 가까운 바다) 측량의 자유는 조선에 일방적으로 불리한 조항이었습니다. 조선의 영토 주권을 침해하는 불평등한 조항입니다.

제9관 양국의 인민은 각자 임의로 무역하며, 양국의 관리는 조금도 이에 간여하거나 금지 또는 제한하지 못한다.

⇨ 임의는 '일정한 기준이나 원칙 없이 하고 싶은 대로'라는 뜻입니다. 일본 상인들이 멋대로(불법적으로) 상업행위를 해도 조선이 마땅히 통제하기 어렵게 하는 조항입니다.

제10관 일본국 인민이 조선국 지정의 각 항구에 머무르는 동안에 죄를 범한 것이 조선국 인민에게 관계되는 사건일 때에는 모두 일본 관원이 심판한다.

⇨ 일본의 조차지였던, 부산·원산·인천은 치외법권 지역이었습니다. 치외법권(治外法權)은 다른 나라의 영토 안에 있으면서 그 나라의 통치권(統治權)의 지배를 받지 않는(外. 통치권 밖에 있는) 국제법(國際法) 상의 권리(權利)를 말합니다. 다른 나라의 영토 안에 있으면서도 그 나라 국내법의 적용을 받지 아니하는 국제법에서의 권리가 치외법권입니다. 한마디로 땅의 주인이지만, 그 땅 안의 일부 공간에서만큼은 땅 주인의 간섭을 받지 않는 권리입니다. 치외법권은 보통 외교관들에게 주어지는 것입니다.

만약 일본도 그들의 항구에 조선에게 문호를 개방하고 동일하게 치외법권을 인정했다면 차등이 아니겠지요. 하지만 조선은 그렇게 하고 일본은 하지 않으니 당연히 불평등이 되는 것입니다. 조선인의 일본에서의 치외법권을 인정하는 내용은 없습니다.

또한 영사재판권은 외교관인 영사가 주재국외교관이 국가의 명령을 받아 머물러 있는 나라에서 자국민자기 나라의 국민에 관계된 소송을 자기 나라 법률에 의해 재판하는 권리를 말합니다. 외국인은 원칙적으로 거주하고 있는 나라의 법과 재판권에 복종하지만, 예외적으로 영사재판권은 치외법권의 하나로서, 자국민의 이해관계이익과 손해가 걸려 있는 관계를 가지는 사건에 행사하는 재판권입니다. 영사재판권은 보통 불평등조약으로 보는 근거가 됩니다. 영사는 외국에 있으면서 본국의 무역 통상의 이익을 도모하며 아울러 자국민의 보호를 담당하는 관리를 말합니다. 강화도조약의 체결로 일본은 조선을 침략하여 정복하는 데 필요한, 정치·경제·사회적 발판을 마련하게 됩니다.

한편 일본은 강화도조약 때 조약 내용에 빠트린 부분을 보완하기 위해, 강화도조약의 부속딸려서 붙음 조약을 다시 맺습니다. 그것이 조·일수호조규부록입니다. 조·일수호조규부록의 핵심 내용은 '일본국 인민은 본국에서 사용되는 화폐로 조선국 인민의 소유물을 마음대로 교환할 수 있다.'입니다. 이로써 개항장외국과 무역을 하도록 개방한 항구. 개항지. 부산·원산·인천에서 조선과의 교역에 일본 화폐를 사용할 수 있게 된 것입니다. 일본인 외교관을 조선을 자유로이 여행할 수 있게 했습니다.

또 '조일무역규칙'을 체결하여 일본과의 수출입 상품에 대한 무관세세관을 통과하는 물건에 세금을 부과하지 않음, 무항세 입항하는 선박에 세금을 부과하지 않음, 곡물양곡의 무제한 유출 등 불평등한 조항이 규정되게 하였습니다.

또 빠트린 것을 보완합니다. 그것이 조·일수호조규속약입니다. 조·일수호조규속약의 핵심 내용은 일본 외교관과 일본상인들의 조선에서 행동과 상업행위의 반경을 넓힌 것입니다. 당연히 그로 인해 조선상인들의 상권 상업상의 세력이 미치는 지리적 범위이 침해 축소되고, 일본상인들의 상권이 확장되었습니다.

11 위정척사운동

위정척사는 올바른正 것을 지키고衛, 그릇된邪 것은 물리친다斥는 뜻입니다. 여기서 바른 것은 성리학과 성리학적 질서를 말합니다. 그릇된바르지 않은 것은, 성리학 이외의 모든 것을 말합니다. 정학正學. 성리학과 정도正道. 성리학적 질서를 지키고, 사학邪學과 사도邪道를 배척함을 통하여, 조선과 양반중심의 질서를 지키자는 사상이 위정척사 사상입니다.

여기서 사학邪學은 조선시대에, 성리학주자학에 반대되거나 위배되는 학문을 이르던 말입니다. 조선 중기에는 양명학을, 후기에는 천주교서학나 동학을 가리켰습니다. 사도邪道는 올바르지 못한 길이나 사악한 도리를 뜻하는 말로, 서양의 과학기술, 서양의 문물 등을 의미합니다. 우리와 중국의 전통과 문화는 옳은 것이니 지키고, 서양과 일본의 사상과 문물은 나쁘고 사악한 것이니 이를 물리치는 것이, 그들의 침략으로부터 우리를 지켜낼 수 있다는 사상입니다. 이처럼 위정척사파는 국가와 백성, 그리고 자신들의 생존양반으로서의 기득권 유지을 위해 개항개국에 결사적으로 반대한 것입니다.

강화도조약의 체결로 조선의 문호는 개방되었습니다. 민씨세력명성황후를 중심으로 한 정치세력은 제국주의적 성향을 지닌, 서양과 일본의 침략적 접근을 해결하는 방법으로, 개국개항을 선택했습니다. 이러한 개항개국에 찬성하는 개화파와 반대하는 위정척사파의 대립이 나타납니다. 위정척사파는 서양과 서양의 문물을 받아들인 일본, 모두 사악한간사하고 악함 집단이니 배척해야 한다는 주장입니다. 당연히 그들과의 통상수교에 반대하는 것입니다. 대표적인 사람으로는, 이항로·기정진·최익현·이만손·홍재학 등이 있습니다. 이들의 위정척사사상은 그 후, 의병항쟁과 무장독립운동독립군의 활동으로 이어집니다.

위정척사사상은 1860년대에 이항로가 중심이 되어, 통상수교에 반대하며, 서양 세력과의 화친을 반대하고, 그들과 맞서 싸우기를 주장했습니다. 이항로는 조선 후기의 성리학자로 위정척사사상의 사상적 기초를 만들었습니다. 1870년대에는 최익현이 중심이 되어, 왜양일체론일본과 서양은 한 무리이므로 서양은 물론 일본에게도 문호를 개방해서는 안 된다는 논리 주장하며 개항에 반대하는 상소를 했습니다. 최익현은 이항로의 제자입니다.

1880년대에는 김홍집 등이 개화정책을 적극 추진하려는 움직임이 있자, 이만손이 중심이 되어 정부의 개화정책에 반대하는, 영남 유생선비들의 집단 상소인 영남만인소를 올렸습니다. 만인소는 1만 명에 가까운 영남 지방의 선비들유생이 연명두 사람 이상의 이름을 한 곳에 죽 잇따라 씀으로 개화정책에 반대한다는 내용의 상소임금에게 글을 올림를 했습니다. 1881년 위정척사 사상을 가진 영남의 수많은 유생들이 서양세력과 교류하지 말 것을 왕에게 올린 상소 사건이, 영남만인소 사건입니다. 만인소萬人疏는 만인萬人. 1만 명의 상소上疏라는 뜻입니다. 상소는 백성들이 왕에게 글을 올려글로써 건의나 주장하던 일을 말합니다.

위정척사파들의 주장은 한편으로 일리어떤 면에서 그런대로 타당하다고 생각되는 이치도 있었습니다. 특히 서양과 일본세력의 제국주의적침략적 의도를 제대로 간파보아서 속내를 알아차림했습니다. 하지만 그들의 그러한 주장에는 나라와 백성을 위하는 측면도 있었지만, 양반 중심의 사회질서기득권를 지키려 부분도 있었습니다. 또한 통상수교를 거부하는 것은 당시의 대세가 아니었다는 점입니다. 19세기 위기의 조선을 구원할 사상으로서, 성리학은 이미 지도력을 상실한 이념이자 학문이었습니다.

1854년에 개항한 일본, 1876년에 개항한 조선, 일본과 조선의 개항은 불과 22년의 차이밖에 없습니다. 그 차이에 일본은 제국帝國이 되었고, 조선은 그 제국이 지배하는 식민지가 되어 갔습니다. 일본의 근대화 속도가 빨랐던 점도 있겠지만, 개항 이전에, 이미 일본은 많은 젊은이들이 서양에 유학 가서 서양의 사상과 제도, 서양의 과학기술, 문물을 배우고 있었다는 사실을 기억해야 합니다. 그들이 일본으로 돌아와서 일본의 근대화를 이끈 것이었습니다. 일본도 조선처럼 개항에 반대했지만, 섬나라와 칼의 문화라는 속성 때문인지 상황의 변화에 민첩하게 대처하는 특성이 있었던 것 같습니다. 그들은 개항이 대세임을 인지하고, 적극적인 근대화를 위한 배움과 노력으로 동양에게 가장 먼저 근대화에 성공했습니다. 물론 그것은 일본에겐 다행이었지만 조선에게는 불행이었습니다.

12 개화운동

사람들의 지혜의 문이 열려開 새로운 사상·문물·제도 따위를 받아들여 발전하게 됨化을 의미합니다. 성리학 중심에서 벗어나 서양의 발전된 문물文化의 산물·제도·사상을 받아들려, 이전과 다른 새로운 나라를 만들자는 사상이 개화사상입니다. 개화사상은 안으로는 실학의 북학파 사상을 발전적으로 계승하고, 밖으로는 청의 양무운동과 일본의 문명개화론의 영향을 받았습니다.

청의 양무운동은 19세기 후반 청나라에서 서양西洋의 문물을 힘써務 받아들이고자 일어난 근대화 운동으로서, 주로 서양의 군사기술과 군수산업을 도입하여 부국강병한 나라를 만들자는 운동입니다. 양무운동은 기본정신은 '중체서용'이었습니다. 중체서용中體西用은 중국의 유교적 전통과 사상은 그대로 유지하되中體, 서양西洋의 기술만 수용收用하자는 주장입니다. 양무운동1862~1895은 중국의 전통과 제도중체를 바탕으로, 서양의 기술서용 받아들여 부국강병 추구하였습니다. 이처럼 양무운동은 서양의 문물만을 부분적으로 수용하자는 온건적 개화사상입니다. 양무운동의 핵심정신인, 중체서용中體西用은 조선의 동도서기東道西器, 일본의 화혼양재와 비슷한 성격이라고 할 수 있습니다. 중국 양무운동의 정신인 '중체서용'의 조선버전이 '동도서기'이고 일본버전이 '화혼양재'라고 할 수 있습니다. 조선은 과학기술을 기器, 중국은 과학기술을 용用으로, 일본은 과학기술을 재才로 보고 부국강병과 경제 발전을 위한 수단으로 생각했던 것입니다.

동도서기東道西器는 동양의 도덕·윤리·지배질서를 그대로 유지한 채, 서양의 발달한 기술을 받아들여 부국강병을 이룩한다는 사상입니다. 온건개화파가 주장했던 개화의 방향입니다. 화혼양재和魂洋才에서 '화혼'은 일본의 전통적 정신을, '양재'란 서양의 과학기술을 말합니다. 근대화 시기 일본의 구호였습니다. 문명개화론은 19세기 후반 동아시아에서 형성된 서양 문명에 대한 수용 논리로, 서양의 기술·기기기계만이 아니라 문화와 풍속까지 수용하여 낡은 폐습을 타파해야 한다고 주장하였습니다. 문명개화론은 개화는 기술문명에 그치지 않고 사상과 제도까지 포함하는 사회전반에 걸쳐서 이루어져야 한다는 주장입니다. 일본을 서양식으로 몽땅있는 대로 죄다 바꾸어야 한다는 것이 문명개화론의 본질이었습니다.

개화근대화에 대한 속도와 방법의 차이가 온건개화와 급진개화입니다. 청나라 양무운동의 영향을 받아서, '우리의 전통과 문화는 지키되, 서양의 과학기술과 기기기계만 받아들이자'는 입장을, 온건개화파라고 부릅니다. 김홍집·김윤식·어윤중 등이 대표적인 인물들입니다. 따라서 이들은 기본적으로 청으로부터 배우려는 친청적친중국적 성향을 띱니다. 민씨 정권은 온건개화파와 같은 입장이었습니다. 초기 개화정책은 김홍집 등을 중심으로 하는 온건개화파에 의해서 추진되었습니다.

급진개화파들은 일본의 문명개화론의 영향을 받은 사람들입니다. 문명개화론은 문명화를 말하고, 문명화는 서양화를 의미합니다. 일본을 서양화西洋化시키는 것이 서양의 침략으로부터 일본을 지켜내는 방법이라는 주장입니다. 그러기 위해서는 일본의 폐습폐해가 많은 풍습을 버리고, 서양의 과학기술뿐만 아니라, 서양의 사상과 제도정치·경제·사회·문화까지 받아들여야 한다는 주장입니다. 한마디로 일본의 서양화西洋化가, 일본의 근대화近代化하는 비결이며, 그것이 일본이 서양의 침략을 막고 생존할 수 비결이라는 논리입니다.

청의 양무운동이 부분적 개화라면, 일본의 문명개화론은 전면적 개화라고 할 수 있습니다. 문명개화론에 따른 일본의 개혁이 메이지 유신입니다. 온건개화파는 청의 양무운동의 영향을 받았고, 급진개화파는 일본의 문명개화론의 영향을 받았습니다. 따라서 급진개화파들은 친일본적인 성향을 지녔다고 할 수 있습니다. 급진개화파의 대표적인 인물로는 김옥균·박영효·유길준·홍영식·서광범·서재필 등이 있습니다.

13 통리기무아문

모두統 다스리는理, 근본機. 틀이 되는 일務을 맡아보는 관청衙門을 통리기무아문이라고 합니다. 통치의 근본이 되는 일을 맡아보는 관청 또는 모든統 다스림治의 틀프레임. 機이 되는 관청衙門이라고도 해석할 수 있습니다.

영남만인소 사건과 같은, 위정척사파들의 반대에도 불구하고, 민씨정권은 온건개화파와 더불어 개화정책을 추진합니다. 온건개화파들은, 중체서용이라는 기본정신을 가진 양무운동의 영향을 본받고자 하는 사람들이었습니다. 온건개화파는 양무운동의 기본정신인 중체서용과 동도서기를 따르던 사람들로 김홍집·김윤식·어윤중·박정양·민영익 등이 이에 속합니다.

따라서 이들은 청의 행정제도를 본받아역할모델로 하여, 통리기무아문을 설치1880~1882하고 개화정책을 본격적으로 추진합니다. 통리기무아문 아래에 12사 두고 외교·군사·산업 등을 담당하게 합니다. 군사제도는 5군영을 2군영으로 개편합니다. 일본군을 모델로 별기군이라는 신식군대를 두고 일본 군인이 군사훈련을 담당하게 합니다. 별기군別技軍은 기병과 보병 가운데서, 특별特別히 기량技倆. 기능. 재주이 뛰어난 군사군인를 모아 조직한 군대軍隊입니다1881. 또한 조사시찰단1881을 일본에 파견합니다. 청나라 말고도 일본의 선진문물도 보고 배울 필요가 있다는 취지어떤 일의 근본이 되는 목적이나 긴요한 뜻에서, 박정양·홍영식 등을 일본에 파견한 것입니다. 조사시찰단을 과거에는 신사유람단이라고도 불렀습니다.

한편 개항1876 이후, 민씨정권은 개화정책의 일환밀접한 관계가 있는 것 가운데 일부분으로, 일본의 서양화근대화 실정실태. 사정을 알아보기 위하여 수신사를 파견합니다. 수신사修信使는 양국두 나라 간에 신뢰信賴 관계를 닦기修 위하여 파견한 사절使節. 사신. 외교관이라는 뜻입니다. 수신사는 통신사의 명칭을 고친 것으로, 김기수1차. 1876·김홍집2차. 1880 등을 파견하였습니다. 통신사는 조선의 선진문물을 일본에 전파하는 역할을 하였지만, 수신사는 일본의 선진문물을 살펴보고 배워오는 역할을 하였습니다. 다같이 일본에 파견된 사절외교관이지만, 파견 목적은 정반대입니다. 조선이 방심하는 사이에 일본은 조선이 가르치는 처지에서 배워야 하는 처지가 되고만 것입니다. 이처럼 세상의 흐름을 알고, 그 흐름에 알맞은 배움을 지속하지 않는 존재는 국가든 개인이든 어려운 상황이 올 수 있습니다.

2차1880 수신사였던 김홍집이 귀국하면서 가져온 책이, 조선책략입니다. 조선책략은 청나라 외교관이었던 황준헌황쭌셴이 쓴 책입니다. 책략策略은 어떤 일을 꾸미고 이루어 나가는 교묘한 방법을 말합니다. 조선이 생존존립하기 위해선 중국·일본·미국과 외교적으로 연대여럿이 함께 무슨 일을 하거나 함께 책임을 짐해야 한다는 논리입니다. 조선이 러시아의 남하를 막기 위해선, 중국과 친해지고, 일본과 결합하고, 미국과 연대해야 한다는 주장이었습니다. 조선이 러시아의 남하침략를 막기 위해선, 청·일본·미국과 연합해야 한다는 주장입니다.

이 책은 제너럴셔먼호 사건과 신미양요를 일으켰던 침략자 미국과 연합해야 한다는 부분에서, 당시 조선의 정서감정·분위기로는 수용하기 어려운 것이었습니다. 조선책략은 위정척사파들이 개화파를 비판하는 구실과 계기가 되었습니다. 이 책을 가지고 온 사람이 개화파였던 김홍집이고, 김홍집은 당시 개화정책 실행의 중심에 있었던 인물이었습니다. 위정척사파이만손 등가 중심이 된, 양반유생들은 이 책의 유포세상에 널리 퍼짐를 계기로 영남만인소를 고종에게 올리게 됩니다. 한마디로 민씨정권과 개화파들이 추진하는 개화정책에 반대한 것입니다.

이러한 위정척사파들의 반발에도 불구하고 민씨정권은 미국과 연합하기 위해 조·미수호통상조약1882을 체결합니다. 이 조약에는 '최혜국 대우' 조항이 있었습니다. 최혜국은 어떤 나라와 통상 조약을 맺은 여러 나라 가운데서, 가장 유리한 대우를 받는 나라를 말합니다. 최혜국最惠國 대우는 앞으로, 장래에 어떤 나라와 조약을 체결할 때에, 새로 체결한 나라에 부여한 가장 유리한 대우혜택가, 이미 조약을 체결한 다른 나라에도 자동적으로 업데이트 되어, 적용된다는 조항을 말합니다. 이 조항이 있으면 자동으로 최혜국으로 대우가 업데이트가 되기 때문에, 다른 나라보다 더 나은 조항을 삽입하려고 애쓰지 않아도 되는 것입니다. 참고로 강화도조약에는 '최혜국 대우' 조항이 없었습니다.

영선사領選使는 유학생을 통솔領. 데리고하려고 뽑은選 사절使節. 사신. 외교관을 뜻합니다. 민씨정권이 신식무기 제조법과 사용법을 배우기 위해서, 청에 파견하는 유학생들을 통솔領할 목적으로 선발選拔한 관리使가 영선사입니다. 김윤식이 영선사로서 60여 명의 유학생을 인솔하였습니다. 이들을 중심으로 만든 무기제조 공장이 기기창機器廠입니다.

KEY WORD

14 임오군란

임오군란은 임오년壬午年에 군인軍人들이 일으킨 난리亂離를 말합니다. 임오년에 군인軍人들이 일으킨 변고變故. 갑작스러운 재앙이나 사고라는 뜻으로, 임오군변이라고도 합니다. 임오군란은 2군영 소속의 구식군인들이, 별기군 소속의 신식군인들에 비하여 여러 가지급료 미지급, 겨와 모래를 섞어서 급료 지급 등로 차별대우를 받자, 차별의 중심이었던 신식군대와 민씨정권의 핵심인물인 민겸호별기군 창설의 중심인물이자, 급료 지급 책임자 등을 공격합니다. 이 과정에서 신식군대별기군의 일본인 교관과 민겸호 등이 구식군인들에게 피살당합니다.

임오군란은 표면적으로는 개화정책의 상징인 별기군신식군대과 개화정책으로 소외되었던 2군영구식군대의 대립이지만, 내면적이면적으로는 개화파와 개화에 반대하는 위정척사파의 대립이라고 할 수 있습니다. 한편 흥선대원군의 조종을 받은 구식군인들은 경복궁으로 들어가, 개화정책 추진의 실제적 최상위자인 명성황후마저 없애기 위해 찾았지만 그녀는 몰래 친정경기도 여주 부근의 장호원충주와 여주 사이에 위치으로 피신위험을 피하여 몸을 숨김을 갔습니다. 개화정책을 추진하던 명성황후가 피신하자, 고종은 아버지 흥선대원군에게 도움을 요청했고, 이로써 흥선대원군이 다시 집권2번째을 하게 됩니다.

흥선대원군은 문제 발단의 정점맨 꼭대기에 있던, 개화정책 추진 중심 기구였던 통리기무아문을 폐지하고 구식군대를 2군영에서 5군영으로 되돌려, 구식군인들의 불만을 잠재웁니다. 사실 개화정책 추진으로 5군영이 2군영이5군영의 구조조정 되면서 구식군인들의 일자리가 많이 없어졌고, 그에 따른 불만도 잠재겉으로 드러나지 않고 속에 잠겨 있거나 숨어 있음하고 있었는데 차별대우까지 하니, 구식군인들이 분노하여 쿠데타를 일으켰던 것입니다.

한편 충주로 도망갔던 명성황후는 청나라에 편지를 보내, 지원도움을 요청합니다. 청은 호란정묘·병자호란 이후로 조선에 대한 주도권주동적인 위치에서 이끌어 나갈 수 있는 힘을 갖고 있었습니다. 그런데 조선과 일본 사이에 강화도조약이 체결되면서, 청이 갖고 있던 조선에 대한 주도권을 일본에 빼앗겼던 것입니다. 당연히 청은 주도권을 되찾고 싶었겠지요. 정치적 감각이 남달랐던? 명성황후는 그 점을 간파보아서 속내를 알아차림하고 있었고, 명성황후의 지원요청에 청은 기다렸다는 듯이 조선에 군대를 파병합니다.

조선에 파병된 청나라 군대위안스카이는 이홍장의 부하로 3,000여 명을 이끌고 옴. 이홍장은 청나라 양무운동의 주도자이자 청의 실권자였음는 임오군란을 진압하고, 흥선대원군을 군란의 책임자로 몰아 청의 텐진으로 잡아갔습니다. 이로써 명성황후가 다시 집권하게 되지만, 조선에 대한 주도권은 청으로 넘어가고, 청의 조선에 대한 외교를 포함한, 내정간섭^{다른 나라의 정치에 간섭하거나 또}는 강압적으로 그 주권을 속박·침해하는 일. 주권은 주인이 주인으로서 갖는 권리이 시작됩니다. 명성황후가 비난을 받을 부분이 있다면, 외세^{외국의 세력.} 청를 끌어들여 국내의 문제를 해결하고 자신의 정치적 욕망^{집권욕}을 채우려 했다는 점일 것입니다. 다른 나라를 이용하는 것은 얼마든지 필요하고 있을 수 있는 일입니다. 누구든 살아있는 것은 생존을 위한 전략이 있기 마련입니다. 명성황후의 생존전략은 외세 도입이었는지 모르겠습니다.

청은 조선에 압력을 가하여 조·청상민수륙무역장정이라는 조약을 체결¹⁸⁸²합니다. 이는 조선과 청나라 상인^{상민} 수륙^{바다와 육지}에서 무역하는 것에 대한 규정^{장정}이라고 할 수 있습니다. 이 조약의 체결로 청나라 상인들은 조선의 내륙^{바다에서 멀리 떨어져 있는 육지}에서도 장사할 수 있게 된 것입니다. 어떻든 임오군란의 결과 청의 조선에 대한 영향력^{구속력}이 크게 강화됩니다.

임오군란으로 조선에 대한 주도권이 일본에서 청으로 넘어가자, 일본은 이를 조금이라도 만회^{바로잡아 회복함}하기 위해서 조선에 압력을 가하여 체결한 조약이, 제물포조약입니다. 임오군란의 결과 조선과 일본 사이에 체결된 조약이 제물포조약입니다. 제물포조약의 결과 일본은 공사관을 지킨다는 구실로, 일본군이 조선에 주둔^{군대가 임무 수행을 위하여 일정한 곳에 집}단적으로 얼마 동안 머무르는 일하게 된 것입니다.

명성황후의 요청으로 청나라 군대가 조선에 들어왔고, 제물포조약으로 일본군이 조선에 주둔하게 된 것입니다. 이제 조그마한 불씨라도 있으면 조선에서 청과 일본이 싸울 수 있는 여건이 조성된 것입니다. 임오군란을 계기로 조선에 대한 주도권을 놓고 청과 일본의 대립이 본격화되었습니다. 청일전쟁은 그러한 대립의 최고 정점에서 일어난 것입니다.

15 갑신정변

정변은 혁명이나 쿠데타 따위로 생긴 정치적인政治的 큰 변동變動. 바뀜을 말합니다. 정변政變은 갑작스러운 정치적 변화, 정권이나 정치 상황이 갑자기 바뀜을 의미합니다. 쿠데타는 무력군사상의 힘으로 정권을 빼앗는 일을 말합니다. 갑신년1884에 일어난 정변을 갑신정변이라고 합니다. 갑신甲申은 간지천간과 지지에 해당하기 때문에, 뭔지 알려고 그리 신경을 쓸 필요는 별로 없습니다. 2019년의 간지干支는 기해년己亥年. 돼지해입니다. 그러니 '돼지띠'가 되는 것입니다.

임오군란으로 민씨정권의 개화정책은 큰 타격을 입게 됩니다. 개화로 인한 트라우마심한 신체적·정신적 충격을 겪은 뒤 나타나는 정신적 질병를 갖게 된 민씨정권은, 적극성을 버리고 소극적인 개화정책을 추진하게 됩니다. 또한 개화파 내부에서의 분열이 표면화겉으로 나타나거나 눈에 띔됩니다. 개화의 속도와 방법을 놓고, 청을 따르려는 사람들과 일본을 따르려는 사람들로 구분이 됩니다. 청을 따르려는 사람들로는 김홍집·김윤식·어윤중 등이 있고 이들을 온건개화파라고 합니다. 일본을 따르려는 사람들로는 김옥균·박영효·홍영식·서광범·서재필 등이 있는데 이들을 급진개화파라고 합니다. 급진개화파는 온건개화파를 사대당이라, 온건개화파는 급진개화파를 개화당이라고 서로 비꼬았습니다. 사대당은 보수세력 개화당은 진보세력이라고 할 수 있습니다. 사대당에는 명성황후의 측근으로 민태호·민영익민태호 아들·민영목·민종묵·조영하 등이 있었습니다.

온건개화파는 증국번·이홍장이 중심이 된 청나라 양무운동중체서용의 영향을 받은 사람들입니다. 이들은 조선의 전통은 지키되, 서양의 문물만을 수용하는 방식서양의 기술만 배우자. 부분적 개화으로 부국강병한 나라를 만들자는 사람들입니다. 반면에 급진개화파는 일본의 문명개화론일본의 전면적 서양화. 일본의 서양화가 근대화다. 기술뿐만 아니라 서양의 사상과 제도까지 본받음에 바탕을 둔 메이지 유신전면적 개화의 영향을 받은 사람들입니다. 청의 양무운동을 조선의 모델로 하자는 사람들이 온건개화파이고 일본의 메이지 유신을 조선의 모델로 하자는 사람들이 급진개화파입니다.

그런데 임오군란으로 일시적으로 실권권리나 권세를 잃음했다가 다시 집권권세나 정권을 잡음한, 민씨정권명성황후 중심과 온건개화파들은 청의 모델을 따르는 과정에서 수많은 내정간섭다른 나라의 정치에 간섭하거나 또는 강압적으로 그 주권을 속박·침해하는 일을 받게 됩니다. 조선이 청의 내정간섭을 받으면서, 조선이 원하는 방향으로 개화정책이 잘 이루어지지 못합니다.

온건개화파의 부분적 개화든, 급진개화파의 전면적 개화든 개화근대화에는 많은 자금돈이 필요했습니다. 개화정책의 부진어떤 일이 이루어지는 기세나 힘 따위가 활발하지 아니함에는 자금 문제도 있었습니다. 여러 가지 이유로, 개화가 지체때를 늦추거나 질질 끎되고 그들이 뜻하는 방향으로 개화정책이 추진되지 않자, 불만을 가진 급진개화파들은 그 해결책으로 개화정책에 필요한 자금을 일본에서 빌려와차관. 한 나라가 다른 나라로부터 돈을 빌려오는 것 또는 그런 돈 전면적인 개화정책을 추진하겠다고 큰소리칩니다. 그러나 이들의 큰소리는 일본에서의 차관에 실패에 하면서 정치적으로 궁지매우 곤란하고 어려운 일을 당한 처지. 진퇴양난에 몰리게 됩니다.

이러한 궁지를 돌파쳐서 깨뜨려 뚫고 나아감하고 그들이 원하는 방향으로 적극적이고 전면적이 개화정책을 추진하고자, 정변을 일으키게 된 것입니다. 마침 청·프전쟁1884~1885년에 베트남에 대한 주도권을 놓고 프랑스와 청나라 사이에 벌어진 전쟁으로, 조선에 주둔하고 있던 청군청나라 군대의 절반 정도가 베트남으로 옮겨갑니다. 기회를 엿보고 있던 급진개화파들김옥균·박영효·서광범·홍영식·서재필 등은 이 틈을 타 정변쿠데타을 계획합니다. 장소와 일정은 우정국1884년에 설치된 우리나라 최초의 우편 업무 관청 개국방송국이나 우체국 따위가 사무소를 설치하여 처음으로 업무를 시작함 기념 축하 연회장이었습니다. 급진개화파 홍영식이 주도한 우정국 오픈 기념식에 온건개화파사대당들을 초청하여, 그들을 제거함으로써 정권을 잡겠다는 계획이었습니다.

우정국에서의 정변 계획은 일본의 군사적 지원 약속과 별기군신식군대을 주축으로 이루어졌지만, 고작 민영익을 부상을 입히는 것에 그쳤습니다. 그러나 급진개화파들은 고종과 명성황후의 신변몸과 몸의 주위을 확보하는 데 성공합니다. 이를 바탕으로 왕명으로 민씨정권의 핵심 인물들민

태호·민영목·조영하을 불러들여 살해합니다. 이로써 급진개화파의 정변은 일시적으로 성공하는 듯합니다. 이를 갑신정변이라고 합니다.

김옥균을 중심으로 하는 급진개화파들은 집권 후, 개화근대화의 방향을 제시하는 '혁신정강 14조'를 발표합니다. 정강政綱은 정책의 대강요지.줄거리. 개략이라는 말로써, '이루고자 하는 정책의 큰 줄기'를 뜻합니다. 김옥균 등이 급진개화파들이 선언한, 정책 추진의 큰 줄기는 '청으로부터의 독립, 문벌신분과 지위의 폐지와 조세제도의 개혁, 입헌군주제도의 시행' 등이라고 할 수 있습니다. '혁신정강 14조'는 청으로부터의 간섭에서 벗어나, 문벌신분이 없는 평등한 사회로, 조세세금를 공정하게 부과하고, 왕권을 제한하는 방향으로 혁신완전히 바꾸어서 새롭게 함하여, 근대화 된 국가를 이룩하겠다는 급진개화파들의 의지가 담겨 있습니다.

그러나 이러한 그들의 주장은, 그들만의 주장일 뿐이고, 국민들은 물론이고 당시의 기득권이미 차지한 권리 세력들과도 제대로 논의나 협의된 바도 없었습니다. 이 말은 개혁의 방향이 아무리 맞다 하더라도, 국민들의 동의와 동참이 없는 개혁은 성공하기 어렵다는 것을 의미합니다. 또한 전면적 개혁을 한다는데, 정작 외세의 침략적 접근으로부터 조선의 존립생존하는데 필요한 부국나라를 부유하게 만듦과 강병군비나 병력 따위를 강화함에 대한 방향과 방법에 대한 언급어떤 문제에 대하여 말함. 얘기도 잘 보이지 않습니다.

참고로 입헌군주제는 헌법憲法을 제정효. 만들고하고, 군주君主. 왕는 헌법의 범위 안에서만 권력을 제한적으로 행사할 수 있는 정치제도를 말합니다. 입헌군주제는 군주제왕정에서 공화제공화정로 넘어가는 과도기한 상태에서 다른 새로운 상태로 옮아가거나 바뀌어 가는 도중의 시기에 주로 위치합니다. 군주제는 주권주인으로서의 권리이 왕에게 있는 정치체제정치권력의 지배적 기능의 방향 및 성질을 나타내는 체제입니다. 절대왕정은 군주왕가 절대적아무런 조건이나 제약이 붙지 아니하는으로 권력주권을 행사하는 정치체제를 말합니다. 절대왕정과 비슷한 말이 전제군주제입니다. 전제專制는 국가의 권력을 개인왕 또는 황제. 군주이 장악하고 그 개인의 의사에 따라 모든 일을 처리하는 형태의 정치체제를 말합니다. 입헌정치체제는 헌법을 제정하고 그에 기초바탕으로하여 정치하는 체제를 말합니다.

왕정王政의 반대 개념이 공화정共和政입니다. 따라서 공화제는 군주가 존재하지 않는 정치체제입니다. 독일의 정식명칭은 독일연방공화국입니다. 형식적이지만 군주가 있는 영국과 일본은 공화국이 될 수 없습니다. 영국은 지금도 입헌군주국입니다. 영국의 정식명칭은 그레이트브리튼 북아일랜드 연합왕국입니다. 현재의 일본도 입헌군주국입니다. 일본의 정식명칭은 일본국입니다.

공화제를 주장하고 실현하려는 정치적인 태도나 이념을 공화주의라고 하며, 공화제를 채택하는 국가를 공화국이라 합니다. 공화제는 크게 2가지 종류가 있는데, 민주정치의 공화제와, 과두정치소수의 권력자가 공동으로 집권의 공화제가 있습니다. 왕정은 주권이 왕군주에게 있는 것이고, 공화정은 주권이 개개인에게 있는 것입니다. 왕의 뜻대로 국가를 운영하는 것이 왕정이라면, 개개인 여러 사람들의 뜻에 따라 국가를 운영하는 것이 공화정입니다. 대한민국은 민주공화국입니다. 이 말은 대한민국의 주권은 국민에게 있고주인은 국민이고, 한 사람이 아닌 여러 사람의국민의 뜻에 따라 국가를 운영하는 정치체제를 가진 나라라는 뜻입니다. 오늘날의 대한大韓은 제국帝國. 군주가 다스리는 나라이 아니라, 대한大韓은 민국民國. 민주 정치를 행하는 나라입니다. 이것은 우리가 명심하고 또 명심해야 하는 일입니다. 왜냐하면, 민국을 제국으로 되돌리려는 자들이 언제나 기회를 엿보고 있기 때문입니다. 그들을 우리는 독재자라고 부르는 것입니다.

다시 갑신정변으로 돌아와서, 우리의 삶에서 정확한 사실을 아는 것은 매우 중요합니다. 역사 공부는 사실을 바탕으로 진실을 찾아가는 여정여행의 과정이나 일정입니다. 진실을 알기 위해선 최대한의 '팩트체크사실확인'가 요구됩니다. 또한 확인된 사실정보을 자신에게 무조건 유리하게 해석하면 곤란한 상황이 올 수 있습니다. 확인된 정보를 객관적으로 보고, 그것을 바탕으로 판단하고 선택하는 자세가 지혜입니다. 인간은 대체로 주관적입니다. 입장은 객관보다 주관자기만의 견해나 관점입니다. 인간은 입장에 따라, 언제든 말과 행동을 달리할 수 있는 불명확한 존재입니다. 입장이 다르면 말과 행동은 달라집니다. 이광수와 최남선이 독립 운동가였을 때와 친일파였을 때의, 말글과 행동은 정반대로 나타납니다.

갑신정변을 주도한 김옥균 등의 급진개화파들은 일본의 군사적 지원을 너무 믿었습니다. 조선에 주둔하고 있던 일본군은 200여 명 남짓이었습니다. 또한 조선에 주둔하고 있던 1,500여청·프전쟁에 참전하고 남은 명의 청나라 군인들의 존재를 간과큰 관심 없이 대강 보아 넘김했습니다. 정치적 감각만큼은 동물적인 명성황후의 존재도 간과했습니다. 급진개화파들은 마음만 급한 나머지 자신들이 보고 싶은 것만 본 것입니다. 전체의 판세판의 형세를 보는 눈이 부족했다는 말입니다. 그 부족의 틈을 비집고, 명성황후는 또 청나라에 지원병을 요청합니다. 명성황후의 요청을 받은 청나라 군대^{위안스카이가 이끄는}의 개입으로, 고종과 명성황후의 신변은 청나라로 넘어갑니다. 이로써 갑신정변은 3일 만에 실패로 끝나고, 홍영식 등은 고집스레 고종을 지키다가 피살되고, 김옥균·박영효·서재필 등은 일본인들과 함께 일본으로 망명^{혁명의 실패 또는 정치적인 이유로 제 나라에 있지 못하고 남의 나라로 몸을 피함}을 갑니다.

그 후 김옥균은 일본에서 청나라에 옮겨 살다가 명성황후가 보낸 자객 홍종우에게 피살됩니다. 박영효는 계속 일본에 남아 있다가, 일제 강점기엔 친일파^{매국노}로 살게 됩니다. 서재필은 일본에서 미국으로 유학을 떠났다가 다시 조선으로 귀국하여 독립신문을 창간합니다. 이처럼 갑신정변의 주역들은 피살되기도, 더욱 일본적^{친일}이기도, 새로운 국가의 활로^{고난을 헤치고 살아 나갈 수 있는 길}를 찾기도 했습니다.

갑신정변은 실패했습니다. 갑신정변은 위^{지배층}로부터 아래^{피지배층. 지배를 당하는 계층. 일반백성}를 향한 개혁의 시도였지만, 개혁 주도세력의 역량 부족과 청의 강력한 군사적 개입, 일본의 약속 불이행, 국민들의 지지^{주의·정책·의견 따위에 찬동하여 이를 위하여 힘을 씀} 부족 등의 이유로 실패하고 말았습니다. 백성들의 동참이 부족했던 이유는, 농민들^{당시 백성의 대다수}에게 더 절실한 것은 신분제도의 폐지보다, 토지제도의 개혁을 통한 토지의 분배^{몫몫이 고르게 나눔}였습니다. 백성의 생존에 더 절박한 것은 신분보다 토지^{생산수단}였던 것입니다.

그러나 갑신정변이든 갑오개혁이든 을미개혁이든 광무개혁이든, 위로부터 아래로 향한 개혁의 시도에는 피지배층인 아래의 신분들이 간절히 바라는 '토지제도 개혁'은 없습니다. 왜냐하면 생산의 중요한 수단이 되는 토지를 분배한다는 것은, 지배층 자신들의 기득권이미 차지한 권리의 상당한 부분을 포기하는 일이기 때문입니다. 반면 백성들에게는 신분보다 토지가 생존에 더 직결된 문제였습니다.

어떻든 갑신정변은 비록 실패하였지만, 근대적 국민국가를 지향한 최초의 정치개혁운동이었다는 점에서 그 역사적 의의를 찾을 수 있습니다. 의의意義는 어떤 사실이나 행위 따위가 갖는 중요성이나 가치를 말합니다. 역사 공부에서 의의를 파악하는 일은 매우 중요합니다. 의의는 가치·의미·성격으로도 해석이 가능합니다. 갑신정변이 우리나라 역사에서 어떤 의미와 가치를 지닐까요. 성격은 어떤 사물이나 현상의 본질이나 본성을 의미하기도 합니다. 갑신정변의 본질과 본성은 개화근대화였습니다. 개화가 조선이 살길이라고 갑신정변의 주역들은 생각했던 것입니다.

한편 명성황후는 임오군란과 갑신정변으로, 두 차례나 청나라의 신세다른 사람에게 도움을 받거나 폐를 끼치는 일를 지게 됩니다. 그 말은 임오군란과 갑신정변 직후에, 청의 조선에 대한 내정간섭이 심해졌고 또한 조선에 대한 주도권도 청나라에 있게 되었다는 뜻입니다. 명성황후는 자신의 신변에 문제가 생긴다든지, 권력을 상실할 우려가 있든지 상실했을 때, 그때마다 번번이 외세외국의 세력를 끌어들여 문제를 해결하려 했습니다. 동학농민운동 때는 또 청군을 끌어들여 농민운동을 자신의 입장에서 해결하려고 했습니다. 그는 외세로 문제를 해결하다가, 그가 즐기던 외세인 일본인들에게 죽임을 당했습니다. 명성황후를 시해한 일본인들 만행야만스러운 행위의 슬픈 배경에는, 명성황후의 그릇된 정치 행로길을 감도 있다고 할 수 있겠습니다.

그 사람의 마음가짐은 그 사람의 삶의 궤적어떠한 일을 이루어 온 과정이나 흔적. 자취. 바큇자국을 따라가면 어느 정도 알 수 있습니다. 명성황후는 안타깝게도 그렇게 살다 갔습니다. 그에겐 마음속에 과연 국민백성과 국가는 있었는지, 자신과 권력만 있었는지 묻고 싶습니다. 뭔가 되는 것은 뭔가를 하기 위함입니다. 의사가 되는 것은 아픈 사람들을 치료하기 위함이고, 그 과정에서 생계도 보장되는 것입니다. 치료보다 의사로서 누리고 사는 것이 우선인 사람은, 결코 명의병을 잘 고치는 이름난 의사가 될 수 없는 법입니다. 뭔가를 하려면 뭔가가 되어야 하겠지만, 뭔가가 되는 것만이 목적이고 목표인 사람은 본인과 주변인 모두를 힘들게 할 개연성절대적으로 확실하지 않으나 아마 그럴 것이라고 생각되는 성질이 크다고 할 수 있습니다.

갑신정변의 결과 조선과 일본 사이에 한성조약1884이 체결되었고, 청과 일본 사이에 텐진조약1885이 체결되었습니다. 여기서 주목할 사항은 텐진조약입니다. 텐진조약에서는 조선에서 청일 양국군두 나라 군대은 공동다함께 철군주둔하였던 군대를 철수함하고, 군대를 파병군대를 파견함할 때는 서로에게 사전 통보하기로 하였습니다. 마침 1894년 동학농민운동이 일어나자 조선 정부명성황후는 청에게 지원군을 요청하였고, 텐진조약에 따라 청나라 군대는 조선에 들어오면서, 일본에 통보합니다. 이에 일본 군대도 텐진조약에 의거해구실로 군대를 조선에 파병합니다.

일본은 갑신정변 후 청에게 빼앗긴 조선에 대한 정치적 주도권을 되찾기 위해, 처음부터 청과의 전쟁을 목적으로 군대를 파병하였습니다. 청·일전쟁에서 승리한 일본은 조선의 정치적 주도권을 장악하였습니다. 갑신정변의 결과 텐진조약이 체결되었고, 동학농민운동을 계기로 조선에 파병된 청군와 일본군이 한반도에서 주도권을 놓고 싸웠던 것입니다. 청·일전쟁의 빌미생기는 원인가 된 조약이 톈진조약입니다. 물론 톈진조약이 아니더라도 일본은 청과 전쟁을 했겠지만, 전쟁을 촉발하는 단초일이나 사건의 시작. 실마리를 만든 것은 분명합니다.

16 동학농민운동

사발통문은 주모자우두머리가 되어 어떤 일이나 음모 따위를 꾸미는 사람를 숨기기 위해서 사발그릇을 가운데 놓고, 가담자의 이름을 그 주위로 둥글게 둘러 적은 통문通文을 말합니다. 통문통지문은 여러 사람의 이름을 적어 차례로 돌려通 보는 문서文書를 말합니다. 통문은 오늘날로 말하면 메시지라고 할 수 있습니다. 사발통문은 전봉준이 동학 집강들에게 돌린 서신편지으로, 집강들의 이름을 사발 모양으로 적어서 주모자가 드러나지 않도록 하였습니다. 집강執綱은 동학에서 중요한강. 綱 사무를 집행執行하던 사람을 말합니다. 사발통문은 동학 농민군의 궐기들고 일어남를 호소한 글메시지로서, 거사큰일을 일으킴. 항쟁의 명분구실. 이유과 참여한 사람의 이름이 쓰여 있었습니다.

19세기 순조 이후로, 안으로는 세도정치로 인한 민생 곤란과 사회 혼란, 성리학의 지도력 상실새로운 사상 요청, 천주교의 유포세상에 널리 퍼짐, 그리고 밖으로는 이양선의 출몰어떤 현상이나 대상이 나타났다 사라졌다 함로 인한 위기의식위기가 닥쳐오고 있다는 불안한 느낌이 점점 고조어떤 분위기나 감정 같은 것이 한창 무르익거나 높아짐되었습니다.

이에 안으로 정치·사회적 혼란을 극복하고 밖으로 외세서양세력에 대응할 수 있는 종교를 열망간절히 바람하는 가운데, 경주의 잔반몰락한 양반. 집안 세력이나 살림이 보잘것없어진 변변치 않은 양반 출신의 최제우가 중심이 되어 1860년에 동학을 창시어떤 사상이나 이론 등을 처음 시작하거나 내세움하였습니다. 동학은 밖으로 외세서양세력의 침략적 접근으로부터 우리 것을 지키고, 안으로는 세도정치로 인한 백성들의 고통을 구원하겠다는 목적으로 창시되었습니다.

그래서 명칭을 서학西學. 천주교. 천주학의 반대 개념인, 동학東學으로 한 것입니다. 동학이라는 명칭 속에는 서양세력의 침략적 접근을 거부하고 배척한다는 의미가 포함되어 있습니다. 동학은 기본적으로 반외세·반제국주의적 성향을 지니고 생겨났다고 할 수 있습니다. 반제국주의는 제국주의와 제국주의를 불러일으키는 모든 이념에 반대하는 정치사상을 말합니다. 제국주의는 우월한 군사력과 경제력으로 다른 나라나 민족을 정벌정복하여, 제국을 건설하고 유지하려는 정치이념정치사상을 말합니다. 군사적·경제적으로 남의 나라 또는 후진 민족을 정복하여 더 큰 나라를 건설하려고 하는 침략주의적 경향방향을 제국주의라고 합니다.

동학이 반외세·반제국주의적 성향을 지녔다는 근거가, 동학의 구호인, 보국안민입니다. 보국안민輔國安民은 나랏일國을 돕고輔 백성民을 편안便安하게 한다는 의미입니다. 동학농민운동 때 전봉준은 사발통문을 돌려, 보국안민을 위해 궐기어떤 목적을 이루기 위하여 마음을 돋우고 기운을 내서 힘차게 일어남하라고 외칩니다. 동학은 나라를 도와 외세서양·일본 등의 침략을 막는 데 앞장서겠다는 것입니다.

또한 동학은 반봉건적 성향도 지니고 있습니다. 동학의 또 다른 구호 가운데 하나가 제폭구민입니다. 제폭구민除暴救民은 포악暴惡. 악독한 관리를 없애버리고제거. 除去 백성을 구원救援하겠다는 의미입니다. 신분을 굴레구속. 속박로 압제권력이나 폭력으로 남을 꼼짝 못 하게 강제로 누름하는, 양반 중심의 사회를 거부한다는 것입니다.

신분제사회계급사회에서 신분사회적 지위이 높으면 권리권한는 많고 의무는 적습니다. 반면에 신분이 낮으면 의무는 많고 권리는 적습니다. 노비와 노예는 신분이 가장 낮기에 권리는 거의 또는 별로 없는, 의무만 한가득인 사람들이었습니다. 동학은 이러한 신분으로 인한 차별을 없애고 평등한 사회를 건설하고자 했습니다. 어느 곳이든 차이에 따른 차별이 늘 존재하는 사회는, 불평등하거나 불공정한 사회일 가능성이 높습니다. 동학은 인내천사람이 곧 하늘과 사인여천사람 섬기기를 하늘처럼 한다는 사상을 기본정신으로 하고, 그 정신의 실천 방법으로 밖으로 보국안민반외세·반제국주의하고 안으로 제폭구민반봉건주의을 주장하였습니다. 동학의 중심에는 사람이 있었다고 할 수 있습니다.

한편 일본은 개항1876 이후 1880년대 초까지 조선에서 교역무역을 독점합니다. 그 바탕에는 일본의 정치적 주도권을 장악이 있었습니다. 정치적 주도권이 교역의 주도권으로 이어진 것입니다. 그러나 임오군란과 갑신정변으로 조선에서의 정치적 주도권이 청나라로 넘어가면서 일본에 경제적 위기가 옵니다. 이러한 위기를 극복하기 위해 일본은 조선에서 경제력 침투에 주력하게 됩니다. 일본의 경제적 침투 강화로, 영국산 면 제품과 일본산 일용품은 비싼 값으로 팔리고, 조선의 쌀·콩과 같은 곡 식이 싼값으로 일본으로 유출밖으로 흘러나감됩니다. 이것은 제국주의의 일 반적일부에 한정되지 않고 전체에 걸친인 모습입니다. 제국주의는 기본적으로 자 국에서 과잉생산 된 공산품공업생산품을 상품시장나중엔 식민지에 비싼 값으 로 팔고, 싼값으로 식량이나 공업 원료품을 사서, 돈벌이를 목적으로 하 는 경향을 말하기 때문입니다.

일본의 경제적 침략으로 인해, 조선의 쌀·콩 등 곡식이 일본으로 빠 져나가면서 미곡곡식. 쌀·콩 등의 값이 폭등하고, 그로 인해 백성들의 삶이 곤궁난처하고 딱함. 빈곤. 가난해지게 됩니다. 이에 함경도 지방조병식 등을 중 심으로 미곡米穀 수출을 금지하는막는. 防 명령命令인, 방곡령防穀令. 1889을 내리게 됩니다. 당시 조선에서 일본과 거래의 수단은 주로 쌀·콩·금 등 이었습니다. 쌀·콩과 같은 미곡이 주된 거래의 수단인데, 이것미곡의 수 출이 금지된다는 것은 일본상인들이 조선에 공산품공업적인 과정을 거쳐 만들 어지는 제품. 영국산 면제품과 일본산 일용품을 판매하기 곤란해진다는 의미가 됩니 다. 당연히 일본은 방곡령에 반발합니다. 조선이 약속조·일통상장정을 어겼 다고, 적반하장잘못한 사람이 도리어 잘한 사람을 나무라는 경우에 쓰는 말으로 우격다 짐억지로 우겨서 남을 굴복시킴하여, 결국 조선은 일본에 손해배상금남에게 끼친 손 해를 물어 주는 일. 또는 그런 돈이나 물건을 지불하게 됩니다.

제국주의적 성향경향. 기질. 성질을 지닌 일본의 경제적 침략으로 민생국민 의 생활 또는 생계은 곤란한데, 무능하고 무기력어떠한 일을 감당할 수 있는 기운과 힘이 없음하고 무책임한 정부민씨정권는 손해배상금이나 지불하고, 여기에 세도 정치의 인해 부패하고 타락한 탐관오리탐욕스럽고 행실이 더러운 관리들의 온갖 부정올바르지 아니하거나 옳지 못함과 비리올바른 이치나 도리에서 어그러짐, 그로 인한 민생의 더 큰 곤란에 농민들은 분노하게 됩니다. 그 농민들의 분노를 대신 외쳐준 종교가 동학입니다. 동학이 국가와 백성의 일에 공분공적인 일로 느끼는 분노한 것입니다. 오늘날 대한민국의 미투운동 #MeToo. 나도 당했다은 사분私憤. 사사로운 분노을 공분公憤. 사회의 대부분의 사람의 분노. 민중의 분노으로 전환하려는 애씀이 아닐까 합니다. 성희롱·성폭력 등은 개인적 문제가 아니라 사회적 문제라는 인식에서 출발할 때, 근절뿌리째 없애 버림의 실마리를 찾을 것 같습니다. 민중국가나 사회를 구성하는 일반 국민이 다 같이 공분하고 연대할 때, 사악한 자들의 나쁜 짓들을 줄이거나 없앨 수 있는 것입니다.

이런 맥락사물이 서로 이어져 있는 관계나 연관에서 동학과 농민이 연대한 것입니다. 연대連帶는 여럿이 함께 무슨 일을 하거나 함께 책임을 지거나, 한 덩어리로 서로 연결되어 있음을 의미합니다. 물론 동학의 기반이 농민인 점도 있지만, 농민들의 분노와 간절한 소망을 동학이 대변어떤 사람이나 단체를 대신하여 그의 의견이나 태도를 표함. 공분. 공감하는 과정에서, 동학이라는 종교와 농민이 연대하여 싸운 투쟁이, 동학농민운동동학농민항쟁입니다.

한편 1860년에 창시된 동학이 교세를 확장하자, 정부는 동학을 '혹세무민惑世誣民하는 종교' 즉, 세상世上을 어지럽히고惑 백성들民을 속이는 誣. 기만. 무고 종교로 규정내용이나 성격·의미 따위를 밝혀 정하여 놓음하고, 탄압하면서 교주한 종교 단체의 우두머리 최제우를 그러한 죄목으로 처형하였습니다. 이후 동학은 2대 교주 최시형을 중심으로 '동경대전'과 같은 교리종교적인 원리나 이치를 만들고, 한글로 된 '용담유사'와 같은 가사집노래책을 편찬하여 교단종교단체을 정비하면서 꾸준히 교세종교의 세력을 확장시켰습니다.

동학의 교세종교의 세력가 커지면서 동학교도신자들이 교조최제우. 한 종교나 종파를 처음 세운 사람의 누명혹세무민의 죄명으로 처형당함 벗겨, 교조의 원冤. 원통함을 풀어伸 주고, 종교적인 믿음의 자유를 얻기 위해 벌인 운동이, 교조신원운동教祖伸冤運動입니다. 동학의 교조신원운동은 교조 최제우의 억울한 누명을 벗기고, 동학을 믿는 것을 정부가 인정해 달라는합법화 시켜라. 공인 것입니다. 동학과 교조 최제우의 명예회복운동이 교조신원운동이었습니다. 교조신원운동은 전라도삼례집회1892와 손병희가 중심이 된 서울복합상소1893로 이어지지만 뜻을 이루지 못합니다.

조선은 성리학만의 유일한 학문이자 종교라고까지 여기던 국가였습니다. 조선은 성리학 이외에는 그 밖의 모든 학문과 종교를 이단시자기가 믿는 종교의 교리에 어긋나는 이론이나 행동으로 봄했습니다. 이단異端. 다를 이. 옳을 단. 끝 단은 말 그대로 하면, '옳지 않다 또는 다른 쪽 끝'이라는 뜻입니다. 조선은 성리학만이 옳고 그 외의 학문과 종교는 모두, 옳지 않은 '이단'이라고 여기던 그런 나라였습니다. 성리학 유일오직 하나밖에 없음의 국가가 조선이었습니다. 유교로서 성리학과 뿌리가 같은 양명학마저도 그렇게 대했습니다. 불교든 서학천주교이든, 서학의 반대 입장인 동학이든, 동학의 합법화는 조선 정부에겐 언감생심어찌 감히 그런 마음을 품을 수 있겠냐는 뜻으로, 전혀 그런 마음이 없었음을 이르는 말이었습니다.

사실상 동학의 합법화법령이나 규범에 맞도록 함를 요구하는, '교조신원운동'은 조선 정부로서는 받아들이기 어려운 일이었습니다. 동학의 입장에서 볼 때, 관철_{어려움을 뚫고 나아가 목적을 기어이 이룸}시키기 어려운 요구였다는 말입니다. 동학은 이제 새로운 활로_{곤란을 헤치고 살아 나갈 수 있는 길. 살길}를 찾아야 했습니다. 그래서 1893년 충청도 보은집회 때부터, 교조신원과 함께 탐관오리의 처벌과 외세배격_{척왜양창의}을 묶음_{패키지}으로 요구하며 외칩니다. 보은집회를 계기로 동학은 종교운동을 넘어서 정치·사회운동으로 발전하게 됩니다. 동학이 반봉건과 반외세의 길로 들어선 것입니다. 척왜양창의_{斥倭洋倡義}는 '왜양_{일본과 서양세력}을 물리치기_斥 위해 의병_{義兵}을 일으키자_倡'는 말입니다. 창의_{倡義}는 국난_{나라가 존립하기 어려울 정도로 위태로운 나라 전체의 어려움}을 당했을 때 의병을 일으키는 것을 말합니다. 척왜양창의는 동학이 반외세적 성향을 가졌음을 의미합니다.

동학의 탐관오리 숙청 요구를 더욱 거세게 하는 계기를 만든 사람이 고부 군수 조병갑입니다. 참고로 미곡수출금지령인, 방곡령을 내린 사람은 함경 감사_{관찰사. 지금의 도지사}였던 조병식입니다. 혼동하지 말기 바랍니다. 조선시대에 군수_{郡守}는 지방행정단위인 군_郡의 행정·사법·군사·재정의 책임자입니다. 당시 전라도 고부군 지역행정의 책임과 권한을 갖고 있던 사람이 조병갑이었습니다. 그는 나쁜 짓을 많이 저지릅니다. 흔히 학정_{포학하고 가혹한 정치}이라고 합니다. 고부군은 지금의 전라북도 정읍시 고부면 일대의 여러 면과 부안군 백산면 일대에 있었던 옛 고을입니다.

조병갑은 탐관오리_{재물을 탐하는 더러운 관리}의 대명사였습니다. 탐관오리들이 하는 수탈과 착취의 방법이 가렴주구입니다. 가렴주구는 가혹_{苛酷}하게 빼앗고_斂 그래도 안 되면 목을 베면서라도_誅 강제로 재물을 거두어들이는_求 것을 말합니다. 조병갑은 보세_{洑稅. 봇물을 이용하는 대가로 내는 돈이나}

곡식 등 여러 명목으로 세금을 부당하게 거둡니다. 보洑는 논에 물을 대기 위한 수리 시설의 하나로서, 강이나 냇가에 둑을 야트막하게 쌓아, 물이 많이 흐를 땐 위로 넘쳐흐르고, 물이 적을 땐 냇물이 고이게 하는 시설을 말합니다. 보에 담긴 물을 봇물이라고 합니다. 조병갑은 '만석보'라는 보를 쌓는데 고부 군민들을 무임금으로 동원하고, 동원의 대가로 일정 기간 동안 보세를 면제하기로 약속했지만, 그 약속을 어기고 강제로 보세물세를 거두어서 고부 군민들의 원성을 사게 된 것입니다.

이 같은 조병갑의 부당한 일 처리에 시정잘못된 것을 바로잡음을 요구하던, 전봉준의 아버지 전창혁은 조병갑에 의해 매를 맞아 죽습니다. 이에 동학의 접주동학교도 조직인, 접의 책임자였던 전봉준은 사발통문을 돌려 동학교도와 농민들을 모아 만석보를 파괴하고 고부 관아지금의 군청를 습격합니다. 이를 고부농민봉기1894라고 합니다. 조병갑은 도망가고 향리들은 잡혀 죽고, 조병갑이 강탈한 곡식은 고부 군민들에게 나눠주었습니다. 봉기蜂起는 벌떼처럼 많은 사람들이 한꺼번에 들고일어나는 것을 말합니다.

정부는 고부농민봉기를 해결할 목적으로 이용태를 안핵사로 파견합니다. 안핵사는 조선 후기 지방에서 사건이 발생했을 때 처리를 위해 파견한 임시 직책으로, 봉기포악한 정치 따위에 반대하여 백성들이 일으킨 폭동이나 소요를 무마·진정시키기 위해 파견되었습니다. 안핵사로 파견된 이용태가 고부농민봉기를 처리하는 과정에, 모든 책임을 동학교도들에게 돌리고, 봉기의 주동자를 찾아 처벌하려고 하자, 다시 전봉준이 사발통문을 돌려 다른 지역의 동학교도와 농민들까지 합세하게 합니다.

전봉준·김개남·손화중 등을 중심으로, 고부군의 백산지금의 부안군 백산

면에 집결한 4,000여 명의 동학농민군들은 '제폭구민과 보국안민'을 기

치일정한 목적을 위하여 내세우는 태도나 주장로, 진격하여 황토현황토재. 지금의 정읍시 이

평면에서 관군_{예전에, 국가에 소속되어 있던 정규군대}을 격퇴합니다. 이를 황토현 전

투라고 합니다. 이어 장성군의 황룡촌 전투에서 관군을 또 격퇴합니다.

이어 전주로 진격한 동학농민군은 전주성까지 점령합니다. 이를 동학농

민운동의 1차 봉기1894라고 합니다.

   전주는 전라도의 감영이 있던 곳입니다. 감영지금의 도청에 해당은 조선시

대 때 각 지역의 관찰사감사. 지금의 도지사가 상주늘 일정하게 살고 있음하며 업무

를 보던 관청입니다. 조선은 수도인 한양을 제외하고 전국이 8도로 이루

어져 있었습니다. 전주성이 동학농민군의 수중손안에 들어갔다는 것은,

전국의 8도 가운데 전라도는 왕의 통치권을 벗어났다는 의미입니다. 전

라도는 전국 8도 가운데 가장 곡식의 수확이 많은 곡창지대였습니다.

   정부민씨정권는 그제야 상황의 심각성을 깨닫습니다. 앞에서도 말했지

만, 명성황후민씨정권의 정점는 자신에게 처한 위기를 극복하는 방법으로,

외세를 잘 이용했다고 했습니다. 이번 또한 청나라에 지원병을 요청합니

다. 텐진조약에 의거하여 일본군도 청군을 따라서 들어오게 됩니다. 동

학농민군은 외세배척척왜양. 일본과 서양세력을 몰아내자!을 주장했었습니다. 그런

데 그들의 봉기는 외세가 조선에 끌어들이는 결과를 초래했습니다. 동학

농민군의 처지가 난감하게 된 것입니다. 정부도 일단 급한 불은 꺼야 한

다고 판단했습니다. 정부와 동학농민군의 이러한 입장 때문에, 동학농

민군은 정부가 '폐정개혁안'을 들어주는 조건으로 전주성에서 나와 해산

하게 됩니다. 이를 '전주화약'이라고 합니다. 동학농민군의 전주성 철수

는 외세청·일본의 조선 개입을 차단하려는, 동학농민군 지도자들의 의도도 있었습니다. 화약和約이란 화해의 약속 또는 평화 조약이라는 의미입니다. 더 이상 싸우지 않기로 약속한 것입니다. 그러나 정부는 이 약속을 다 지킬 마음이 별로 없었습니다. 동학농민군 역시 정부를 믿기 어려웠습니다.

폐정개혁안의 실행실천을 위한 안전장치가 필요했습니다. 그것이 집강소의 설치입니다. 동학의 교단조직에서는 각 고을마다 '접接'을 설치했는데, 접의 책임자인 접주를 집강이라고도 하였습니다. 집강執綱·접주이 행정업무를 보던 곳所이 집강소執綱所였습니다. 동학의 지도자들은 집강소를 두어, 정부의 폐정개혁안의 실행 여부를 감시했습니다. 전주화약으로 폐정개혁에 착수하면서, 동학농민군은 전라도 53개 군에 집강소를 설치하고 군수사또를 도와 그 지역의 행정과 치안을 담당하였습니다. 따라서 집강소는 동학농민군의 폐정개혁안 12조를 실행하는 역할을 담당했던, 동학농민군의 자치조직이라고 할 수 있습니다. 집강소는 정부의 폐정개혁안 실행을 돕기도 감시하기도 했던 자치조직이라고 할 수 있습니다.

폐정개혁안에서 폐정은, 폐단옳지 못한 경향이나 해로운 현상이 많은 정치라는 뜻입니다. 폐단이 많은 것이니까, 고쳐야 할개혁 사항이 되는 것입니다. 그것이 12가지라는 말입니다. 동학농민군이 정부에 요구한 폐단이 많아서 고쳐야 할 12가지의 사항이, 폐정개혁안 12조입니다. 여기서 핵심적인 사항은 반봉건적인 신분제 폐지와 반외세적인 왜와 내통한 자 처벌, 그리고 정말 중요한 것은 토지제도 개혁토지 균등 분배을 주장합니다. 이러한 주장은 동학농민운동이 실패한 원인이 되기도 합니다. 신분제폐지·

토지균등분배·일본배척과 같은 반봉건적이고 반외세적 성격은, 당시의 집권세력양반기득권세력과 일본침략세력의 공격과 탄압을 동시에 받는 결과를 초래했습니다.

한편 정부도 전주화약을 이행실제로 행함하기 위해 교정청을 설치합니다 1894. 교정청校正廳은 고쳐校 바르게正 하기 위해 설치한 임시 관청官廳이라는 의미입니다. 정부 입장에서도 동학농민군들의 요구와 시대적 요청을 거부하기 어려웠습니다. 정부의 교정청과 동학농민군의 집강소가 중심이 되어 개혁을 실행해 나갑니다.

조선정부민씨정권의 요청으로 청나라 군대3,000여 명가 아산만으로 들어옵니다 1984.5.4. 청군의 상륙배에서 육지로 오름을 기다렸다는 듯이 일본군 7,000여 명이 서울과 가까운 인천으로 상륙합니다 1894.5.6. 청군과 일본군이 동학농민운동을 계기로 조선에 들어온 것입니다. 일본은 오랜 기간 동안 전쟁을 준비하고 있었습니다. 개항 이후 일본은 조선에 대한 경제적 침탈에 주력했습니다. 그런데 임오군란과 갑신정변으로 조선에 대한 정치적 주도권이 청나라로 넘어가면서, 경제적 주도권마저 청나라에 점차 넘어가게 되자 일본 경제에 큰 위협이 됩니다. 일본이 이러한 내부의 위기를 외부의 전쟁으로 문제를 해결하려던 시도가 청·일전쟁이었습니다.

당연히 일본은 사활죽기와 살기라는 뜻으로, 어떤 중대한 문제를 비유적으로 이르는 말. 일본의 모든 역량을 집중하여을 걸고 전쟁 준비를 했고, 청나라는 그렇지 못했습니다. 그 차이가 전쟁의 승패와 나라의 운명을 가른 것입니다. 청·일전쟁은 1894년 6월에서 1895년 4월 사이에 청나라와 일본이 조선에 대한 주도권지배권을 놓고 싸운 전쟁입니다. 다급해진 조선정부는 청·일 두 나라 군대의 철수를 요청하는 한편, 동학농민군과 전주화약1894. 6을 맺게 됩니다. 그러나 정부의 폐정개혁안 약속전주화약 이행이 지체때를 늦추거나 질질 끎되고, 일본군이 경복궁을 점령하고 고종과 명성황후를 감금하는신변장악 등의 침략적 행동이 강화되자, 동학농민군은 척왜일본군을 몰아내자를 외치며 다시 봉기합니다제2차 봉기. 1894. 10. 동학농민군의 2차 봉기의 이유는 반외세척왜입니다.

전봉준이 이끄는 남접군과 손병희가 이끄는 북접군이 충청도 논산에서 합류합니다. 포와 접은 동학의 운영조직입니다. 남접은 서장옥의 제자인, 전봉준·김개남·손화중 등 동학농민운동 지도자들이 이끈 조직이었습니다. 북접은 교조신원운동을 주도했고 신앙에 충실하고자 했던 조직으로, 2대 교주인 최시형과 최시형을 따르던 손병희나중에 3대 교주가 주도적 역할을 하고 있었습니다. 반면 남접은 종교적신앙적 입장보다 정치·사회적 성향이 우세했던 조직이었습니다. 남접과 북접은 노선개인이나 조직 따위가 일정한 목표를 실현하기 위하여 지향하여 나가는 견해의 방향이나 행동 방침이 다소 달랐던 것입니다. 남접은 다소 급진적이고 북접은 다소 보수적 성향이 있었습니다. 남접은 전라도 지역의 동학교도가 중심이고, 북접은 충청도 지역의 동학교도가 중심이었습니다.

서로 노선과 지역에 다소 차이가 있었던 남접과 북접이, 일본군의 침략적인 행동 강화를 계기로 힘을 합친 것입니다. 1차 봉기 때 참가하지 않았던 북접이, 2차 봉기에 동참한 것입니다. 전라도 전주와 충청도 공주 사이에 논산이 있습니다. 동학농민군의 진군 목적지는, 고종과 명성황후가 일본군에게 잡혀있던 한양서울의 경복궁이었습니다. 동학농민군의 임무는 침략자 일본군을 몰아내고, 고종과 명성황후를 구출하는 것이었습니다. 전라도에서 한양으로 가려면 논산에서 공주를 거쳐, 천안·평택·수원을 지나야 합니다. 논산에서 공주로 넘어가는 길목에 우금치가 있었습니다. 공주 남쪽에 우금치우금티가 있습니다.

우리나라 지명땅이름에서 끝에 '치峙·티·령嶺·현峴·재'가 들어 있는 곳은, 산을 넘어가는 '고개'일 개연성이 높습니다. 따라서 논산에서 공주로 넘어가는 남쪽 관문이자 작은 고개가 우금치입니다. 우금치 전투는 1894년 동학농민군이 조선·일본 연합군과 충청도 공주 우금치에서 벌인 전투로서, 화력총포 따위의 무기의 위력의 열세상대방보다 힘이나 세력이 약함로 동학농민군이 조·일연합군에게 패배합니다1894.11. 우금치 전투에서의 패배로 동학농민운동은 사실상 실패로 돌아갑니다. 이후 조선관군과 일본군들은 동학지도자들과 동학농민들을 철저하게 체포·처형·학살합니다. 그 과정에 동학지도자, 전봉준·김개남·손화중 등도 잡혀서 처형당하였습니다.

역사의 아이러니예상 밖의 결과가 빚은 모순이나 부조화는, 전봉준이 처형당한 1895년, 같은 해에 청군을 끌어들여 조선을 전쟁터로 만든 장본인 명성황후도 일본군에 시해당했다는 것입니다. 그 사건을 을미사변1895이라고 합니다. 권력을 지키기 위해서 외세를청군, 결과적으로는 일본군까지 끌어들였던 명성황후나, 그러한 외세일본군에 온몸으로 맞섰던척왜. 일본군을 물리치자! 전봉준, 서로 날카로운 대립의 각角을 세우고 다투었지만, 두 사람은 같은 해에1895 사망했습니다. 이들을 죽음에 이르게 한 주체는 제국주의적 성향을 지닌 일본군이었습니다. 두 사람 모두 일본제국주의의 희생자였던 것입니다. 희생자들끼리 싸웠던 것입니다. 녹두장군 전봉준은 명성名聲. 명예이라도 얻었지만, 명성황후明成皇后가 얻은 것은 과연 무엇일까요?

동학농민운동이 실패함으로써, 자주적으로 새로운 사회를 건설하려던 농민들의 소망은 좌절되고 말았습니다. 그러나 동학농민운동은 조선이 근대사회로 발전하는 계기를 만든 대규모 민중반봉건 · 민족반외세운동이라 하는 점에서 그 역사적 의의의미. 가치를 찾을 수 있습니다. 또한 농민들의 요구폐정개혁안 12조 가운데 일부신분제도폐지, 과부재혼허용 등가 갑오개혁에 반영됨으로써 완전한 실패는 아니었다고 할 수 있습니다. 동학농민운동은 안으로는 갑오개혁을 밖으로는 청일전쟁의 계기가 되었습니다. 동학농민운동의 반봉건적 성격은 갑오개혁과 을미개혁에 영향을 주었습니다. 그리고 동학농민운동의 반외세반제국주의 정신은 그 후 의병항쟁으로, 항일독립군으로 계승되었습니다. 동학농민운동은 아래로피지배층부터 위지배층를 향한 개혁의 시도였습니다. 한국사에서 '~운동'은 안타깝게도 대체로 소망바람이 좌절된 사건들입니다.

KEY WORD

17 갑오개혁

갑오년부터 1894.7~1896.2 이루어진 개혁이 갑오개혁입니다. 개혁改革은 고치고改 바꾸는革 것을 말합니다. 제도나 기구 등을 새롭게 뜯어고치는 것을 개혁이라고 합니다. 경장更張은 거문고의 줄을 고쳐更 팽팽하게 당겨 매는張 것을 말합니다. 경장은 정치·사회적으로 낡은 제도를 고쳐更 새롭게 하는張 것을 말합니다. 갑오년1894부터 이루어진 경장이 갑오경장입니다. 경장은 개혁과 같은 의미로 사용됩니다.

동학농민운동의 1차 봉기로 전주화약1894.5이 체결되면서, 조선정부는 교정청을 설치하고1894.6 동학농민군과 약속한 폐정을 개혁하기 시작합니다. 교정청의 폐정개혁을 동학농민군의 집강소가 돕습니다. 그러나 인천으로 상륙한 일본군은 경복궁을 습격하여1984.6 고종과 명성황후를 인질로 잡고신변을 장악하고, 이어 청나라 군대를 선제공격먼저 손을 써서 공격하여 상대를 누름함으로써 청·일전쟁1894.6~1895.4을 도발남을 집적거려 일을 일으킴합니다. 일본은 우선적으로 고종과 명성황후의 신변몸의 주변을 장악함으로써 전쟁에 유리한 입장을 만듭니다.

또한 일본은 조선 침략에 유리한 발판을 마련할 목적으로, 교정청을 폐지하고 군국기무처를 설치합니다. 일본의 무력적외세의 침략적 행위로 왕이었던 고종의 신변이 불안해지고, 교정청의 폐지로 동학이 요구한 폐정 개혁안의 실행이 불확실하게 되자, 동학농민군은 2차 봉기를 하게 됩니다. 갑오개혁은 크게 3차 개혁까지 있지만, 대체로 1~2차 개혁으로 나눕니다. 3차 개혁은 보통 을미개혁이라고도 합니다. 1차 개혁의 중심에는 군국기무처·일본·김홍집·흥선대원군이 있습니다. 고종의 신변을 확보한 일본의 주도로, 겉으로는 흥선대원군이 섭정하는 모양을 취하면서, 친일적 성향의 김홍집을 시켜서김홍집 내각, 군국기무처에서 국가의 중요한 개혁안을, 근대화를 명분으로 일본의 조선 침략에 유리하게 개혁했습니다. 이처럼 일본의 조선 침략은 주도면밀주의가 두루 미쳐 자세하고 빈틈이 없다했습니다.

따라서 일본의 내정간섭 아래 설치된 군국기무처軍國機務處는, 갑오개혁 때, 군사軍事와 국정國政과 같은 중요한機 일務을 담당하던 관청處입니다. 갑오개혁 때, 정치政治와 군사軍事에 관한 중요한機 사무事務를 관장하던 관청處이 군국기무처입니다. 초법적인법률의 한계나 기준을 뛰어넘는 기구어떤 목적을 이루기 위해 구성한 조직이나 기관였던 군국기무처는, 일본의 간섭 아래 정치·경제·사회 등 국가주요정책에 대한 많은 개혁안 심의심사하고 토의함하고 의결의논하여 결정함합니다. 투박하게 말하자면, 군국기무처의 설치

이후부터 갑오개혁은 개혁의 주체가 조선이 아니라 일본이었다고 할 수도 있습니다.

1차 개혁의 내용은, 정치면에서는 청의 조선에 대한 종주권한 나라가 국내법의 범위 안에서 으뜸가는 우두머리가 되어, 다른 나라의 내정이나 외교를 지배하는 특수한 권력. 청은 조선에 종주권을 행사하고 있었음을 부정함으로써 청의 조선에 대한 내정간섭다른 나라의 정치에 간섭하거나 강압적으로 그 주권을 속박하고 침해하는 일을 차단합니다. 이것은 청이 가진 종주으뜸가는 우두머리로서의 지위를, 청을 대신하여 일본이 갖겠다는 의도였습니다. 그 방법으로 청의 연호를 버리고, 조선이 독자적인 연호를 사용하게 합니다. 연호는 임금이 나라를 다스리는 해연도의 차례를 나타내기 위하여 붙이던 명칭입니다. 당시까지 조선은 청의 연호를 사용하고 있었고, 그것은 조선이 청의 영향력 아래에 있다는 복종의 표시이기도 했습니다. 그런데 청의 연호를 버리고 조선이 독자적으로 연호를 사용하게 한 것이고, 그것이 '개국기년'입니다. 개국기년은 갑오개혁 때 채택하여 쓰던 연호1894~1895. 1895년에는 연호를 건양으로 바꿈입니다. 조선이 건국된 1392년을 원년연호를 정한 첫해으로 하고, 채택한 해인 1894년을 503년으로 산정계산하여 정함하여 모든 공문서에 사용하였습니다. 기년은 일정한 기원으로부터 계산한 햇수를 뜻합니다.

또 다른 정치면의 개혁이, 왕실과 국정을 분리한 것입니다. 왕실의 업무는 궁내부에서 국정나라의 업무은 의정부가 담당하게 하고, 의정부 아래에 군국기무처를 둡니다. 군국기무처는 김홍집이 책임자로 있었고, 김홍집의 위에는 일본이 있었습니다. 당연히 왕권은 약화되고, 일본의 조선에 대한 영향력은 커지게 되었던 것입니다. 온건개화파였던 김홍집은 나중에 친일파가 되었던 인물입니다.

경제면에서는 재정돈에 관한 여러 가지 일을 탁지아문의정부 밑에 6조 대신에 8아문을 둠. 탁지는 계산하다는 뜻. 아문은 관청이라는 뜻. 세금 등의 돈에 관한 일을 계산하던 관청이 탁지아문으로 일원화하나로 되다하고, 조세세금를 금납화돈으로 내게하고, 도량형길이·부피·무게의 단위을 통일하고, 화폐의 은본위제본위는 기준을 뜻하고, 은을 화폐의 기준으로 하는 제도를 실시합니다.

사회면에서는 신분제도노비를 없앰를 폐지계급사회에서 평등사회로하고, 과부의 재가재혼를 허용하고, 조혼어린 나이에 일찍 결혼함을 금지합니다. 또한 연좌제죄인과 혈연관계에 있는 사람을, 죄인의 자리에 앉혀 책임을 지우는 제도와 고문죄를 지은 혐의가 있는 사람에게 자백을 강요하기 위하여 육체적 고통을 주며 신문함을 금지합니다. 그리고 공문서에 국문우리나라 말로 쓴 글. 한글 또는 국한문한글과 한자가 섞인 글을 사용하게 하였습니다.

전봉준이 중심이 된, 동학농민군의 2차 봉기는 공주우금치 전투에서 조선관군과 일본군 연합부대에게 패퇴합니다. 청·일전쟁의 전세도 일본에게 유리하게 전개됩니다. 그러자 일본은 조선의 내정국내의 정치에 더욱 적극적으로 개입끼어듦합니다. 흥선대원군은 겉으로나마 유지되던 섭정의 자리에서도 쫓겨납니다. 이것으로 흥선대원군은 역사의 무대에서 사라집니다. 또한 친일적 성향의 박영효를 내세우고, 군국기무처를 폐지합니다.

일본은 박영효를 시켜 고종을 압박하여 '홍범14조'를 반포세상에 널리 퍼뜨려 모두 알게 함. 공포. 선포하게 합니다. '홍범14조'가 반포되면서 2차 갑오개혁1895.1이 시작됩니다. 그 중심에는 급진개화파였던 박영효와 온건개화파였던 김홍집이 있었습니다. 그들은 모두 일본의 앞잡이 구실을 합니다.

홍범은 모범이 되는 큰洪 규범規範. 법이라는 뜻입니다. 홍범은 개혁의 큰 기준틀. 프레임. 규범. 본보기. 법라고 할 수 있습니다. 2차 갑오개혁의 큰洪 기준範. 법으로 발표한 것이 '홍범14조'라고 할 수 있습니다. 일본이 조선의 근대화와 존립독립국가의 기초를 다진다는 명분으로, 제정한제도나 법률 따위를 만들어서 정함 국가운영에 관한 기본법이 '홍범14조'였습니다.

홍범14조 내용의 핵심 가운데 하나가, 명성황후와 대원군의 정치개입을 차단막거나 끊음. 봉쇄하는 것이었습니다. '왕실사무와 국정사무를 나누어 서로 혼동하지 않는다, 종실과 외척의 정치 관여는 용납하지 않는다.' 그리고 지방관의 권한을 축소합니다. 지방관은 행정권만 갖고 기존의 군사권과 사법권은 행사치 못하게 합니다. 신교육을 실시하기 위하여 근대식 학교도 설립하게 합니다.

갑오개혁은 일본의 메이지 유신일본의 서양화로써. 일본을 근대화시키자을 모델로 한 것이었지만, 부국강병을 통한 조선의 진정한 자주권생존권 유지확보에 필요한 군사제도 개혁은 미미한보잘것없이 아주 작은 편이었습니다. 그 이유는 군사제도 개혁으로 조선의 국방력군사력이 강화되면, 조선을 침략하는 데 방해가 되기 때문입니다. 그래서 일본군 지휘 아래의 훈련대 2개 대대와 궁궐을 지키는시위하는. 호위하는 시위대 2개 대대가 고작겨우. 기껏이었습니다. 우리가 기억해야 하는 것은, 메이지 유신으로 근대화한 일본은 개항강화도조약 이전부터, 그들의 최종적인 목적과 목표는 조선을 정복하여 식민지화하는 것이었습니다. 다만 전면적인 전쟁이 아니라, 야금야금 먹는 전략을 사용했을 뿐입니다. 서서히 조선을 정복하여, 영구히 지배하는 것이 일본의 최종 목적이자 목표였습니다.

갑오개혁은 조선이 근대국가로 발전하는 계기를 만들었습니다. 특히 신분제도폐지^{문벌타파}. 노비폐지는 갑신정변의 급진개화파의 요구^{정강14조}와 동학농민군의 요구^{폐정개혁안12조}를 국가정책에 반영했다는 점에서 의미가 큽니다. 과부재가^{재혼} 허용도 동학농민군의 요구를 수용한 것입니다. 하지만 군사제도는 제대로 개혁되지 않았고, 농민의 고통을 들어 줄 수 있는 토지제도나 조세제도의 개혁이 없어서 국민의 지지 얻지 못하고, 오히려 반발을 사게 됩니다. 갑오개혁은 위로부터 아래를 향한, 성급한 개혁이었습니다. 도량형 통일, 조세 금납화, 근대적 학교 설립, 공문서에 한글 사용 등 갑오개혁은 당시의 시대적 상황에서 우리들에게 필요한 개혁이었으나, 농민들이 절실히 원했던 토지제도의 개혁 등이 없었고, 일본의 침략적 의도와 결부^{서로 연관됨}되어 이루어졌기에 국민의 지지를 얻지 못한 것이 한계라고 할 수 있습니다. 개혁의 비중 면에서 볼 때, 갑오개혁은 조선의 개혁적 의지보다 일본의 침략적 의지가 더 많이 반영되었다고 할 수 있습니다. 국가든 사회든 개인이든 어느 정도의 '자유의지'대로 살 수 있는 것이 진정한 독립입니다.

18 을미사변

을미년1895에 일어난 사변事變을 을미사변乙未事變이라고 합니다. 사변
은 갑자기 생긴 이상한 일이나 사고를 말합니다. 사변은 갑작스러운 재
앙이나 사고를 말합니다. 을미사변은 일본이 청·일전쟁에서 승리하면서
어렵게 만들어 낸 조선에 대한 주도권을, 삼국간섭으로 러시아에게 어이
없게 빼앗기자 이를 다시 되찾기 위하여 일본 공사외교관 미우라 고로가
주동이 되어, 당시 조선의 왕비였던 명성황후를 시해부모나 임금을 죽임하여
주도권을 다시 빼앗은 사건입니다.

조선에서의 주도권 다툼이자, 동북아시아에서의 주도권 다툼이라고
할 수 있는 청·일전쟁1894~1985에서 일본은 승리합니다. 그 결과 체결한
것이 시모노세키조약입니다. 시모노세키조약은 1895년 4월, 청·일전쟁
에서 승리한 일본이 야마구치 현 시모노세키에서 청나라와 체결한 강화

조약싸우던 두 편이 싸움을 그치고 평화로운 상태가 됨입니다. 시모노세키조약의 체결로 청나라는 조선에서의 주도권지배권 다툼에서 완전히 떨어져 나갑니다. 시모노세키조약의 핵심적 내용은 일본의 조선에 대한 주도권의 확립과 중국 랴오둥요동 반도와 타이완대만의 할양국가 간의 합의에 의하여 자기 나라 영토의 일부를 다른 나라에 넘겨줌입니다. 일본은 랴오둥반도·타이완을 차지하고, 조선한반도에서 주도권을 장악함으로써 대륙 진출의 발판을 마련합니다.

이러한 일본의 대륙 진출 발판 마련에 위협을 느낀러시아의 남진에 방해됨. 러시아는 남진. 일본은 북진 러시아는, 프랑스·독일과 연합한 후 일본을 위협하여, 랴오둥반도를 청에 반환되돌려 줌하게 겁박으로고 협박함합니다. 이를 삼국간섭이라고 합니다. 삼국간섭으로 일본은 큰 충격을 받습니다. 일본국 전체가 혼란 상태에 빠진 것입니다. 힘들게 이룩한 조선과 청에 대한 주도권을, 제대로 한번 싸우지도 못하고 러시아에 빼앗긴 것입니다.

삼국간섭으로 조선에서의 주도권이 러시아로 넘어가면서, 조선정부민씨세력는 친러정책친러파인 이범진·이완용으로 친러 내각을 구성으로 일본의 영향력으로부터 벗어나고자 합니다. 물론 그 중심에는 명성황후가 있었습니다. 이에 일본은 공사외교관 미우라 고로군인출신의 주도로 조선 훈련대 군인일본군의 통제 아래 있었음과 일본 낭인정치 깡패. 사무라이 출신으로 권력에서 소외된 정치인들을 동원하고, 흥선대원군을 앞세워 경복궁으로 난입하여어지럽게 함부로 들어감, 명성황후를 칼로 살해하고 시체에 석유를 뿌려 불사르고 뒷산에 묻었습니다. 이 사건이 을미사변입니다.

을미사변은 삼국간섭으로 러시아로 넘어간 조선에 대한 주도권을 되찾으려던 일본이, 손쉬운 방법으로써 명성황후를 살해한 사건입니다. 여기서 참고로 친러 내각의 이완용은, 우리가 잘 아는 친일 매국노의 대명사 바로 그 인간입니다. 이완용은 친미·친러·친일을 자신의 필요에 따라 넘나든, 올바른 역사의식이라곤 눈곱만큼도 찾기 어려운 인간입니다. 권력만을 좇는 불나방이라고 할까요. 이완용과 같은 매국노들과 그들의 후손들은 그들만의 방법으로 애국했다고 아직도 말하고 있습니다. 친일파와 그 후손들은 그들이 한 행위는 매국이 아니라 애국이라고 주장하고 있는 것입니다. 한마디로 어처구니없습니다.

을미사변으로 일본이 의도한 대로, 조선에 대한 주도권이 일본으로 넘어가고, 친일 내각이 구성됩니다. 그 친일 내각김홍집·유길준·서광범 등에 의해 갑오개혁의 연장선계속하여 이어지는, 2차 갑오개혁은 삼국간섭으로 중단됨에서 개혁을 추진하는데, 그 개혁이 을미년1895에 이루어졌기 때문에 을미개혁이라고 합니다. 일본은 고종을 위협하여 김홍집 중심의 친일 내각을 구성하고, 그 친일 내각에 의해 을미개혁3차 갑오개혁이라고도 함이 추진하게 합니다.

이때 이루어진 개혁의 내용으로는, 태양력양력 사용, 종두법우두법 시행, 소학교초등학교 설립, 우편제도 실시, 연호 사용건양, 군제 개편친위대·진위대, 단발령의 선포 등입니다. 종두법種痘法 은 천연두天然痘. 전염성이 강한 전염병으로, 손님·마마라고도 함를 예방하기 위하여 백신을 인체의 피부에 접종接種하는 방법方法 을 말합니다. '건양1895'이라는 연호의 사용으로, 갑오개혁 때 사용했던 '개국기년' 연호는 폐지됩니다. 군제군사제도를 개편하여, 중앙군으로 친위대를 지방군으로 진위대를 둡니다. 친위대는 한양서울의 수비를 맡은 중앙 군대로서, 훈련대명성황후 살해에 가담하였던 부대를 고친 것입니다.

특별히 문제가 된 것은 단발령이었습니다. 단발령斷髮令은 을미개혁의 일환밀접한 관계가 있는 것 가운데 일부분으로, 성인 남자들의 상투예전에, 장가든 남자가 머리털을 끌어올려 정수리 위에 틀어 감아 맨 것 풍속을 없애고, 머리털髮 짧게 깎도록斷 한 명령命令을 말합니다. 또한 친일적인 김홍집 내각은 개국 504년1895의 음력 11월 17일을, 건양 원년건양 1년 양력 1월 1일로 바꾸고, 그날부터 성인 남자들의 상투를 자르게 하고 고종부터 솔선남보다 앞장서서 먼저 함하게 합니다. 단발의 명분이유은 '위생에 좋고 작업일하기에 편리하다.'였습니다. 정부의 명령에 따르지 않는 사람들은 칼로써 강제로 싹둑 잘랐습니다.

상투 풍습은 조선의 상징이라고 할 수 있습니다. 상투는 조선의 심벌Symbol이었습니다. 상투는 조선의 자존심이었습니다. 그 심벌이자 자존심을 강제로 꺾어서, 조선을 일본이 부리기 좋은 말을 잘 듣는 종노비으로 만들려는 의도라고 할 수 있습니다. 실제 이유는 한국의 전통을 끊음으로써 민족정신을 약화시키기 위한 일본의 정략정치적 계략이었습니다. 특히 조선은 유교의 나라였고, 신체를 훼손하지 않는 것이 부모에 대한 효도의 기본이라고 생각하던 정신을 갖고 있었습니다. 단발은 불효로 여겨졌습니다. 이에 위정척사파의 거두영향력이 크며 주요한 자리에 있는 사람였던 최익현은 '내 머리목는 자를지언정 내 머리털상투은 못 자른다.'며 상소를 올리기도 했습니다.

명성황후의 살해와 단발령을 주도한 일본에 맞서, 위정척사사상에 바탕을 둔 선비들의 주도로 의병항쟁이 일어납니다. 이를 을미의병1895이라고 합니다. 을미의병으로는 춘천의 이소응과 제천의 유인석이 대표적이었습니다. 그러나 을미의병은 고종이 일본의 위협에서 벗어나기 위하여 러시아 공사관으로 옮겨간 후^{아관파천. 1896}, 해산 권고 명령을 내림으로써 해산하고 말았습니다.

19 아관파천

아관俄館은 조선 말기에 있었던 러시아俄 공사관公使館을 말합니다. 파천播遷은 임금이 궁궐에서 달아나播 처소를 다른 곳으로 옮기는遷 것을 말합니다. 고종은 왕비였던 명성황후가 일본에 살해당하자을미사변, 생명의 위협을 느낍니다. 한 나라의 왕비까지 죽인 놈들이 무슨 짓을 못하겠는지요. 불안한 심리 상태에 있던 고종을 설득하여, 친러파 이범진·이완용 등과 러시아 공사외교관 베베르가 다 같이 모의하여, 고종을 한밤중에 러시아 공사관으로 옮겨가게도망치게 합니다. 이 사건을 아관파천1986이라고 합니다.

아관파천으로 조선에 대한 주도권은 러시아로 넘어갑니다. 임오군란과 갑신정변의 결과로 조선에서의 주도권은 청에 있었고, 삼국간섭과 아관파천의 결과로 조선에서의 주도권은 러시아에 있었습니다. 조선에서의 주도권이 러시아로 넘어가면서, 친러 내각이범진·이완용이 중심이 수립됩니다. 따라서 을미개혁단발령 등을 주도한 친일 내각은 무너지고, 친일 내각의 중심인물이었던 김홍집은 성난 군중들에게 살해됩니다.

아관파천으로 조선에 대한 주도권우월권, 지배권이 러시아로 넘어가자조선은 러시아의 보호를 받는, 보호국과 같은 위치로 추락함, 러시아는 조선으로부터 압록강 연안과 울릉도에 대한 삼림벌채권산림의 나무를 벨 수 있는 권한 등의 이권이익을 얻을 수 있는 권리을 가져갑니다. 이에 열강이 너도나도 달려들어 이권을 요구합니다. 미국의 금광채굴권, 프랑스의 광산채굴권, 일본의 철도부설권, 독일의 광산채굴권 등이 열강의 손으로 넘어갑니다.

조선은 군주제 국가였습니다. 민주民主의 반대말이 군주君主입니다. 국가의 주권주인으로서 갖는 권리이 국민에게 있는 것이 민주제 국가이고, 군주왕에게 있는 것이 군주제입니다. 당시 조선의 주인은 군주인 고종이었습니다. 그런데 주인이 러시아 공사관러시아의 주권이 미치는 곳으로 도망을 간 것입니다아관파천. 그것도 모자라, 나라의 이권을 남들열강에게 넘기고 있었습니다.

이에 독립협회는 고종의 환궁을 요청합니다. 그리고 열강의 이권 침탈을 막는 데 힘씁니다. 독립협회는 1896년에 서재필·이상재·윤치호 등이 조선의 자주독립·자유민권·자강혁신을 목표로 조직한 정치·사회단체입니다. 아관파천을 계기로 열강의 조선에 대한 이권 침탈이 시작되자, 이권 침탈을 막는 데 앞장선 정치단체가 독립협회였습니다. 이렇듯 조선은 을미사변과 아관파천을 겪으며, 대외적으로 독립국가로서의 지위위치가, 대내적으로 왕의 권위가 실추명예나 위신 따위를 떨어뜨리거나 잃음됩니다.

독립협회와 국민들의 요청으로 고종은 경운궁지금의 덕수궁으로 환궁합니다. 고종은 을미사변과 아관파천으로 실추된 군주로서의 체면위신과 권위를 세우는 것이 절실했을 것입니다. 국호를 조선에서 대한제국으로 변경합니다. '건양'에서 '광무'라는 연호를 새로이 사용합니다. 당시에 독자적 연호를 사용한다는 것은, 외형상으로는 자주독립국이라는 의미입니다. 자주독립은 국가가 다른 나라의 간섭을 받거나 다른 나라에 의존하지 아니하고 자주권국가가 국내 문제나 대외 문제를 자기 뜻대로 자유롭게 결정할 수 있는 권리을 행사하는 일을 말합니다.

제국帝國이 되었으니 이제 고종은 황제가 된 것입니다. '대한大韓은 제국帝國이다'가 대한제국大韓帝國입니다. 황제가 국가의 주인인 나라가 제국입니다. 일본인들에게 살해당했던 고종의 왕비민비도 명성황후로 추존이 됩니다. 대한제국大韓帝國과 대한민국大韓民國은 단 한 글자의 차이만 납니다. 그러나 나라의 주인은 전혀 다릅니다. 대한제국의 주인주권자은 황제였고, 대한민국의 주인은 국민입니다. 그것을 잘 기억해야 합니다. 대한민국의 주인주권자은 우리들국민입니다. 대통령도 국회의원도 동일한 주권자의 한 사람일원일 뿐입니다. 국민이 주인 노릇하는 비결은, 국민들이 똑똑해지는 것이고, 국민들이 적극적으로 정치에 관심을 갖는 것입니다. 인간은 정치적 동물입니다. 심지어 동물들도 정치를 합니다. 국민 스스로가 납부한 세금이 어떻게 집행되고 있는지, 국민의 권리를 지키기 위해 정부와 국회와 법원이 제대로 역할을 하고 있는지 감시하고 살피는 것입니다. 그렇게 하는 것이 주인노릇을 하는 것입니다.

20 대한제국

위대偉大한 한민족韓民族의 제국帝國. 황제가 다스리는 나라이라고 할까요. 대한제국은 1897년 10월 12일부터 1910년 8월 29일까지 13년 동안 조선의 국호입니다. 아관파천으로 러시아 공사관에서 1년간 지내던 고종은 경운궁으로 환궁 후에, 국호를 대한제국으로 바꾸고 황제로 칭하며 새로운 연호도 사용합니다. 칭제건원稱帝建元은 왕을 황제라고 칭하고, 연호를 독자적으로 세우는 것을 말합니다. 고종은 원구단환구단이라고도 함. 황제가 하늘에 제사를 지내는 제단에서 하늘에 제사를 지내며 황제 즉위 신고식을 합니다.

대한제국이 수립되면서, 즉 광무 연간어느 왕이 왕위에 있는 동안에 이루어진 개혁을 광무개혁이라고 합니다. 광무개혁의 기본정신을 구본신참舊本新參입니다. 구본신참은 옛舊. 옛 구 것전통문화을 근본根本. 바탕으로 삼고, 새로운新 것서양문물은 참고參考. 헤아려서. 살펴서하면서 받아들이자는 주장입니다. 19세기 말 온건개화파가 전개한 개화의 논리로, 전통문화를 그대로 유지하면서 서양문물을 받아들이자는 주장입니다. 구본신참은 청나라 의화단 운동의 동도서기에 뿌리를 두고 있습니다. 동도서기東道西器는 동양의 도덕·윤리·지배질서를 그대로 유지한 채 서양의 발달한 기술·기계 문물를 받아들여 부국강병을 이룩한다는 사상입니다.

광무개혁의 기본정신은 온건개화파의 주장과 비슷하며, 구본신참의 방법으로 서양의 과학기술을 받아들이고, 황제권을 강화시켜 외세로부터 대한제국의 국가체제생명력를 유지보존하자는 것이 큰 줄기라고 할 수 있습니다. 그래서 대한제국의 기본 요강일의 근본이 되는 큰 줄거리이 발표됩니다. 그것은 '대한국 국제나라의 제도'라고 하며 모두 9조항입니다. 대한국제 大韓國制의 핵심내용은, 대한제국은 '자주독립 국가이고, 황제의 권한은 무한하며, 군사권은 황제가 갖는다.'입니다. 황제권의 강화를 통해 황제의 권위를 세우고 나라의 생존력을 키우겠다는 것입니다.

먼저 국방력을 강화하기 위해 군사제도를 개혁황제 아래에 원수부를 두고, 원수부에는 시위대·친위대·진위대를 둡합니다. 국방력 강화는 황제권 강화와 자주독립국가 유지의 기본 요건이라고 여겼습니다. 그리고 상공업 진흥정책 추진하고, 인재양성을 위해 다양한 학교 설립하고, 근대적 기술도입 장려하였으며, 양전사업토지조사사업을 실시하고 지계를 발급하여 토지의 근대적 소유권 확립을 시도합니다. 지계地契는 토지土地 소유권을 증명하는 일종의 계약서契約書. 문서라고 할 수 있습니다. 지계는 조세를 거두는 기초로 삼아, 민생을 안정시키고 아울러 국가재정을 확보조세 수입을 늘이기 위한하고, 근대적인 토지소유권을 확립하기 위한 것이었습니다. 지계의 발급은 미완으로 그쳤습니다.

갑오개혁이나 을미개혁이 외세의 간섭 속에서 이루어진 것에 비해, 광무개혁은 어느 정도 자주적인 입장에서 근대적 개혁이 추진되었다는 점에서 역사적 의의의미·가치를 찾을 수 있습니다. 그러나 황제권의 강화는 시대의 흐름을 역행보통의 방향과 반대 방향으로 거슬러 나아감하는 것으로, 독립협회가 실시를 주장한 입헌군주제나 의회제도와는 상반서로 반대되거나 어긋남되는 것이었습니다. 또한 개혁 시행에 필요한 재정의 부족도 문제였습니다. 이런 와중일이나 사건 따위가 시끄럽고 복잡하게 벌어지는 가운데에 일본이 러·일전쟁1904~1905을 일으키면서 광무개혁은 중단되고 말았습니다. 광무개혁은 1897년아관파천 이후에서 1904년러일전쟁 발발 사이에 7년 동안 추진된 개혁입니다. 대한제국은 '무늬만 제국'이었던 나라였습니다.

21 독립협회

독립獨立을 목적으로 설립한 협회協會가 독립협회입니다. 독립협회는 1896년 서재필을 중심으로 이상재·윤치호·이승만 등의 개화지식층 30여 명이, 조선의 자주독립과 국정개혁^{내정개혁. 국내의 정치}을 위하여 조직한 정치·사회단체입니다. 독립은 다른 것에 예속^{남의 지배나 지휘 아래 매임}하거나 의존하지 아니하는 상태로 있음을 뜻합니다. 독립은 한 나라가 정치적으로 완전한 주권을 행사하는 상태를 뜻합니다. 협회協會는 어떤 목적을 위하여 회원들이 힘을 합쳐 설립한 모임입니다. 독립협회는 외세의 간섭이나 의존으로부터 벗어나, 독자적으로 존립할 수 있도록 국정^{나라의 정치}을 개혁하여 자주독립된 나라를 만들자는 목적으로 조직한 정치·사회단체였습니다.

외세의 간섭이나 의존으로부터 벗어나려면, 우선 고종이 러시아 공사관에서 나와야 했습니다. 그래서 독립협회는 고종의 환궁을 요청합니다. 독립협회의 설립을 주도한 서재필은 갑신정변 때, 정변을 일으킨 급진개화파의 막내였습니다. 그는 갑신정변이 실패한 이후, 일본으로 망명했다가 다시 미국으로 유학을 갑니다. 그가 생각할 때 갑신정변 실패의 큰 원인이, 국민들의 동의와 동참을 이끌어 내지 못함 때문이었습니다. 그는 국민의 동의와 동참이 없는 개혁은 실패할 수밖에 없음을 절감_{절실히}했습니다. 동의와 동참을 이끌어 내기 위해서는, 토론을 통해 문제점들을 국민과 함께 공유하며, 그 과정에서 국민_{민중, 대중}을 계몽하고 자연스러운 동참을 만들고자 했습니다.

계몽_{啓蒙, 열 개, 어두울 몽}은 모르는_{어리석은,} 蒙 것을 알도록 일깨우는_{깨우치는,} 啓 것을 말합니다. 계몽에 꼭 필요한 것이 사실을 알리는 것입니다. 그래서 신문을 발행합니다. 그 신문이 1896년 4월 7일에 창간_{처음으로 펴냄}된 독립신문입니다. 독립신문은 우리나라 최초의 민간신문이자, 최초의 일간지이고, 최초의 순온_{전한} 한글신문입니다. 독립신문의 창간일이 우리나라 신문의 날_{4월 7일}입니다.

서재필 등 개화지식인들은 1896년 독립신문을 발행하고, 독립협회를 설립하고, 독립문을 세웠습니다. 그 중심에 모두 자주독립이 있었습니다. 자주독립은 국가 따위가 다른 나라의 간섭을 받거나 다른 나라에 의존하지 아니하고 자주권을 행사하는 일을 말합니다. 자기 스스로 주인 노릇을 하는 것이 자주입니다. 국가도 개인도 자주적이어야 합니다. 여기서 자주는 주인으로서 갑질_{권력의 우위에 있는 갑이 권리관계에서 약자인 을에게 하는 부당} 행위를 하는 것이 아니라, 스스로 존재함에 의미를 두는 것입니다.

자주독립에는 자강혁신이 필요합니다. 자강은 스스로自 힘써 굳세게強 함을 말합니다. 자강은 부국강병을 의미합니다. 부국강병은 경제적으로 잘 살고, 군사적으로 강한 나라가 되는 것을 말합니다. 부국강병을 위해선, 정치 등의 모든 부문에 혁신개혁이 필요하였고, 개혁이 성공하기 위해선 국민들이 민권참정권. 국민의 권리. 국민이 정치에 참여하는 권리을 자유롭게 행사할 수 있어야 하고, 자유로운 민권의 행사를 위해선 국민 계몽이 필요하다는 것입니다. 결국 자주독립의 실마리는 국민을 계몽하는 것부터였습니다.

독립협회의 슬로건은 '자주독립자주국권 ·자강혁신자강개혁 ·자유민권'이었습니다. 그 실마리는 계몽된 민중국민의 정치 참여였습니다. 우리는 때때로 정치는 정치인들만이 하는 것이라고 생각할 수 있습니다. 그렇지 않습니다. 정치는 누구나 하는 것입니다. 정치에 관심을 갖지 말라고 말하는 사람은 다른 숨긴 의도가 있다고 볼 수 있습니다. 정치는 권력을 얻으려는 활동뿐만 아니라, 나라를 이끌어 가는 것, 다른 사람과 생활하면서 생기는 갈등이나 문제를 해결하려는 것 모두를 뜻하는 말입니다. 고대 그리스의 철학자 아리스토텔레스가 '인간은 정치적 동물이다.'라고 말한 것은, 인간의 삶이 곧 정치적이라는 의미일 것입니다. 정치가 올바르게 되어야 경제가 균형감 있게 발전하고, 경제가 균형적으로 발전해야 사회가 안정됩니다. 사회의 안정이 지속되면 문화가 발전할 가능성이 높습니다. 경제·사회·문화의 모든 실마리가 정치와 연결되어 있습니다. 따라서 우리는 정치에 올바른 관심을 가져야 합니다. 국민들의 올바른 정치적 관심에서 올바른 정치가 나오는 것입니다. 우리 모두는 정치적 동물입니다. 선진국으로 가는 지름길은, 국민들의 올바른 정치적 관심과 그에 의거한 올바른 정치입니다. 심지어 동물도 정치적입니다. '그 사람 참 정치적이야'라고 말하면 안 됩니다. 누구나 정치를 합니다. 가족 모두 가 가정의 구성원으로서 정치를 잘할 때, 그 가정은 행복한 가정일 개연 성이 높습니다.

독립협회는 자주독립을 위해 힘을 씁니다. 행동하지 않는 구호는 공허 한 메아리일 뿐입니다. 자주독립이 국가의 존립生存을 가능케 합니다. 독 립협회는 외세의 간섭과 의존으로부터 벗어나기 위해 고종의 환궁 요청 뿐만 아니라, 모화관을 없애고 독립관을 세웁니다. 영은문을 헐고 독립 문을 세웁니다. 모화관은 조선시대에 중국明·清 사신을 영접하는 곳입니 다. 모화慕華는 중국의 문물이나 사상을 우러러 사모함을 의미합니다. 흔히 그런 생각을 중화中華 사상이라고 합니다. 독립협회는 모화관을 없 애고, 그 공간을 독립협회의 사무실로 사용합니다. 영은문은 조선시대 에 중국 사신을 맞아들이던 문입니다. 독립협회는 성금을 모아 영은문 을 헐고, 그 자리에 독립문을 세웁니다.

그리고 아관파천으로 러시아를 시작으로 열강에 빼앗기는 우리의 이 권을 지키기 위해 애씁니다. 이를 독립협회의 이권수호운동이라고 합니 다. 이 모든 것이 러시아·청과 같은 외세列强로부터의 독립을 위한 독립 협회의 노력이라고 할 수 있습니다. 열강은 국제 사회에 큰 영향력을 행 사하는 강대국 여러 나라를 뜻합니다. 이권은 이익을 얻을 수 있는 권리 를 말합니다. 돈이 되는 것이 이권입니다. 우리에게 돈이 되는 것을 열강 에 빼앗겼다는 뜻입니다. 그것이 열강의 이권침탈입니다. 독립협회의 이권수호운동은 열강의 이권침탈을 저지막아서 못하게 함하는데 많은 성과를 거둡니다. 서양열강의 내정간섭과 이권침탈이 강화되고 있던 1896년 무렵 조선에서는 이래저래 '독립'이란 말이 화두관심을 두어 중요하게 생각하거나 이야기할 만한 것였습니다.

한편 당시 러시아는 세계 곳곳에서 부동항을 얻고자 했습니다. 부동항은 일 년 내내 해면해수면. 바닷물의 표면이 얼지 않는 항구를 말합니다. 러시아의 부동항 획득 노력은 만만치 않았습니다. 예나 지금이나 바다를 지배하는 것이 세계세상를 지배하는 지름길입니다. 바다를 지배하기 위해선 배군함·무역선 등가 다닐 수 있어야 했습니다. 북방의 대륙 국가인 러시아에겐 부동항겨울에도 얼지 않는 항구이 별로 없었습니다. 또한 러시아가 부동항을 얻는 것을 매우 싫어하는 나라가 있었습니다. 대표적인 국가가 영국과 일본이었습니다. 러시아는 부동항을 가져야 남진남쪽으로 나아감이 가능했습니다. 러시아의 남진은 일본의 북진이나, 영국의 지배 영역이 줄어듦을 의미하는 것입니다. 그래서 영국은 러시아의 남진남하을 저지하기 위해, 조선의 거문도를 강제로 점령했던 것입니다. 이를 거문도사건1885~1887이라고 합니다. 나중에 영국과 일본이 동맹영·일동맹을 맺는 것도, 이러한 배경에서 영국과 일본의 이해이익과 손해. 득실가 일치했기 때문입니다.

러시아는 조선에서 부동항을 얻고자 부산의 절영도부산 영도구 조차를 시도합니다. 조차租借. 세낼 조. 빌릴 차는 특별한 합의에 따라 한 나라가 다른 나라 영토의 일부를 빌려, 일정한 기간 동안 통치사용하는 일을 말합니다. 영토권은 빌려준 나라에 속하지만, 통치권은 빌린 나라에 속하는 형태입니다. 러시아가 1898년 부산 절영도의 조차를 요구하자, 당시 대한제국의 친러정권수구파은 이를 허가해주려고 합니다. 러시아는 절영도를 석탄의 보관 창고로 사용하려고 했습니다. 당시 열강의 군함과 무역선은 대부분 증기선이었습니다. 증기선은 석탄을 태워 수증기 힘으로 동력을 얻어 가는 배입니다. 친러정권이 러시아의 절영도 조차를 허가하려고 하자, 독립협회는 1898년 3월 서울 종로에서 1만여 명의 시민들을 모아 만민공동회라는 시민궐기대회를 개최하여, 절영도 조차 반대 집회를 갖습니다. 독립협회와 시민들의 반발에 놀란 친러정권은 절영도의 러시아 조차 허가를 철회거두어들임합니다.

만민공동회萬民共同會는 많은萬 사람들民이, 함께共同 연 대회大會. 큰 모임라는 뜻입니다. 만민공동회는 1898년 독립협회의 주최행사나 모임을 주장하고 기획하여 엶로, 서울 종로에 1만여 명의 시민민중이 모여 절영도 조차 철회 등을 요구하였던 민중집회입니다. 독립협회는 만민공동회를 열어 종로 광장에서 러시아의 침략정책을 비판하고, 대한제국의 자주독립권을 지키자는 내용의 결의안을 채택하여 이를 정부에 건의합니다. 이후에도 독립협회는 수시로 만민공동회를 열고, 러시아가 조선의 땅을 빌려달라는 요구 등에 대항하여 국권과 국익을 수호하려는 자주국권운동을 전개하였습니다.

만민공동회는 조선의 촛불집회였습니다. 만민공동회는 우리나라 최초의 근대적 민중집회였습니다. 만민공동회는 말 그대로 만민萬民. 모든 백성. 또는 모든 사람. 신분에 구애받지 않고. 신분에 거리낌 없이이, 모든 시민들이 함께 모여공동으로, 모임을 갖고 연설도 하고 토론도 했습니다. 주장하고 논의도한 것이지요. 1898년의 만민공동회는 종로 보신각 광장이 중심이었고, 2016년~2017년 촛불집회는 광화문 광장이 중심이었다고 할 수 있습니다. 그 광장의 중심에는 국가를 소중히 생각하는 민중이 있었습니다.

독립협회가 정부로부터 국정개혁내정개혁의 약속을 받기 위해 정부대신관리. 박정양 등들을 참석시킨 만민공동회를 종로에서 개최하였는데, 이를 관민공동회1898.10라고 합니다. 관리와 백성이 함께 참여한 집회모임이라는 뜻입니다. 만민공동회와 정부 관료들의 합동집회가 관민공동회입니다. 현직 관료를 집회에 참석시켜 결의사항의 실현 가능성을 높이자는 취지였을 것입니다. 관민공동회에서는 관리와 백정조선시대에 소·돼지 등을 잡는 일에 종사하던 천민계층. 백정 박성춘이 연설함을 포함하여 사회 여러 계층이 모여, 국정 개혁의 내용을 담은 '헌의 6조'를 채택합니다. 헌의獻議는 윗사람에게 의견을 아룀을 뜻합니다. 독립협회가 관민공동회를 통해 고종에게 올릴 6가지의 건의 안건을 채택하였고, 그 실시를 고종에게서 승낙받았습니다. 그 '헌의 6조' 핵심은 중추원의 개편에 관한 사항입니다. 갑오개혁 때 내각의 자문기관이었던 유명무실한이름만 그럴듯하고 실속은 없음 중추원을 개편하여, 관선의원국가가 선출한 의원 25명과 민선의원독립협회가 선출한 의원 25명을 뽑아, 중추원의회. 국정을 심의하는 곳을 구성하고, 그 중추원의회. 민회을 중심으로 국정을 개혁하고자 하였던 것입니다. 황제가 아닌 중추원의회이 국정 개혁의 중심에 있게 되고, 그 중추원의 구성원으로 일반 국민이 참여하게 되었다는 점에서 역사적 의의의미. 가치가 있다고 할 수 있습니다. 이렇듯이 독립협회는 관민공동회에서, 자강혁신에 필요한 중추원의 구성과 운영에 대하여, 참석한 정부 관료박정양 등의 동의는 물론이고 고종의 실시 약속도 받게 된 것입니다.

그러나 독립협회의 뜻대로 중추원의회이 국정 개혁의 중심에 있게 되면, 황제군주였던 고종은 권력의 중심에서 소외될 가능성이 있었습니다. 중추원 중심의 운영은 일종의 입헌군주제였습니다. 그렇게 되면 국정 운영에서 소외될 수 있었던 친러 성향의 수구파홍종우 등. 참고로 홍종우는 명성황후의 명령으로 김옥균을 암살한 사람이다들이, 고종을 부추겨독립협회가 군주제를 폐지하고 공화제를 실시한다고 조병식이 무고함. 무고자 조병식은 방곡령을 내렸던 그 사람입니다. 무고는 사실이 아닌 일을 거짓으로 꾸미어 해당 기관에 고소하거나 고발하는 일을 말합니다, 독립협회를 강제로 해산시킵니다. 독립협회의 해산을 위해 동원되었던 어용왕이나 정부를 나쁘게 돕는 정치단체가, 보부상들이 소속된 황국협회였습니다. 독립협회는 독립협회의 급진적 개혁에 위기의식을 느낀 대한제국 시기의 보수 집권층과 그에 동조한 고종에 의해 해산되고1899 말았습니다. 황국협회는 설립 목적이 독립협회의 해산이었고, 그 중심에는 조병식과 홍종우 등이 있었습니다. 1896년 설립되어 1898년 만민공동회와 관민공동회를 개최하면서 절정에 이르렀던 독립협회의 자주독립운동은, 수구옛 제도나 풍습을 그대로 지키고 따름 세력들과 고종의 반발로 실패로 끝나고 말았습니다. 독립협회의 활동 기간은 짧은 3년이었지만, 그 근대적 개혁정신은 애국계몽운동으로 계승되었습니다.

참고로 입헌군주제는 헌법憲法을 제정立. 만들고하고, 군주君主. 왕는 헌법의 범위 안에서만 권력을 제한적으로 행사할 수 있는 정치제도를 말합니다. 입헌군주제는 군주제왕정에서 공화제공화정로 넘어가는 과도기한 상태에서 다른 새로운 상태로 옮아가거나 바뀌어 가는 도중의 시기에 주로 위치합니다. 군주제는 주권주인으로서의 권리이 왕에게 있는 정치체제인간이 공동체를 구성하고 정치적 삶을 영위하는 방식입니다. 절대왕정은 군주가 절대적아무런 조건이나 제약이 붙지 아니하는으로 권력주권을 행사하는 정치체제를 말합니다. 절대왕정과 비슷한 말이 전제군주제입니다. 전제專制는 국가의 권력을 개인왕 또는 황제. 군주이 장악하고 그 개인왕의 의사에 따라 모든 일을 처리하는 형태의 정치제제를 전제군주제라고 말합니다. 입헌정치체제는 헌법을 제정하고 그에 기초바탕으로하여 정치를 하는 체제를 말합니다. 왕정王政의 반대 개념이 공화정共和政입니다. 따라서 공화제는 군주가 존재하지 않는 정치체제입니다. 공화제를 주장하고 실현하려는 정치적인 태도나 이념을 공화주의라고 하며, 공화제를 채택하는 국가를 공화국이라 합니다. 공화제는 크게 2가지 종류가 있는데, 민주정치의 공화제와, 과두정치소수의 권력자가 공동으로 집권의 공화제가 있습니다. 왕정은 주권이 왕군주에게 있는 것이고, 공화정은 주권이 개개인국민에게 있는 것입니다. 왕의 뜻대로 국가를 운영하는 것이 왕정이라면, 개개인 여러 사람들의 뜻에 따라 국가를 운영하는 것이 공화정입니다.

대한민국은 민주공화국입니다. 이 말은 대한민국의 주권은 국민에게 있고주인은 국민이고, 한 사람이 아닌 여러 사람의국민의 뜻에 따라 국가를 운영하는 정치체제를 가진 나라라는 뜻입니다. 근대의 대한은 제국帝國이었고, 현대의 대한은 민국民國입니다. 대한제국은 정체가 군주제이고 대한민국은 정체가 공화제입니다. 정체政體는 국가의 조직형태를 말합니다. 국가의 조직형태에는 군주제·귀족제·민주제·공화제 따위가 있습니다.

독립협회의 구성원 가운데는 공화제까지 지향하는 서재필과 같은 급진적 개화지식인들도 있었고, 윤치호·이상재 등과 같은 입헌군주제를 지향하는 온건적 개화지식인들도 있었습니다. 독립협회가 활동한 시기는 대한제국 때였습니다. 황제 주권의 나라인, 제국帝國에서 국민 주권의 공화제를 꿈꿨던 인물이 서재필이었습니다. 선구자는 어떤 일이나 사상에서 다른 사람보다 앞선 사람을 말합니다. 서재필은 시대의 선구자이자 선각자였습니다.

22 러·일전쟁

    일본은 청·일전쟁으로 공들여 장악한 조선에서의 우월권주도권을, 삼
국간섭으로 러시아에 넘깁니다. 이를 되찾기 위해 한 나라의 국모왕비. 왕
의 아내. 명성황후를 살해하는 무리수도리나 이치에 맞지 않거나 정도에 지나치게 벗어나는
방식을 비유적으로 이르는 말를 두는 것도 서슴지 않았습니다. 그 사건이 을미사
변입니다. 을미사변으로 잠시 조선에서의 우월권주도권이 일본으로 넘어
왔지만, 고종이 야밤에 러시아 공사관으로 도망감으로써아관파천 다시 러
시아에 빼앗기고 말았습니다. 오락가락하던 조선에서의 우월권을 종결
짓기 위해, 일본은 전쟁을 준비합니다. 그 전쟁이 러·일전쟁입니다. 일
본은 청·일전쟁에서 승리의 기쁨을 맛보았기에, 그런 결과열매를 기대하
며 러·일전쟁을 준비했을 것입니다. 러·일전쟁은 1904년~1905년에 중
국청의 만주과 한반도대한제국의 지배권우월권을 놓고, 러시아와 일본이 벌인

전쟁을 말합니다. 만주는 중국 동북지방을 이르는 말로서, 동쪽과 북쪽은 러시아와 접해 있고, 남쪽은 압록강과 두만강을 경계로 한반도와 접해 있습니다.

한편 청·일전쟁1895 이후로, 중국은 열강제국주의적 성향을 지닌 강대국 여러 나라의 이권 침탈의 마지막 무대가 되어 있었습니다. 이런 상황에서 러시아는 중국청에 대한 영향력을 더욱 확대시키고 있었습니다. 중국청으로부터의 동청철도하얼빈철도. 만주의 만저우리~하얼빈~뤼순 사이의 철도 부설설치. 1902 · 요동반도랴오둥반도의 뤼순랴오둥반도 남쪽에 있는 항구. 만주 남부로 들어가는 군사적 요충지과 다롄랴오둥반도의 남쪽 끝에 있는 항구 조차, 그리로 의화단 운동을 구실로 만주에 파병한 군대를 계속 주둔시킵니다. 또한 한반도에서는 용암포를 강제로 점령하고 조차를 시도하여용암포 사건. 1903. 용암포는 압록강 하구의 작은 항구 러시아는 용암포를 한반도 침략의 거점어떤 활동의 근거가 되는 중요한 지점. 근거지으로 삼으려 합니다.

이와 같은 러시아의 중국과 한반도에서의 우월권지배권 장악을 위한 행동들은, 일본·영국·미국 등을 자극하게 됩니다. 먼저 영국과 일본이 군사동맹1차·2차을 맺습니다. 제1차영·일동맹은 1902년 영국과 일본이 러시아를 공동의 적으로 하여, 러시아의 남진을 저지하고 동시에 동아시아의 이권을 함께 나누어 가지려고 체결한 조약입니다. 제1차영·일동맹은 중국청에서의 영국의 우월권지배권을 일본이 인정하고, 반면에 영국은 한반도대한제국에서 일본의 우월권우월적 지위을 서로 인정한다는 내용의 조약입니다. 제1차영·일동맹 체결로, 영국은 일본의 한반도 지배를 가장 먼저 인정하는 나라가 됩니다. 일본이 러·일전쟁 중에 미국과 가쓰라·

테프트 밀약1905.7을 맺어 미국의 필리핀 지배를 인정한 것이나, 다시 영국과 제2차영·일동맹1905.8을 맺어 영국의 인도 지배권까지 인정한 것은 일본이 통이 커서가 아니라, 한반도에 대한 지배권우월권 확보 없이는 나머지 나라의 지배도 어렵다고 판단했기 때문입니다. 일본은 한반도 지배가 일본제국의 영역을 확장하는 실마리였던 것입니다.

일본의 군사행동 특징 가운데 하나가 선전포고를 하지 않고, 기습적으로 공격하는 것입니다. 청·일전쟁1894~1895도, 러·일전쟁1904~1905도, 중·일전쟁1937도, 태평양전쟁일본군의 하와이 진주만 기습공격으로 시작. 1941~1945도 선전포고 없이 도발한 전쟁입니다. 또한 기습공격으로 전쟁을 시작하기 전에, 전쟁을 염두에 두고 철저한 전쟁 준비를 한다는 것입니다. 선전포고는 한 나라가 다른 나라에 대하여 전쟁을 시작한다는 것을 공식적으로 알리는 것을 말합니다. 일본은 칼무사의 나라였습니다. 그들은 일찍부터 칼싸움전투. 또는 전쟁의 결과가 어떤지에 대해 체득몸소 체험하여 알게 됨하고 있는 나라였습니다. 칼싸움의 승리는 생존과 군림을 의미하고, 패배는 죽음과 종살이를 의미하는 것이었습니다. 그들에게 승리목적를 위해선 수단과 방법이 그리 중요치 않았던 것입니다.

인천과 중국만주의 뤼순항에 주둔하고 있던 러시아 함대를 일본군이 공격하는 것을 시작으로 러·일전쟁은 일어났습니다. 러·일전쟁은 제국주의적 성향을 지닌 열강끼리의 지배영역 다툼이라고 할 수 있습니다. 싸움에서 유리한 고지위치. 지대가 높은 땅를 선점남보다 앞서서 차지하는 것은, 승패에 매우 큰 영향을 줍니다. 한국전쟁1950~1953을 배경으로 한 영화 〈고지전〉은 휴전협정 체결이 막바지막판에, 가공꾸밈의 고지인 '애록고지'

를 차지하기 위한 국군과 북한군의 치열한 싸움을 묘사하고 있습니다.

일본은 러·일전쟁이 시작되자마자 대한제국에 강요하여, 반강제적으로 한·일의정서^{1904.2}를 체결케 합니다. 러·일전쟁이 일어나자 대한제국은 중립_{국가 사이의 분쟁이나 전쟁에 관여하지 않는 일}을 선언했지만, 일본은 이를 무시하고 한반도에 군대를 보내 조약의 체결을 강압합니다. 한·일의정서의 핵심적 내용은, 한반도에서 일본은 군사적인 요충지_{아주 중요한 곳}를 일본 마음대로 사용한다는 것이었습니다. 한·일의정서의 체결로 일본은 러·일전쟁의 승리에 유리한 고지를 차지한 것입니다. 참고로 러·일전쟁의 당사국_{관계한 나라}은 러시아와 일본이었지만, 정작 전장_{전쟁터}은 한반도와 중국 땅이었습니다. 한·일의정서 체결의 대한제국 측 당사자_{관계한 사람}는 을사5적 가운데 한 명인, 이지용입니다. 의정서議定書는 외교적인 회의에서 의정한_{의논하여 결정한} 사항을 기록한 국제 공문서_{정부 등의 공공기관에서 작성한 공식적인 문서}를 말합니다.

또한 전쟁이 일본에 유리하게 전개되고 있는 상황에서 다시 제1차 한·일협약^{1904.8}의 체결을 강요합니다. 이 조약의 핵심적 내용은 '고문정치'입니다. 고문정치는 일본이 파견한 고문관이 대한제국의 정치에 영향력을 행사하게 하는 지배 방식을 말합니다. 고문관은 자문諮問에 응하여 의견을 말하는 직책을 맡은 관리官吏를 말합니다. 고문顧問은 찾아가서 물어본다는 뜻입니다. 의견을 물어보는 것을 고문이라고 합니다. 비슷한 말로 자문諮問이 있습니다. 자문은 어떤 일을 좀 더 효율적이고 바르게 처리하려고 그 방면의 전문가에게 의견을 물어보는 것을 말합니다. 고문을 의뢰받은 관리가 고문관입니다. 말이 의견을 물어보는 것이지, 사실은 자기네들_{일본이 파견한 고문관이니} 마음대로_{일본 뜻대로} 하는 것입니다. 일본의 뜻대로 대한제국이 따르게 하는 정치가 고문정치인 것입니다. 벌써부터 대한제국의 주권을 조금씩 일본으로 넘어가고 있었던 것입니다. 고문정치가 그 근거입니다.

일본은 고문관으로 스티븐스외교·메가타재정 등을 파견합니다. 스티븐스는 친일 성향의 미국인미국 외교관으로, 일본 외무성외교부의 고용원으로 있다가 대한제국의 외교고문관으로 파견된 자입니다. 미국에 휴가를 가서는, 조선인들은 일본의 조선 통치를 좋아한다고 말했다가, 이에 격분한 전명운·장인환에 의해 캘리포니아의 오클랜드 역에서 저격·사살1908되었습니다. 이후로 일본은 여러 부서에 고문관을 파견합니다. 이로써 대한제국은 일본의 내정간섭을 받게 되었고, 한반도에 대한 주도권영향력도 점차 일본으로 넘어가게 됩니다.

한편 일본은 러·일전쟁에서 확실한 승리의 쐐기를 박고자, 미국과 가쓰라·태프트밀약1905.7을 맺어 미국으로부터 한반도에서 일본의 우월권을 인정받았습니다미국은 일본의 한반도에 대한 지배적 지위를 인정한다. 가쓰라·태프트밀약은 일본의 내각총리대신 가쓰라 다로와 미국의 육군장관 윌리엄 태프트 사이에 맺어진 비밀협약입니다. 이어 일본은 영국과 제2차영·일동맹1905.8을 맺어 영국으로부터도 한반도에 대한 우월권지배권. 주도권을 인정받았습니다. 물론 일본은 영국의 인도에서의 우월권을 인정했습니다.

한반도를 둘러싼 지배권우월권. 주도권 다툼은, 청·일전쟁에서 청이 탈락하고, 1~2차 영·일동맹으로 영국이 손을 뗍니다. 그리고 가쓰라·태프트밀약으로 미국도 떨어져 나갑니다. 마지막으로 남은 러시아는 러·일전쟁에서 패배함으로써 떨어져 나갔습니다. 러시아는 전쟁에서의 패배와 한반도에서의 일본 지배권을 인정하는 조약을, 미국 대통령 루스벨트의 주선으로 일본과 체결합니다. 그 조약이 포츠머스조약1905.8입니다. 포츠머스는 미국 뉴우 햄프셔 주에 있는 작은 군항이었습니다.

한반도를 둘러싸고 지배권을 놓고 힘겨루기를 했던 강대국들은 청·영국·미국·러시아 순서로 일본에 의해, 전쟁 또는 동맹조약의 방식으로 삭제되었습니다. 이제 남은 것은 일본뿐이었습니다. 일본이 어떤 방식으로 지배하든 간여 관계하여 참견함할 나라가 없어진 것입니다. 이 말은 대한제국을 도와줄 나라가 없어졌다는 뜻입니다. 대한제국의 불행이고 슬픔이었습니다. 포츠머스조약 체결 직후, 일본이 대한제국에 강압하여 체결한 조약이 을사조약1905.11입니다. 대한제국의 외교권을 박탈한 을사조약의 체결로, 대한제국은 일본의 실제적 지배 아래 놓이게 됩니다. 통상적으로 보통의 경우 한민족한반도를 일제일본제국 또는 제국주의 성향을 지닌 일본가 1910년에서 1945년까지 35년간 지배했다고 말하지만, 일제의 한민족 지배는 실제적으로 1905년에서 1945년까지 40년입니다.

예나 지금이나 지도자의 무능과 무기력은 구성원들을 힘들게 하는 법입니다. 선출직 지도자인 경우에 지도자를 잘 선택해야 합니다. 선출직 지도자를 잘 선택하는 방법은 구성원 스스로가 똑똑해지는 것입니다. 국민들의 정치적 수준이 높아져야 합니다. 그것을 민도民度. 국민의 생활이나 문화 수준의 정도. 정치적 수준라고도 합니다. 민도를 높이는 방법은 국민들 스스로가 정치에 관심을 갖고 배움을 지속적으로 행하는 것입니다. 책이든 신문이든 인터넷뉴스든 유튜브든, 주어진 정보에 대한 사실 여부그러함과 그렇지 않음의 확인을 지속적으로 하는 것입니다. 국가의 수준은 정치,

경제, 사회, 문화의 차례로 발전합니다. 최우선에 정치가 있습니다. 경제 삶가 힘들고 사회가 안정적이지 못하고 선진 문화가 제대로 창달거침없이 쭉쭉 뻗어 나감하지 못하고 있다면, 그 근저밑바탕에는 제대로 되지 않은 정치가 있는 것입니다. 투박하게 말하면, 국민의 정치적 수준이 국가의 수준이라고 할 수 있습니다. 국민의 수준이 국가의 수준입니다.

23 을사조약

을사조약은 을사년1905에 러·일전쟁에서 승리한 일본이 조선대한제국에 강압적으로 체결한 조약입니다. 그래서 을사늑약강제로 맺은 조약이라고도 합니다. 일본이 조선의 외교권을 빼앗기 위하여 강제적으로 맺은 조약으로, 제2차 한·일협약이라고도 합니다. 공식적인 명칭은 한·일협상조약입니다.

을사조약의 핵심적 내용은 일본이 조선대한제국의 외교권을 박탈빼앗음하고, 동시에 조선의 외교를 관장일을 맡아서 주관함하기 위해 황제고종 아래에 일본인 통감을 둔다는 것이었습니다. 이에 따라 1906년에 통감부가 설치되고, 이토 히로부미가 초대1대 통감이 되어 조선을 통치합니다. 이로써 조선에서 일본인에 의한 통감정치가 시작되었습니다. 통감統監은 정치나 군사 등의 모든 일을 통솔統率하고 감독監督하는 사람을 말합니다.

원래 조약의 내용대로라면 통감은 조선에서 외교에 관한 업무만 관장해야 하지만, 실제로는 통감이 조선의 모든 국정나라의 정치을 관장했기에, 조선의 통치권국민과 국토를 다스리는, 국가의 최고지배권. 주권에 의하여 결정된 국가 의사를 실현하는 무조건적 권력은 사실상 일본에 넘어간 것이나 마찬가지였습니다. 이토 히로부미에 의한 통감정치의 실시로 조선의 주권을 사실상 일제에 빼앗기고 만 것입니다. 흔히 일제일본제국주의. 일본제국의 한반도 지배는 1910년~1945년까지 35년간이라지만, 실제로는 을사조약이 강제로 체결된 1905년~1945년까지 40년간이라고 할 수 있습니다. 1906년은 통감정치로 일제는 한국을 간접 지배했고, 1910년부터 총독정치로 일제는 한국을 직접 지배했던 것입니다.

을사조약에 찬성 또는 용인용납하여 인정함해 조약에 서명한 다섯 명의 대신장관들을 흔히 '을사5적'이라고 합니다. 학부대신 이완용, 내부대신 이지용, 외부대신 박제순, 군부대신 이근택, 농상공부대신 권중현이 그들입니다. 이들을 암살하기 위해 나철과 오기호는 을사5적 암살단을 조직하여 활동합니다. 또한 을사조약의 불법적이고 강압적인 체결에 항거대항하여, 자결하기도민영환 등, 의병을 일으키기도신돌석 등, 반일 논설을 쓰기도장지연 등, 반대 상소를 하기도조병세 등, 특사를 파견하기도헤이그 파견합니다. 모두 을사조약을 무효화하기 위한 노력이라고 할 수 있습니다.

을사조약이 불법적이고 부당한 이유는, 체결 당시 대한제국大韓帝國의 주권자는 황제인 고종이었습니다. 대한제국의 헌법대한국 국제 제9조에는 '대한제국의 주권은 대한제국 황제에게 있으며, 황제는 조약 체결권을 갖고 있다.'라고 되어 있습니다. 을사조약은 주권자군주국에서는 군주였던, 조약 체결권자였던, 고종의 위임책임을 지워 맡김도 서명자기의 이름을 써넣음도 날인도 장을 찍음도 비준잘 따져보고 검토해본 후에 승인함도 없었기에, 불법이고 부당이치에 맞지 아니함한 조약이 되는 것입니다.

을사조약이 강압적으로 체결되자, 고종은 조약의 부당함과 일본의 침략을 폭로하고 국제사회에 도움을 요청하고자, 1907년 네덜란드 헤이그에서 열린 만국평화회의에 이상설·이준·이위종을 특사특별한 임무를 띠고 외국에 파견되는 사람로 파견합니다. 하지만 특사 파견은 일본과 영국일본의 동맹국의 방해로 회의장에 참석하지 못해 그 뜻을 이루는 데 실패합니다.

일본은 고종의 헤이그특사파견을 구실로문제 삼아, 고종을 강제로 퇴위1907.7 시킵니다. 고종을 강제로 퇴위시키는 중심에는 이완용이 있었습니다. 이완용은 일본이토 히로부미의 사주남을 부추겨 좋지 않은 일을 시킴를 받고, 고종에게 양위임금의 자리를 물려줌할 것을 강요합니다. 그는 한때 고종이 가장 총애남달리 귀여워하고 사랑함했던 인물이었습니다.

고종을 강제로 퇴위시킨고종 다음의 순종은 조선의 마지막 임금 일본은 한·일신협약정미7조약. 1907.7의 체결을 강요합니다. 이 조약은 통감이 추천하는 일본인을 대한제국의 관리로 임명하게 하여, 행정 각부에 일본인 차관장관 바로 아래의 관직이 임명함으로써 행정권을 장악하게 한 것입니다. 일본인 통감이토 히로부미 밑에 행정 각부의 장관은 한국인이나, 차관은 일본인이 됨으로써 실권은 장관이 아닌 차관이 갖게 된 것입니다. 이를 차관정치라고 합니다. 한·일신협약에 의한 차관정치의 실시로 대한제국은 일본에 행정권마저 빼앗기게 됩니다.

이어 일본은 대한제국의 국가 재정이 부족하다는 구실로 군대마저 해산시켜 군사권을 빼앗아1907.7 갑니다. 군사권의 박탈은 일본이 대한제국의 국권주권과 통치권을 침탈해가는 과정에서, 혹시나 모를 군사적 저항을 제거하기 위함이었습니다. 이처럼 일본은 헤이그 특사 파견을 구실로 고종을 강제로 퇴위시키고, 행정권과 군사권마저 빼앗아 갔습니다. 그 후 일본은 다시 기유각서1909.7를 체결하여 사법권과 감옥사무도 강탈합니다. 또한 경찰권1910.6도 강탈합니다. 1910년 8월 22일 당시 총리대신국무총리 자격이던 이완용과 통감 데라우치 마사다케 사이에 국권피탈조약한일합방조약이 체결되고, 8월 29일에 공포함으로써, 조선은 27대 518년 만에 생명을 거두게 됩니다.

합방合邦은 나라를 합치는 것을 말합니다. 또는 병합倂合이라고도 합니다. 병합이란 둘 이상의 단체나 나라 따위를 하나로 아울러倂. 여럿을 모아 한 덩어리나 한 판이 되게 하다. 어우르다 합하는 것을 말합니다. 병합의 비슷한 말은 합병입니다. 일본이 무력군사력으로 조선을 일본에 합치기한데 모으다 한 것입니다. 조선은 국권주권과 통치권을 일본에게 피탈강제로 빼앗김 당한 것입니다. 이 사건을 과거에는 경술년1910 국가의 수치라고 하여 경술국치庚戌國恥라고도 불렀습니다. 지금은 '국권피탈'이라고 부릅니다. 우리 입장에서 보면 국권피탈입니다. 또는 병합·합병이라는 말도 사용합니다. 일본은 합방이라고 우깁니다.

국권피탈조약의 제1조에 '한국 황제 폐하는 한국 전체에 관한 통치권을 완전하고도 영구히 일본 황제 폐하에게 양여넘겨줌. 양도한다.'고 함으로써, 우리는 국권을 일제제국주의적 성향을 가진 일본국에 빼앗겨 그들의 노예가 됩니다. 한반도의 주인은 일본인이 되었고, 우리는 그들의 노예가 된 것입니다. 주인이 노예에게 요구하는 것은 무조건적인 복종입니다. 한민족은 그들에게 이유 없는 복종을 강요당하고 살아야 했습니다. 국가가 없는 국민은 손톱이 없는 손가락과 같습니다. 손톱이 없는 손가락은 쓰라린상처가 쓰리고 아리다 고통을 오랜 기간 동안 감내견딤하고 살아야 했습니다.

당연한마땅하다. 이치로 보아 옳다 것은 당연히틀림없이 존재하는 것이 아닙니다. 당연한 것을 소중히 여기고 그것을 지키려고 애쓸 때, 당연히 존재하는 것입니다. 주인으로서의 권리인 주권은 당연히 주어지는 것이 아닙니다. 1910년의 일제에 의한 국권피탈은 우리들에게 이러한 사실과 진실을 명확히 보여주고 있고, 이러한 쓰라림은 아직도 진행 중입니다. 2019년 1월 28일 일본군 위안부 피해자였던 김복동 할머니께서, 일본의 사과를 받지 못하고 돌아가셨습니다. 김복동 할머니께서 일평생을 원통하게 사시다가 돌아가신 이유는, 조선이 일제에 국권을 강탈당했기 때문입니다.

24 의병항쟁

옳다고義 여기는 일을 위하여 싸우러 나선 병사兵士를 의병義兵이라고 합니다. 의병義兵은 정의正義를 지키기 위해 자발적으로 조직된 민병民兵. 민간인으로 구성된 부대을 뜻하는 말입니다. 외적의 침략에 맞서 자발적으로 조직된 민간인 무장단체가 의병입니다. 조선시대의 의병활동은 크게 왜란·호란·일제침략기에 나타납니다. 나라가 있어야 내 고장도 가정도 가족도 존재할 수 있습니다. 애국심과 애향심고향을 사랑하는 마음의 바탕에는 이름 없는 의병들의 가족에 대한 사랑이 있었을 것입니다. 사랑하는 가족과 고장, 국가를 위해 그들은 분연히떨쳐 일어서는 기운이 세차고 꿋꿋한 모양 농기구 대신 무기를 들었습니다.

한말대한제국의 마지막 시기 의병활동은 크게 세 차례에 걸쳐 일어납니다. 명성황후 시해와 단발령이 원인인 을미의병1895, 을사조약의 강압적 체결이 원인인 을사의병1905, 고종 강제퇴위와 군대 강제해산이 원인인 정미의병 1907입니다. 위정척사운동을 계승한 한말 의병은, 일제에 빼앗겨가는 국권주권과 통치권을 수호하기 위해 힘을 모읍니다. 을미의병에는 양반 유생선비 출신으로 제천의 유인석, 춘천의 이소응 등이 의병장으로 활약했습니다. 을미의병은 한말 최초의 의병 활동이었지만, 고종의 해산 명령으로 흩어지고 말았습니다. 을미의병은 왕과 국가를 지킨다는 명분으로 거사큰일을 일으킴했는데, 왕이 해산하라고 하니 할 수밖에 없었습니다.

을사조약의 강압적 체결에 반발하여 일어난 을사의병은 양반출신 의병장으로 민종식·최익현·정용기 등이 활약했고, 평민 출신 의병장으로 신돌석이 유격전게릴라 전술으로 유명했습니다. 평민 출신이 의병장이 될 수 있었다는 것은 그만큼 이전보다 계급의식이 옅어졌다고 할 수 있습니다. 을사의병 때부터 의병활동 범위가 전국적으로 확산됩니다.

한편 일제가 헤이그 특사파견을 구실로 강압적으로 고종을 퇴위시키고, 반발을 우려하여 군대마저 해산시켜 버리자, 해산당한 군인들이 의병에 가세힘을 보태거나 거듦합니다. 이를 정미의병1907이라고 합니다. 특히 시위대 대대장이었던 박승환의 자결을 계기로 중앙군인 시위대와 지방군인 진위대의 군인들이 합류합니다. 이로써 의병은 활동에서 전쟁으로 싸움의 성격이 전환됩니다. 또한 정규정식 군사훈련을 받은 군인들이 가세함으로써 의병의 더욱 규모나 전투력은 더욱 향상됩니다. 정미의병 때의 평민포수 출신 의병장으로는 홍범도·차도선이 있습니다. 포수는 총으로 짐승을 잡는 사냥꾼을 말합니다. 정미의병 때 활약한 대표적인 의병장으로는 원주의 민긍호, 문경의 이강년 등이 있습니다.

의병의 목표는 분명했습니다. 침략자 일본군을 한반도에서 몰아내고 빼앗겨 가는 국권을 지키는^{수호} 일이었습니다. 그러기 위해서는 흩어진 힘을 모아야 했습니다. 의병들을 모아 황제^{순종}를 장악하고 있는 일본군을 서울에서 몰아내야 했습니다. 그래서 이인영·허위 등의 양반 출신 의병장을 중심으로, 전국의 의병 1만여 명이 경기도 양주에 집결^{1907.12}합니다. 그리고 '13도창의군'이라는 이름으로 허위를 선발대로 서울진공작전^{1908.1}을 개시^{행동이나 일 따위를 시작함}했지만 일본군의 저항으로 실패합니다. 창의^{倡義}는 국난^{나라가 존립하기 어려울 정도로 위태로운 나라 전체의 어려움}을 당하였을 때 나라를 위하여 의병을 일으키는 것을 말합니다. 진공^{진격}은 적을 치기 위하여 앞으로 나아가는 것을 말합니다. 전국의 의병을 모아 서울로 진격하여 통감부를 격파하고 국권을 회복하고자 1907년 12월 경기도 양주에서 조직된 전국^{13도} 의병부대가 13도창의군입니다.

　적은 외부보다 내부에 있는 경우가 많습니다. 구심력^{원의 한가운데로 나아가려는 힘}을 키워야 원심력^{원의 바깥으로 나아가려는 힘}을 발휘할 수 있습니다. 신돌석이나 홍범도와 같은 유능한 의병장들은 평민 출신이라는 이유로 이 전투의 중심에서 배제^{받아들이지 아니하고 물리쳐 제외함}되었습니다. 힘을 모아도 어려운 상황에서 힘을 한 곳으로 모으지 못한 것입니다. 그 이유는 양반이라는 계급의식에 사로잡혀, 의병의 역할이라는 본질을 보지 못했기 때문입니다. 본질은 침략적인 일본군을 한반도에서 몰아내는 것이었습니다. 그 본질을 이루기 위해 무엇을 얼마나 모으고 집중시킬 것인가에 대한 치열함이 부족했습니다. 총대장 이인영은 아버지가 돌아가셨다고 주둔지를 떠나가 버렸습니다. 그가 가면서 한 말은 '불효는 곧 불충이다'

였다고 합니다. 조선시대에는 국가에 대한 충과 부모에 대한 효가, 가치 충돌을 일으킬 땐, 대체로 충보다 효를 따르는 경향이 있었습니다. 그렇다고 배고프고 혹독하게 추운 겨울에, 일본과 싸우자던 총대장이 부하들을 남겨두고 의병부대를 떠난다는 것을 어떻게 받아들여야 할지 여러분의 판단에 맡깁니다.

서울진공작전이 실패한 이후, 의병부대들은 흩어져 각기 독자적인 항일투쟁을 1909년까지 하지만, 약한 군사력과 일본군의 대규모 진압초토작전으로 국내에서의 활동이 어려워져 국권이 피탈된 1910년 이후에는 대부분 만주나 연해주로 이동합니다. 국내에서 국권 수호를 위해 일본군과 싸우던 의병들은 만주와 연해주로 이동해, 독립군으로서 국권회복 투쟁을 전개합니다. 초토화 작전은 모든 시설이나 물자를 적군이 이용할 수 없도록 모조리 파괴하거나 불을 질러 없애는 작전을 말합니다. 일본군은 의병의 근거지를 없애기 위하여, 양민순박한 백성을 학살하고 마을을 불태우고 곡식을 탈취했습니다.

한편 일제제국주의적 성향을 가진 일본의 한반도 식민지화 속도가 빨라지면서, 의병 이외에 일제에 맞서는 방법이 모색일이나 사건 따위를 해결할 수 있는 방법이나 실마리를 더듬어 찾음됩니다. 그 핵심은 침략자 일제의 머리우두머리를 치는 것입니다. 당시 한반도 침략의 우두머리는 통감부의 통감 이토 히로부미 였습니다. 안중근 의사는 '대한의군참모중장'이라는 이름으로 의병투쟁을 하던 의병장이었습니다. 안중근 의사는 의병장으로서 침략의 원흉못된 짓을 한 사람들의 우두머리 이토 히로부미를 사살합니다. 장군은 군대의 우두머리로 군을 지휘하고 통솔하는 무관을 말합니다. 안중근 의사는 의병의 지휘관이었습니다. 따라서 태백산 호랑이 신돌석 장군처럼, 안중근 의사는 안중근 장군이었습니다. 안중근 장군은 이토 히로부미를 개인적인 원한으로 사살한 것이 아니라, 의병장으로서 적장敵의 장수을 죽인 것으로 인정받기를 원했습니다. 물론 일제는 그분의 당당한 요구를 들어주지 않았습니다.

　의사義士는 주로 무력으로 행동을 통해서 큰 공적을 세운 사람을 말합니다. 무력으로써 항거하다 의롭게 죽은 사람을 의사라고 하며, 맨몸으로써 저항하여 지조원칙과 신념을 굽히지 아니하고 끝까지 지켜나가는 꿋꿋한 의지를 나타내는 사람을 열사烈士라고 합니다. 죽음으로 정신적인 저항의 위대성을 보인 사람을 열사라고 합니다. 유관순 열사, 이준 열사, 이한열 열사, 안중근 의사, 윤봉길 의사는 앞의 기준으로 사용한다고 생각하면 됩니다. 참고로 의사와 열사의 차이를 확연히 구분하기 어렵습니다. 본질은 의사와 열사가 아니라, 그분들의 멸사봉공滅私奉公. 사익을 버리고 공익을 위하여 힘씀의 정신이 아닐까 합니다.

25 애국계몽운동

애국계몽운동은 국민을 계몽모르는 것을 일깨워 알게 하는 것. 일러 주거나 가르쳐서
깨닫게 하는 것하여 애국심과 실력을 길러, 그것을 바탕으로 국권주권과 통치권
을 회복수호하려던 국권회복운동주권수호운동입니다. 한말대한제국 마지막 시기
국권회복을 위한 민족운동에는 크게 두 갈래가 있었습니다. 하나는 위
정척사사상의 영향을 받은 양반유생들이 중심이 된 의병항쟁입니다. 다
른 하나는 개화사상의 영향을 받은 개화지식인이 중심이 된 애국계몽운
동입니다.

의병항쟁은 무력군사상의 힘으로 일제와 맞서 싸워 국권을 회복하자는
것이고, 애국계몽운동은 무력보다, 교육과 산업의 육성으로 민족의 실
력을 키워 국권을 회복하자는 입장이었습니다. 의병항쟁은 단기적 차원
의 국권회복을 애국계몽운동은 장기적 차원의 국권회복을 추구했다고

할 수 있습니다. 의병항쟁은 '실력보다 무력이다'는 입장이고, 애국계몽운동은 '무력보다 실력국력이다'는 입장이었습니다. 그러나 두 민족운동의 목표는 국권회복주권수호로서 동일합니다. 다만 그 목표를 이루는 방법에 대한 생각의 차이가 존재하는 것입니다. 소위이른바 노선일정한 목표를 이루기 위한 견해나 활동 방침이 다른 것입니다. 목표Why는 같으나, 목표를 이루는 방법How에서 생각의 차이가 존재했던 것입니다.

개화사상에서 개화운동·갑신정변·독립협회로 이어져 오다가 독립협회의 해산으로 흐름이 잠시 중단되었습니다. 그러다가 을사조약강제체결을 계기로 일제에 의해 사실상 주권이 상실되어 가자, 그대로 있어서는 안 된다는 자각에서 애국계몽운동이 전개됩니다. 애국계몽운동은 밖으로는 외세일제의 침략에 맞서 민족의 자주독립을 안으로는 계몽으로 자유와 평등의식을 갖게 하여 민주적 근대국가를 이룩하고자 하였습니다. 애국계몽운동을 주도한 개화지식인들은 대한제국민족이 위기에 처한 것은 실력국력이 약하기 때문이라고 생각했습니다. 실력을 키우는 방법은 외국의 선진 과학기술을 받아들이는 것이고, 선진 과학기술을 받아들이는 방법은 교육하는 것이라고 본 것입니다배워야 산다. 교육을 통해서 국민을 계몽하고 교육을 통해서 선진 과학기술을 받아들여야 산업이 발전하고, 산업이 발전해야 부국강병해지고, 부국강병이 곧 실력이고, 실력을 갖춰야 국권회복이 가능하다는 입장이었던 것입니다. 부국나라를 부유하게 만듦의 방법은 식산흥업생산을 늘리고 산업을 일으킴. 경제발전이었습니다.

세상은 적자생존, 강자생존강한 자만이 살아남는다이기에 국가와 민족의 존립생존을 위해서는 적자적응하는 자와 강자힘이나 세력이 강한 사람이나 집단가 되어야 한다는, 사회진화론의 영향을 애국계몽운동을 받았습니다. 생물체는 살아남기 위해 환경에 적응하는 과정에서 점차 진화했다고 하는 찰스 다윈의 생물진화론을 인간사회에 그대로 적용하여 말하는 것이, 사회진화론입니다. 사회진화론은 '자연과 마찬가지로, 인간사회 역시 철저하게 살아남기 위한 경쟁이고, 경쟁에서 살아남은 사람들이 사회를 발전시킨다.'라고 하는 주장입니다. 인간사회도 약육강식_{약한 자가 강한 자에게 먹힌다는} 뜻으로, 강한 자가 약한 자를 희생시켜서 번영하거나, 약한 자가 강한 자에게 끝내는 멸망됨을 이르는 말이라고 보는 것입니다. 이러한 사회진화론은 제국주의적인 침략과 식민지 지배의 논리가 되었습니다.

애국계몽운동은 우리 민족도 실력_{국력}을 키워 강자가 되어야 한다는 것이고, 그것을 위해서 선행_{딴 일에 앞서 행함}되어야 할 것이 계몽이라고 생각했습니다. 모르는 것을 일깨워 알게 하는 것이 계몽인데, 개화지식인들은 계몽의 방법으로 언론과 교육에 집중합니다. 교육을 위해서 이승훈은 오산학교를, 안창호는 대성학교를 세워 신지식과 애국심을 가르칩니다. 아울러 언론_{매스컴. 매체를 통하여 어떤 사실을 밝혀 알리거나 어떤 문제에 대하여 여론을 형성하는 활동} 활동도 전개합니다. 언론의 역할은 신지식과 세상의 정보_흐름를 알리고 애국심을 고취_{의견이나 사상 따위를 열렬히 주장하여 불어넣음}하는 것이었습니다.

당시는 지금처럼 TV나 인터넷이나 스마트폰, 유튜브 등의 언론 매체_{어떤 작용을 한쪽에서 다른 쪽으로 전달하는 물체. 또는 그런 수단}가 없었습니다. 대표적인 언론매체가 신문이나 잡지였습니다. 신문으로 황성신문과 대한매일신보가 창간_{신문. 잡지 따위의 정기 간행물의 첫 번째 호를 펴냄}됩니다. 황성신문은 1898년 국민을 계몽하고 일본의 침략을 알리기 위해 남궁 억 등이 발행한 일간 신문입니다. 한글과 한문을 섞어^{국한문} 혼용 간행하였으며, 을사조약이 강제로 이루어진 과정과 장지연의〈시일야방성대곡〉을 실어 일제의 침략에 저항하였습니다. 이 때문에 장지연은 체포되고 신문은 정지당했으며, 일본에게 국권을 빼앗긴 뒤에는 폐간되었습니다. 시일야방성대곡 是日也放聲大哭은 1905년 11월 20일 황성신문에 실린 장지연의 논설로서, 을사조약의 부당성을 비판하는 내용이었습니다. 시일야방성대곡은 '이 날에 목 놓아 통곡하노라'라는 뜻입니다. 여기서 '이 날'은 을사조약이 강압적으로 체결된 1905년 11월 17일을 말합니다. 황성 皇城은 황제가 있는 나라의 서울이라는 뜻입니다. 대한매일신보는 1904년 영국 출신의 기자 베델이 양기탁 등의 도움을 받아 창간하였습니다. 이 신문은 당시 일본의 동맹국이었던 영국인 베델이 발행인이었기 때문에, 일제의 언론 탄압에서 어느 정도 벗어날 수 있었습니다. 애국계몽운동이나 의병항쟁 관련 기사를 많이 실어 민족 여론을 불러일으키는 데 공헌하였습니다.

애국계몽운동을 전개했던^{애국계몽을 부르짖던} 정치·사회단체로는 보안회, 헌정연구회, 대한자강회, 신민회 등이 있었습니다. 보안회 保安會는 대한제국 때 국가와 국민을 안전 安全하게 보호 保護하자는 취지에서 원세성의 주도로 결성한 단체 會입니다. 보안회는 1904년 원세성 등이 일제의 황무지 개척권 요구를 막기 저지하기 위해 조직한 단체입니다. 일제가 조선의 황무지 손을 대어 거두지 않고 내버려 두어 거친 땅를 일본인이 개척 거친 땅을 일구어 논이나 밭과 같이 쓸모 있는 땅으로 만듦. 개간하도록 대한제국 정부에 압력을 가하자, 이에 보안회가 결성되어 이를 저지하는 운동을 했습니다. 일제가 우리의 황무지를 개척하겠다는 이유는 우리의 토지를 약탈하기 위해서였습니다. 이후 일제의 집요한 탄압으로 보안회는 해체되고 말았습니다.

농경사회에서 가장 중요한 생산수단은 토지입니다. 생산수단은 생산물재화, 서비스 등을 만들어 내는 수단도구을 말합니다. 생산물은 생산수단에 의해서 만들어지는 물건을 말합니다. 생산수단을 소유하고 지배하는 자가 그 사회공동체를 지배하는 것입니다. 일제가 가장 먼저, 토지의 소유강탈에 집중한 이유가 그것입니다. 보안회는 황무지토지만을 지키는 것이 나라와 민족을 지키는 일이었기 때문에, 국민을 안전하게 보호하겠다는 취지에서 그렇게 이름명칭을 정한 것으로 생각됩니다.

모든 공부를 할 때는 그때마다 사용되는나타나는 명칭의 의미 파악에 집중할 필요가 있습니다. 여러분의 이름처럼 누구나 명칭을 붙일 때는 의미를 둡니다. 그 명칭의 의미를 추적하다 보면 예기치 않은 보석을 발견합니다. 참고로 현재와 미래의 생산수단은 인공지능AI과 빅데이터 등일 것입니다. 생산수단과 법을 지배하는 자가 그 사회의 지배자입니다. 현재 대한민국의 생산수단과 법은 누가 장악하고 있을까요? 대한민국은 자본주의 국가입니다. 자본가의 자유로운 이윤추구를 보장하는 사회가 자본주의 사회입니다.

헌정연구회憲政研究會는 1905년에 이준 등이 입헌정치立憲政治에 관한 여러 연구研究를 통해 민족독립과 민주정치 발전을 추구하고자 만든 단체입니다. 헌정연구회는 민중계몽과 민족의 독립의식애국심 고취를 위해 노력했습니다. 헌정연구회 근대적인 입헌정치체제 수립을 목표로 활동하였습니다. 헌정憲政은 입헌정치헌법에 따라 행하는 정치를 줄여 이르는 말입니다. 대한자강회大韓自强會는 1906년 윤치호, 장지연 등이 대한제국大韓帝國은 스스로自 강强해져야 한다는 취지로 조직한 애국계몽운동 단체會입니다. 따라서 교육진흥과 산업발전을 기본 강령정당이나 사회단체 등이 그 기본 입장이나 방침. 큰 줄거리으로 삼았습니다. 장지연은 교육과 산업을 일으켜 세우는 것이 주권 회복의 기초라고 생각했습니다. 대한자강회는 고종의 퇴위와 순종의 즉위에 반대하는 국민운동을 전개하다가 이완용 등에 의해 강제로 해산1907당합니다. 대한자강회는 대한협회로 거듭납니다새롭게 시작하다.

신민회新民會는 새로운新 국민國民을 기르기 위한 모임會이라는 뜻입니다. 1907년 안창호·윤치호·장지연·신채호·박은식 등이 중심이 되어, 국권회복을 목적으로 조직한 항일비밀결사단체비밀독립운동단체입니다. 비밀결사는 종교적 또는 정치적 목적을 달성하기 위하여 그 목적·조직·행동·소재있는 곳 등을 비밀로 하는 결사여러 사람이 공동의 목적을 이루기 위하여 단체를 조직함. 또는 그렇게 조직된 단체를 말합니다. 신민회는 국권회복 후에, 새로운 나라의 정치체제국가체제로 입헌군주제 대신 왕이 없는 공화정을 채택하고자 했습니다. 이를 위해 전체 국민의 실력 양성운동을 추진했습니다. 오산학교, 대성학교 등의 학교를 설립했으며, 각종 강연과 출판운동 등을 전개했습니다. 출판물서적 보급을 위해 '태극서관'을 설립했고, 민족자본 육성을 위해 평양에 자기그릇회사를 세웠습니다. 만주에 독립운동기지와 신흥무관학교도 설립했습니다. 그러나 이러한 신민회의 비밀독립운동은 결국 일제의 탄압을 받아, 1911년 일제가 조작한 '105인 사건'으로 해산되고 말았습니다. 태극서관은 1905년 이승훈 등이 평양에서 서적이나 유인물의 출판과 공급을 목적으로 설립한 서점입니다. 신민회원들의 연락장소 및 집회장소로 자주 활용되었습니다.

1910년 안중근 의사의 사촌동생인 안명근 등이 황해도 신천에서 무관학교의 설립자금을 모집하다가 민병찬의 밀고로 체포된 사건을 안악사건^{일명 안명근 사건}이라고 합니다. 일제는 신민회를 탄압·해체하기 위하여 신민회가 안악사건을 배후에서 조종한 것처럼 조작^{어떤 일을 사실인 듯이 꾸며 만듦}, 날조^{사실이 아닌 것을 사실인 것처럼 거짓으로 꾸밈}하여 양기탁·이승훈·윤치호 등 애국지사 600여 명을 체포하고 모진 고문 끝에, 105명을 유죄선고하고 감옥에 가두었습니다. 이를 '105인 사건'이라고 합니다. 이 사건으로 신민회의 핵심 인물들이 구속됨으로써 신민회의 조직은 사실상 무너지고 말았습니다. 안악은 황해도 북서부에 있는 군^郡을 말합니다.

신민회는 왕이 없고 국민이 뽑은 대표가 국가를 이끌어가는 공화정이라는 정치체제를 가진, 독립된 국가를 세우는 것이 설립 목적이었습니다. 이를 위해선 국민을 계몽해야 하고, 계몽에는 교육^{오산학교·대성학교·신흥무관학교}과 언론^{대한매일신보}이 필요하고, 산업을 발전^{자기회사·태극서관}시켜야 하고, 애국계몽운동의 취약 사항인 무력^{신흥무관학교·국외독립운동기지}도 키워야 했습니다. 이 모든 것을 한마디로 하면 실력양성운동이 되는 것입니다. 애국계몽운동의 실력양성 방법은 교육·언론·식산흥업^{경제발전}이었습니다. 신민회는 이러한 일에 집중했던 비밀결사단체였습니다.

한편 일제는 대한제국을 근대화시킨다는 구실로, 대한제국이 일본으로부터 차관^{다른 나라로부터 돈을 빌려옴}을 하는 형식^{모양새}으로 돈을 가져와, 대한제국에 거류^{남의 나라 영토에 머물러 삶}하던 일본인들이 편리하게 사는 데 필요한 도로·수도·은행·학교·병원 등 각종 근대시설을 마련합니다. 이 과정에서 대한제국은 당시 돈으로 1,300만 원이라는 큰 빚국채. 외채을 지게 됩니다. 국채 1,300만 원은 1906년 당시 대한제국 정부의 2년 치 총예산액과 맞먹는 액수였다고 합니다. 이로써 대한제국은 경제적재정적으로 일제에 예속종속. 남의 지배나 지휘 아래 놓임될 수밖에 없었습니다.

국채國債. 나랏빚는 나라가 다른 나라에 지고 있는 빚을 말합니다. 보상報償은 남에게 진 빚 또는 받은 물건을 갚음을 의미합니다. 국채보상운동國債報償運動은 대한제국이 일본에 진 빚國債을 갚아서報償, 경제적으로나마 일제의 예속노예화에서 벗어나 독립하자는 운동입니다. 국채보상운동은 1907년 대구에서 서상돈 등의 제안으로 시작되어 대한매일신보의 후원을 받아 전국으로 확산되었습니다. 국민들은 담배와 술을 끊고 그 돈을 성금으로 내는 등 적극 참여하였고, 여러 단체와 언론기관도 모금운동에 참여하였습니다. 국채보상운동은 경제적 자주성을 찾으려는 민족운동의 성격을 띠고 전개되었으나, 통감부의 압력과 일진회송병준 등이 만든 친일매국단체의 방해로 그 뜻이 좌절어떠한 계획이나 일 따위가 도중에 실패로 돌아감되고 말았습니다.

26 무단통치

무단武斷은 무력이나 억압을 써서 강제로 행함을 말합니다. 통치統治
나라나 지역을 도맡아혼자서 책임을 지고 몰아서 모든 것을 돌보거나 해내다 다스리는
것을 말합니다. 모든 일을 무인군인의 무력武力. 군사상의 힘. 총칼으로써 강압
적으로 결단하는決斷. 행하는. 결정하는, 통치다스리는의 방식방법을 무단통치라
고 합니다. 군인헌병경찰이 가진 총칼로써 한민족을 다스리던 일제의 식민
통치방식을 무단통치라고 합니다.

한일합병1910.8.29. 경술국치으로 대한제국조선은 멸망하고, 우리 민족의
국권통치권과 주권은 일제제국주의적 성향을 지닌 일본국로 넘어가게 됩니다. 흔히
하는 말로, 일제에 국권을 피탈강제로 빼앗김 당한 것입니다. 주인으로서
의 권리인 주권을 일제에 빼앗긴 것입니다. 우린 여기서 기억해야 할 것
이 있습니다. 거칠게 말해, 도둑놈은 도둑질하는 것이 사기꾼은 남을 속

이는 것이 본업본디 하는 일입니다. 우린 도둑놈의 도둑질을 막기 위해 어떤 노력을 했으며, 사기꾼에게 속지 않기 위해서 어떤 지혜를 가졌는가를 돌이켜 보아야 합니다. 일제제국주의적 성향을 지닌 일본국는 주변국을 침탈하는 것이 본업이었습니다. 그들은 당연히 나쁜 나라지요. 그들은 메이지 유신으로 근대국가로 성장한 뒤부터 가졌던 조선을 정복하자는 논의인, 정한론征韓論을 그들의 계획대로 실천에 옮기고 있을 뿐이었습니다. 그들은 단 한 순간도 조선 정복의 고삐를 늦춘 적이 없었습니다. 그 중심에 있던 인물이 이토 히로부미였고, 그는 안중근 의사에게 사살되었습니다.

이토 히로부미의 후임으로 온 자가, 군인 출신의 통감 데라우치 마사다케입니다. 그가 대한제국의 총리대신이었던 이완용과 몰래 체결한 조약이 한일합병조약1910.8입니다. 합병조약의 체결로 대한제국조선의 국권은 상실되었고, 일제는 통감부를 총독부로 개편합니다. 국권의 상실로 조선은 일본의 식민지植民地가 됩니다. 나무를 심는 것은 식목植木. 심을 식이라고 합니다. 사람을 옮겨 살게 하는 것은 식민植民이라고 합니다. 일제강대국가 조선약소국을 점령정복한 후, 일본인자국민. 自國民들을 조선 땅에 옮겨植 와서 살게 함으로써, 조선을 일본의 땅地이 되게 하는 것을 식민지화植民地化라고 합니다. 한일합병조약경술국치으로 조선은 일제의 식민지가 되었습니다.

일제는 식민지가 된 조선을 효과적으로 지배할 목적으로, 기존의 통감부를 조선총독부로 확대 개편조직 따위를 고쳐 편성함합니다. 1910년 국권피탈로부터 1945년 8·15광복까지 35년간 한반도에 대한 일제의 식민통치

및 수탈기관이 조선총독부였습니다. 조선총독부의 한민족에 대한 첫 번째1910~1919 통치방식이 무단통치였습니다. 무력군사력. 힘에 의한 지배가 무단통치입니다. 따라서 총독부의 우두머리인 총독도 일본군인일본군 현역 대장 출신으로 임명됩니다. 무관군인 출신만이 조선총독부의 총독이 될 수 있었습니다. 총독은 일본 내각수상의 통제를 거의 받지 않고, 일본 국왕의 직접적인 통솔 아래에일본 국왕 직속 있었습니다. 일본 국왕의 마음대로 한민족을 지배한 것입니다. 총독은 행정권·입법권·사법권·군대통수권한 나라 전체의 병력을 지휘하고 통솔하는 권력. 대한민국은 대통령이 갖고 있음을 모두 행사하는, 식민지였던 조선에서의 절대 권력자였습니다. 한민족을 지배하는, 왕의 권력을 능가능력이나 수준 따위가 비교 대상을 훨씬 넘어섬하는 존재가 조선총독부의 총독이었습니다.

총독 아래에는 행정을 담당하는 정무총감과 치안사회질서유지을 담당하는 경무총감이 있었습니다. 총독부의 실제 2인자는 치안을 담당하는 경무총감경찰총장이었습니다. 경무총감은 조선주차헌병사령관조선주둔군의 헌병사령관이 겸임두 가지 이상의 직무를 아울러 맡아봄했습니다. 경무총감은 경찰총장이면서 동시에 헌병사령관이었다는 말입니다. 경찰이 헌병 행세까지 다 하는 것입니다. 그것이 헌병경찰제도입니다. 헌병은 군인경찰입니다. 군대의 경찰이 헌병입니다. 민간인에 대한 사회질서유지의 임무를 맡고 있는 사람들이 경찰입니다. 군인에 대한 군대의 질서유지 임무를 맡고 있는 사람들이 헌병입니다. 대한민국은 경찰과 헌병의 역할이 별도다름입니다. 일제는 헌병에게 경찰 노릇까지 하도록 한 것입니다. 그것이 헌병경찰제도입니다. 헌병은 군인입니다. 군인인 헌병이 손에 들고 옆구리에

찬 것이 총칼입니다. 헌병의 총칼무력로써 한민족을 지배하던통치 방법이 헌병경찰제도인 것입니다. 결국 무단통치의 수단으로써 일제는 헌병경찰제도를 운영한 것입니다. 헌병경찰에 의한 한민족을 통치하기 위해, 일본군 2개 사단과 2만여 명의 헌병경찰 및 헌병보조원을 배치하였습니다. 참고로 일제는 일본국 국민들에게는 헌병과 경찰을 별개별도로 운영했습니다. 당시 일본국에는 헌병경찰제가 없었습니다. 그들의 식민지였던 한반도에서는 헌병경찰을 함께 운영한 것입니다. 깡패들처럼 위압위엄이나 위력 따위로 압박하거나 정신적으로 억누름을 가해 한민족을 지배한 것입니다. 1910년대 일제의 한민족 통치방식이 무단통치이고, 무단통치의 작동운용 시스템이 헌병경찰제도였던 것입니다.

이를 위해 일제는 헌병들에게 막강한더할 수 없이 센 권한을 부여합니다. 헌병들에게는 즉결처분권이 있었습니다. 즉결처분이란 법을 어긴 사람에게, 정식공식적인으로 재판을 거치지 않고일정한 절차 없이, 그 자리에서 벌을 줄 수 있는 권한을 말합니다. 즉결처분은 즉시처리로 이해하면 됩니다. 즉결처분의 형태 가운데 하나가, 태형笞刑입니다. 태형은 몽둥이로 볼기궁둥이를 때리는 것을 말합니다. 태형은 체벌體罰입니다. 체벌은 몸에 직접 고통을 주어 벌하는 것을 말합니다. 헌병경찰의 중요 임무 가운데 하나가 독립 운동가를 찾아내는 것이었습니다. 한민족의 최대 당면 과제는 '독립'이고, 일제의 최대 과제는 한민족의 독립을 저지하는 것이었습니다. 한민족이 독립을 하면, 그들의 식민지는 사라지는 것이고, 그것은 그들의일제 생존존립을 어렵게 한다고 판단하고 있었기 때문입니다. 그 수단으로 태형과 즉결처분은 사용됩니다. 일제에겐 목적을 위해서는 수단과 방법의 정당성은 중요치 않았습니다. 한반도에서 일본 총독의 명령은 곧 법이었습니다. 법을 지배하는 자가 세상을 지배합니다. 총독의 명령을 따르지 않고 반항하는 한국인을 그들은 '불령선인不逞鮮人'이라고 불렀습니다. 일본왕의 '충성스럽고 선량한 백성'이 되기를 거부한 사람이란 뜻입니다. 불령선인은 일제 강점기에, 불온하고 불량한 조선 사람이라는 뜻으로, 일본 제국주의자들이 자기네 말을 따르지 않는 한국 사람을 이르던 말이었습니다. 불령不逞은 원한, 불만, 불평 따위를 품고서 어떠한 구속도 받지 아니하고 제 마음대로 행동하는 사람을 말합니다. 총독과 헌병경찰에게 민족독립 운동가들은 불령선인이었던 것입니다.

한민족의 독립을 저지하기 위해선, 한민족에게 언론·출판·집회·결사의 자유를 주지 말아야 했습니다. 언론·출판의 자유는 인간이 아무런 제약이나 간섭을 받지 않고 표현행위를 할 수 있는 자유를 말합니다. 표현의 자유라고도 합니다. 말에 의한 발언의 자유와 글인쇄에 의한 출판의 자유를 말합니다. 집회의 자유란 다수인이 어떠한 공동목적을 위하여 일시적으로 일정한 장소에 회합여럿이 모이는 일하는 자유를 말합니다. 넓은 의미로는 시위의 자유를 포함합니다. 결사의 자유란 다수인이 공동의 목적을 가지고 계속적으로 단체를 조직하는 자유를 말합니다. 한민족은 일제에 의해 언론·출판·집회·결사의 자유를 박탈빼앗김당하였습니다. 물론 일본이 정한 규칙령을 이를 어기면 처벌을 받았습니다. 수많은 민족지도자들이 이를 어겼다고 하여, 체포·고문·투옥·학살당했습니다. 또한 교사들에게까지 헌병경찰들처럼 제복유니폼을 입히고 칼을 차게 했습니다. 학생들까지 겁박으르고 협박함하며 통치한 것입니다. 세계역사에서 그 유례같거나 비슷한 예를 찾기 어려운 일입니다.

  우리가 일제 강점기를 공부할 때에 염두에 두어야 할 것이 있습니다. 먼저 국제정세를 아는 것입니다. 세계 여러 나라들의 정치적으로 돌아가는 형편추세. 상황. 동태을 먼저 알아야 합니다. 두 번째는 일제의 통치정책지배정책 변화입니다. 일제의 통치정책 변화에 따라, 우리 민족의 대응도 다르게 나타납니다. 무단통치에 맞서는 우리 민족의 대표적인 저항독립운동은 3·1운동과 대한민국임시정부의 수립입니다.

27 3·1운동

   3·1운동은 일제의 식민지 지배방식인, 폭압적^{폭력으로 억압하는} 무단통치
^{헌병경찰통치}와 경제약탈^{토지조사령} 등에 맞선, 거족적^{온 겨레가 참가하는} 민족독
립운동입니다. 독립운동은 일제 강점기^{1910~1945}에, 우리 민족이 독립을
위하여 했던 여러 가지 민족운동을 말합니다. 국권 피탈¹⁹¹⁰ 이후 일제
의 무단통치로 인하여 공개적인 활동이 어려웠던 한민족의 독립운동은
주로 비밀결사의 형태로 이루어졌습니다. 고종의 밀명^{남모르게 명령을 내림. 밀}
^령으로 임병찬이 조직한 독립의군부, 박상진·김좌진 등이 군대식으로 조
직한 대한광복회와 국권 피탈 이전인 1907년 조직되어 활동한 신민회도
비밀결사의 형태입니다. 비밀결사^{비밀단체}는 어떤 목적을 달성하기 위하여
비밀리에 조직된 단체를 의미합니다. 국권 피탈을 전후하여 우리 민족
은 일제 몰래 독립운동 단체를 만들어 독립을 위한 활동을 전개하고 있

었습니다.

이런 국내적인 상황에서 미국 대통령 윌슨의 민족자결주의 주창^{주의}나 사상을 앞장서서 주장함은 독립운동에 새로운 자극이 되었습니다. 제1차 세계대전이 1918년에 끝나고, 연합국의 지도자들이 프랑스 파리의 베르사유 궁전에 모여서, 전쟁 뒤처리를 위해서 회담을 열었습니다. 이 회담을 '파리평화회의^{파리강화회의}'라고 합니다. 베르사유 궁전에서 강화조약이 체결되었기 때문에 베르사유강화조약이라고도 합니다. 강화^{평화}는 싸움을 그치고 화해할 것을 강구^{알맞은 방법을 찾음함}을 의미합니다. 교전국^{전쟁에 참가하고 있는 국가}끼리 싸움을 그만두고 서로 화의^{화해}하는 것을 강화라고 합니다. 파리강화회의에서 가장 영향력이 컸던 나라는 전승국^{전쟁에 이긴 나라} 미국·영국·프랑스였습니다. 일본도 뒤늦게 연합국에 참전하여 전승국이 되었습니다. 참고로 일본은 1차 세계대전에서는 전승국이었고, 2차 세계대전에서는 패전국이었습니다.

파리강화회의^{파리평화회의}에서 전승국^{연합국}인 미국의 대통령 윌슨이, 전후^{전쟁이 끝난 뒤} 문제를 처리하기^{평화} 위한 14개의 원칙을 제시했습니다. 그 가운데 하나가 민족자결주의입니다. 민족자결주의^{民族自決主義}는 각 민족은 정치적 운명^{장래}을 스스로^自 결정^{決定}할 권리가 있으며 다른 민족의 간섭을 받을 수 없다는 주장^{主義}이었습니다. 각 민족의 운명은 그 민족 스스로가 결정해야 한다는 주장이 민족자결주의입니다. 물론 여기서 각 민족은 주로 패전국^{동맹국} 독일이나 오스트리아-헝가리제국, 러시아가 갖고 있던 식민지를 말합니다. 전승국^{승전국. 전쟁에서 이긴 나라}이 지배하고 있던 식민지 민족에게 해당하지 않았습니다.

따라서 일본은 영국·미국 등과 함께 전승국이었기 때문에, 일본이 지배하고 있던 식민지인 한민족에게는 윌슨의 민족자결주의가 해당되지 않았습니다. 윌슨의 민족자결주의는 주로 유럽에서 패전국독일·러시아 등이 갖고 있던 식민지를 처리해결하기 위한 원칙이었습니다. 윌슨의 민족자결주의는 미국의 인도주의적인간의 존엄성을 최고의 가치로 여기고 인종, 민족, 국가, 종교 따위의 차이를 초월하여 인류의 안녕과 복지를 꾀하는 것을 이상으로 하는 사상이나 태도, 인간주의 차원에서 나온 것이라기보다, 단지 패전국의 국력경제력과 군사력을 약화시키는 방법으로써 패전국이 갖고 있던 식민지를 뺏기 위한 명분에 불과했습니다. 윌슨의 민족자결주의는 제1차 세계대전의 전승국이었던 미국 등이, 패전국독일·러시아 등이 갖고 있던 식민지를 전리품전쟁에서, 적군에게서 빼앗은 물품으로 챙기기 위한 명분에 불과했습니다.

예나 지금이나 장래에도 국제사회는 힘과 이익의 논리를 따라가기 마련입니다. 군사력이라는 힘으로 이긴 전승국들은 패전국이 가졌던 식민지상품판매·원료와 식량공급지 등를 이익으로 나누어 가진 것입니다. 다시 말하면 한반도는 전승국인 일본이 갖고 있던 식민지였습니다. 분명한 것은, 한민족은 윌슨의 민족자결주의 원칙의 적용 대상이 아니었습니다.

이러한 역사적 진실을 민족지도자들이 제대로 인식감지, 인지했던 그렇지 않았던, 윌슨의 민족자결주의는 식민지 상태에서 해방과 독립을 열망하던 한민족과 같은 약소민족들에게는 큰 희망이 되었습니다. 또한 1917년 러시아 혁명사회주의 혁명에 성공한 레닌은, 제국주의로부터 주권을 침탈당한 약소민족정치적·군사적·경제적으로 힘이 약하여 다른 나라의 지배를 받는 민족의 독립을 적극 지원하겠다고 약속합니다.

한마디로 러시아는 침략적 제국주의에 반대하며, 오히려 제국주의의 침략으로부터 고통받고 있던 약소민족의 독립을 위해 돕겠다는 것이었습니다. 레닌의 사회주의 혁명의 성공은, 러시아의 제1차 세계대전 패배와 연관이 있습니다. 러시아는 미국·영국·프랑스·일본 등과 같이 제국주의적 성향을 가졌지만, 패전을 계기로 사회주의 혁명이 성공했고, 그러면서 사회주의적인 러시아가 주도하는중심인 세계질서를 만들겠다는 의도에서 약소민족의 독립을 돕겠다고 한 것입니다. 러시아 역시 인도주의적 차원은 아니었다고 할 수 있습니다. 다만 러시아의 힘과 러시아의 이익에 필요했기 때문에 그렇게 말했던 것입니다.

윌슨의 민족자결주의 주창과 레닌의 약소민족의 독립 지원 약속은 맥락이 다소 다르지만, 제국주의적인 열강여러 강대국의 핍박으로 고달픈 삶을 살던 약소민족에겐, 이런 국제정세세계정세의 변화가 희망이 되었던 것은 사실입니다. 이런 국제정세의 변화에서 용기를 얻는 우리 민족은 중국 상하이에서 신한청년당신한청년단을 조직1919.1하고, 김규식을 파리강화회의에 파견하여 일제 식민지 통치의 실상실제의 상황을 폭로하면서, 한국의 독립을 위해 도와줄 것을 호소합니다.

그러나 열강들의 비협조적인 태도로 말미암아 한민족 문제는 파리강화회의에 상정안건을 회의에 올림되지 못하였지만, 대한민국임시정부가 1919년 4월에 수립되면서, 김규식은 다시 대한민국임시정부의 대표임시정부 외무총장로서 독립청원서독립이 이루어지게 도와달라고 부탁하는 글를 제출하는 등의 외교활동을 전개하였습니다. 외교활동을 통해서 한민족의 해방과 독립의 활로고난을 헤치고 살아 나갈 수 있는 길를 찾고자 했던 것입니다. 이것을 '외교론'이라고 합니다.

이러한 독립청원 노력이 국제적으로 설득력이 있으려면, 우리 민족이 독립을 위한 강력한 의지어떠한 일을 이루고자 하는 마음가 있음을 나타내야 했습니다. 자신의 행동과 의사 결정을 스스로 조절하고 통제할 수 있는 능력을 자유의지라고 합니다. 목적을 가지고 스스로 생각하고 결정하는 의지를 자유의지라고 합니다. 독립을 위한 민족의 자유의지가 있음을 내외에 알려야 했습니다.

이에 만주에서 독립운동가 39명의 이름으로 대한독립선언이 발표됩니다. 일본에서는 유학생들이 중심이 되어 도쿄에서 2·8독립선언1919.2.8을 합니다. 특히 2·8독립선언은 대대적인 민족운동의 도화선사건이 일어나게 된 직접적인 원인이 되었습니다. 제1차 세계대전 후 민족자결주의와 같은 국제 정세의 변화 속에서, 해외에서 활동하던 독립운동 지도자들이 국내로 많이 들어왔고, 국내에서는 종교계기독교·천도교·불교를 중심으로 독립운동을 준비하게 됩니다.

한편 1919년 1월 21일에 고종이 급서높은 분이나 어른이 갑자기 세상을 떠남하는데, 일제에 의해서 고종이 독살되었다는 소문이 납니다. 이를 고종독살설이라고 하는데, 고종의 서거는 3·1운동이 일어나는 또 하나의 계기어떤 일이 일어나는 결정적인 원인이나 기회가 됩니다. 고종의 의문스런의심스러운 죽음은 진실의 여부그러함과 그렇지 않음를 떠나, 우리 민족의 분노를, 공분공적인 일로 느끼는 분노을 불렀습니다. 고종의 인산일국왕장례일. 국장일. 3월 3일은 원래 계획했던 3·1운동의 거사큰일을 일으킴날이었습니다. 의심을 적게 받고 자연스럽게 사람들이 많이 모일 수 있었기 때문입니다. 그러나 인산일3월 3

일은 국왕에 대한 예의가 아니라는 이유, 3월 2일은 교회의 주일날일요일이라는 이유로, 거사 일을 3월 1일로 정하게 됩니다. 교회의 주일날일요일을 의아하게 생각하실 분도 계시겠지만, 33인의 민족대표기독교·천도교·불교 가운데서 기독교 측의 지도자가 16명으로 가장 많습니다. 또한 당시 근대적 학교의 상당수가 기독교 계통의 학교미션스쿨. 선교를 목적으로 설립한 학교들이었습니다. 예를 들어, 평양의 숭실학교는 미국 북장로교 선교사 베어드가 평양에 설립한 미션스쿨입니다. 우리가 잘 아는 시인 정지용·윤동주 등이 숭실학교 출신 문인입니다. 그 외에 숭실학교 출신의 유명한 인사사회적 지위가 높거나 사회적 활동이 많은 사람는 많습니다. 종교적인 편향한쪽으로 치우침 때문이 아니라, 3·1운동독립만세운동의 중심에는 학생들과 학교가 있었고, 그러한 학생과 학교의 상당수가 기독교 계통이었기 때문에 주일의 거사는 곤란했을 것입니다.

언론·출판·집회·결사의 자유가 없었던 한국인에게 일제가 유일하게 모임을 허용할 수밖에 없었던 장소가 있습니다. 바로 종교시설교회 등과 학교 그리고 시장장날입니다. 종교적 집회와 학교, 장터 외에는 조선인이 집단적으로 모일 수 있는 곳은 별로 없었습니다. 3·1운동의 집회특정한 공동 목적을 위해 여러 사람이 일시적인 모임을 가짐와 시위운동많은 사람이 의사나 요구를 공공연하게 표시하며, 그 실현을 위하여 집회나 행진 등으로 위력을 보이는 운동은 대부분 이런 곳에서 시작되었습니다. 교회와 학교, 장터에 전단지선전·광고를 하기 위해 나누어 주는 종이쪽를 뿌리고 태극기를 흔들며 독립만세를 외쳤던 것입니다.

원래 독립선언식은 1919년 3월 1일 오후 2시 탑골공원에서 민족대표들과 학생·민중이 함께 열리기로 하였으나, 민족대표들은 33인 중에서

29명만 참석한 가운데, 서울 인사동의 태화관이라는 요릿집에 모였습니다. 그곳에 모인 29명의 민족대표들은 독립선언문을 낭독하고, '대한독립만세'를 외치며 독립선언식을 거행합니다. 그리고는 요릿집 주인을 시켜서 조선총독부에 신고하고선 체포됩니다. 민족대표 33인은 1919년 3·1운동 때의 기미독립선언서1919년은 기미년에 서명한 33명을 가리킵니다. 민족대표 29명이 약속된 탑골공원으로 가지 않은 이유는 명확치 않지만, 독립만세시위운동의 과정에 일본 헌병경찰과 만세시위 군중한곳에 모인 많은 사람의 무리. 학생과 민중들들의 유혈충돌학생들의 피해을 우려했기 때문이라고 합니다.

기다리던 민족대표들이 나타나지 않자, 탑골공원에서는 민족대표를 대신하여 김원벽연희전문학교. 현재의 연세대학교 등의 학생들이 중심이 되어 독립선언서를 낭독합니다. 그리고는 대한독립만세를 외치고 태극기를 흔들며 시위행진을 합니다. 만세萬歲는 어떤 축복이나 영원한 번영을 위하여 두 손을 높이 들면서 외치는 소리를 말합니다. 길이길이영원히 번영하는 것을 만세라고 합니다. 3·1운동 때의 군중들의 '대한독립만세' 외침은 '대한한민족의 독립은 영원하라!'는 의미로 해석이 가능할 것 같습니다.

3·1운동은 대도시에서 중소도시를 거쳐 농촌으로, 전국적으로 그리고 국내에서 해외로까지 확산되었습니다. 따라서 만주와 연해주, 미국 등 해외에 사는 우리 동포들도 만세 운동을 전개했습니다. 3·1운동의 주도층은 종교인·지식인·학생·청년 등이었지만, 중소상인·노동자·농민 등 모든 계층이 참여하였고, 국외로는 만주·간도·연해주·하와이 등 우리 겨레가 사는 곳이면 세계 어디에서나 일어났습니다.

일제조선총독부는 평화적인 독립만세시위자를 폭도^{폭동을 일으켜 치안을 어지럽}히는 무리로 규정^{내용이나 성격·의미 따위를 밝혀 정함}하고 군대와 헌병경찰을 동원하여 무력적^{발포·실육·고문·방화} 등으로 탄압합니다. 대표적인 사례가 화성 제암리교회 학살사건과 유관순의 옥중 순국 등입니다. 박은식의 〈한국독립운동지혈사〉에 따르면, 3월 1일부터 5월 말까지 만세시위에 참가한 인원이 200만 명 이상이고, 3·1운동으로 인한 피해의 규모는 사망자수 7,509명, 부상자수 1만 5천여 명, 검거된 사람은 4만 5천여 명으로 추산된다고 했습니다.

3·1운동은 일제의 무력적 탄압과 약한 조직력, 불리한 국제정세^{일본은}^{1차 세계대전의 전승국이었음} 등으로 인하여 실패하였습니다. 그러나 3·1운동이 갖는 역사적 의미^{의의}는 매우 큽니다. 3·1운동은 처음에 평화적 독립만세시위였습니다. 평화적 투쟁이었던 3·1운동을 일제가 무력으로 강경하게 진압하면서, 우리도 점차 무력시위로 전환되어 갔습니다. 또한 3·1운동은 한민족의 독립을 향한 결연한 의지와 자주정신을 세계에 알리는 계기가 되었고, 최대 규모의 거족적^{온 겨레인} 독립운동이었고, 한민족 전체가 민족의 역량을 하나로 결집한 투쟁이었습니다. 3·1운동의 영향을 받아 중국에서는 1919년 5·4운동이, 인도에서는 비폭력·무저항운동^{반영운동}이 일어났습니다. 중요한 것은 일제는 더 이상 무단통치^{헌병경찰}^{통치}로 한민족을 지배할 수 없음을 깨닫고 문화통치로 통치정책을 바꿉니다. 그리고 3·1운동과 같은 민족운동을 조직적으로 전개하기 위해선, 민족운동의 컨트롤타워^{관제탑. 사령탑. 총지휘본부}의 역할을 할 우리의 정부가 필요하다는 판단에서, 대한민국임시정부가 수립되는 계기가 되었다는

점에서 그 의미를 찾을 수 있습니다.

이 책이 출간된 2019년은 3·1운동 1919이 일어난 지 100주년이 되는 해입니다. 마찬가지로 대한민국임시정부 1919.4가 수립된 지도 100주년이 되는 해입니다. 2·8독립선언도 마찬가지입니다.

28 문화통치

무력에서, 문화를 통치의 수단으로 사용했던 시기의 일제의 식민지 지배방식이 문화통치입니다. 무단통치는 무력을 통치의 수단으로 사용한 것이라면, 문화통치는 문화를 통치의 수단으로 사용한 것입니다. 문화통치는 1919년 3·1운동 이후부터 1931년 만주사변이 일어나기 전까지인 1920년대 일제의 한민족에 대한 통치방식이라고 할 수 있습니다.

칼의 나라인 일제는 총칼로써 충분히 한민족을 지배할 수 있다고 판단했습니다. 그래서 헌병경찰들을 동원하여 총칼^{무력, 무단}로써 한민족을 지배했는데, 정착 일제의 침략에 대항하는 대규모 민족항쟁^{3·1운동}이 일어난 것입니다. 놀란 일제는 통치의 방식을 무단에서 문화로 바꾸게 된 것입니다. 그것이 문화통치입니다. 3·1운동 이후 일제는 무력과 강압만으로는 한민족을 온전히 지배하기 어려움을 깨닫고, 한민족의 문화와 관습을 존중하며 한국인의 이익을 위한다는한국인의 덕이 되게 한다는, 이른바소위 문화정치를 내세웠습니다. 한마디로 말하면 문화통치는 조선의 문화발전에 도움이 되니까, 한국인들은 조선총독의 통치에 잘 따르라는 회유의 논리입니다. 으르는상대편이 겁을 먹도록 무서운 말이나 행동으로 위협하다 것이 무단통치였다면, 달래는슬프거나 고통스럽거나 흥분한 감정 따위를 가라앉게 하다 것이 문화통치라고 할 수 있습니다.

일제가 실시한 문화통치의 형식겉모습은 헌병경찰제를 폐지하고 보통경찰제일반경찰제로 바꾸고, 언론·출판·집회·결사의 자유도 부분적으로 허용하여, 동아일보·조선일보와 같은 한글신문과 잡지의 발행도 하게 합니다. 문관출신으로 총독도 임명하겠다 하였고, 한국인에 대한 교육기회의 확대를 명분핑계으로 경성제국대학이후 서울대학교도 설립합니다. 또한 교원과 관리의 무장칼을 차고도 해제합니다. 조선인 관리도 임용하고 대우도 개선하겠다고 했습니다.

그러나 문화통치의 실상실제모습은, 경찰병력은 3배나 증강 배치되었고, 고등경찰일제 강점기에, 비밀결사·정치집회 따위의 정치적 문제를 단속하던 경찰·사복경찰·형사·밀정스파이 등을 통해 한민족에 대한 감시와 탄압을 더욱 강화합니다. 1925년 치안유지법을 만들어 독립운동에 대한 감시와 탄압 강화합니다. 문관출신 총독을 임명한다고 했지만, 단 한 명도 임명되지 않았습니다. 한 명의 해군대장출신 이외에 나머진 모두 육군대장출신이 조선총독이 되었습니다.

언론신문과 잡지에 대한 검열을 강화하여, 일제에 비판적인 신문기사 삭제·신문의 압수·정간발간을 일시 정지·폐간신문·잡지 등의 간행을 폐지함으로 언론활동을 통제합니다. 경성제국대학의 한국인 입학률^{일본인의 1/3 정도}은 낮아 대학교육 및 전문교육 받을 기회를 제한되었습니다. 한민족의 관리 임용도 형식에 불과하고 오히려 친일파를 양성하여, 친일여론을 조성하고 친일단체를 조직하도록 지원합니다. 친일은 일제강점기^{1910년의 국권 강탈} ^{이후 1945년 해방되기까지 35년간의 시대}에, 일제와 야합^{좋지 못한 목적으로 서로 어울림}하여 그들의 침략·약탈정책을 지지·옹호하여 추종^{별 판단 없이 믿고 따름}하는 것을 말합니다.

문화통치의 본질은 '분리시켜 통치한다. 분할하여 지배한다.'입니다. 3·1운동처럼 한민족이 서로 단결하여 독립운동을 하는 것을 막으려고 했습니다. 일제가 한민족을 분리시키는 방법으로, 친일파와 친일단체를 양성하는 것입니다. 친일행위를 하는 사람과 단체에는 일정한 부재물와 명예지위를 주는 것입니다. 한민족을 끼리끼리 이간^{두 사람이나 나라 따위의 사}^{이를 헐뜯어 서로 멀어지게 함}과 분열을 시키는 것입니다. 그렇게 되면, 자연스럽게 한민족끼리 싸우게 되는 것입니다. 일제 입장에서는 소위 굿이나 보고 떡이나 먹으면 되는 것입니다. 결국 일제의 문화통치는 한민족의 문화를 발전시킨다며 안심시켜 놓고, 친일파를 양성하여 한민족끼리 분열시켜, 단결과 독립운동을 막아, 보다 효과적으로 한민족을 지배하려는 기만적^{남을 속여 넘김}이고 교활한 통치방식이라고 할 수 있습니다. 무단통치보다 더 지능화되고, 더 나쁜 쪽으로 진화한 통치방식이 문화통치라고 할 수 있습니다. 문화통치는 한민족을 분열시켜서 보다 더 효과적으로 통치하려는, 일제의 변형된 통치방법이었을 뿐입니다. 이러한 문화통치^민^{족분열통치}에 맞선 한민족의 저항^{독립운동}으로는 실력양성운동, 물산장려운

동, 농민소작쟁의운동·노동노동쟁의운동, 무장독립투쟁청산리·봉오동 전투 등 등
이 있습니다.

문화통치 시기에 만들어진 주목해야 할 법이 있습니다. 바로 치안유
지법입니다. 말 그대로 하면 치안국가 사회의 안녕과 질서를 유지하고 보전함을 유지
하는 데 필요한 법이라는 뜻입니다. 치안유지법은 본래 일본왕의 통치체
제를 부정하는 운동을 단속하는 법률로 만들어졌습니다. 치안유지법은
본래 일본에서 사회주의운동공산주의운동을 방지하기 위해 만든 법이었는
데, 1925년 한반도에 그대로 적용됩니다. 이 법은 일제의 식민지 지배에
저항하는 민족운동을 툭하면걸핏하면, 치안의 유지에 위반한다는 구실로
민족 운동가들을 잡아가서 교도소에 가두었습니다. 한마디로 치안유지
법은 한민족에 대한 탄압과 식민통치에 적극 활용되었습니다. 치안유지
법은 광복 후에 독재자들이 민주세력을 탄압하는 수단으로 이용되기도
했습니다.

29 민족말살통치

한 민족마다 고유하게 본래부터 가지고 있는 특별하게 가지고 있는 성질을 민족성이라고 합니다. 민족마다 특별히 가지고 있는 성질을 민족성이라고 합니다. 그 민족 본래의 특성이 민족성입니다. 말살 抹殺 은 있는 사물을 뭉개어 아주 없애 버리는 것을 말합니다. 민족성은 언어·역사·전통·문화 등의 형태 모습 로 존재합니다. 일제가 우리 민족 한민족 이 갖고 있는 언어·역사·전통·문화 등을 민족성. 民族性 없애 말살. 抹殺, 우리 민족을 그들이 바라는 대로 무조건적으로 복종하는 노예로 살게 하려던 통치 統治. 지배 의 방식을 민족말살통치 民族抹殺統治 또는 민족말살정책이라고 합니다.

한편 1920년대 후반에 이르러 세계의 상품시장은 포화 가득 참 상태가 됩니다. 공장에서 대량으로 생산된 상품 물건 은 대량으로 판매 소비 되어야 했습니다. 이전에는 식민지가 상품의 대량 소비지였습니다. 그런데 제국주의 성향의 강대국들이 경쟁적으로 식민지를 차지하다 보니, 문제는 이제 더 이상 정복할 식민지가 별로 남아 있지 않았습니다. 식민지 확보로써 대량 생산된 상품의 문제를 해결하던 방식이 한계 상황에 도달한 것입니다.

이로써 노동자의 대량 해고고용주가 피고용자를 그만두게 함. 면직와 실업일자리를 잃음으로 소비가 급속히 감소합니다. 공장이 문을 닫습니다. 특히 뉴욕 증시증권시장 폭락을 계기로, 세계경제는 대공황혼란상태이 발생1929합니다. 나라마다 경제사정이 크게 악화되었습니다. 이러한 경제공황문제발생을, 미국은 뉴딜정책으로, 러시아는 자본주의의 폐기공산주의 채택로, 일본과 독일은 군국화군사력에 의한 국가체제 유지로 문제 해결 시도합니다.

군국주의軍國主義는 군사軍事를 국가國家의 주요 목적으로 두는 사상主義이나 태도를 말합니다. 군사軍가 나라國의 주인主 역할을 하는 것이 군국주의입니다. 군국주의 성향을 지닌 국가는 군사력 증강과 전쟁 준비를 위한 정책을 국민 생활 속에서 최상위에 둡니다. 북한이 그런 나라입니다. 북한에서는 그것을 선군정치先軍政治라고도 합니다. 군대가 국가의 기본이라는 북한의 정치사상이, 군대를 국가 모든 행위의 최우선 순위에 두는 것이 선군정치입니다. 과거의 일본과 독일도 그런 나라였습니다. 일제는 만주사변1931·중일전쟁1937·태평양전쟁1941으로 정복전쟁을 확대하며, 그것을 통해 상품판매시장을 확대하며 국가의 존립생존을 모색방법이나 실마리를 더듬어 찾음했습니다.

그런 맥락에서 일제는 전선전쟁에서 직접 전투가 벌어지는 지역은 더욱 확대시켜 나갑니다. 전선이 확대될수록 더 많은 전쟁 물자가 필요하고, 더 많은 군수공장·전쟁 물자를 생산하는 공장이 필요하고, 더 많은 전투원과 생산원이 필요합니다. 그러기 위해선 식민지 국민의 무조건적인 복종이 필요했을 것입니다. 이렇게 식민지 국민·한민족을 전쟁터의 전투원과 공장과 광산의 생산원으로 투입하려고, 1931년부터 패망한 1945년까지 실시한 통치방식이 민족말살통치입니다. 일제의 제국주의 정책에 잘 순응·체계나 명령 따위에 적응하여 따름하는 한민족을 만들려는 정책이 민족말살통치입니다.

민족말살통치를 위해 일제가 외쳤던 구호들을 구체적으로 살펴보겠습니다. 먼저 내선일체內鮮一體라고 주창·주의나 사상을 앞장서서 주장함합니다. 내지인內地人. 일본인과 선인鮮人. 조선인은 한一 몸體이라는 뜻입니다. 일선동조론日鮮同祖論을 주창합니다. 일선동조는 일본日本과 조선朝鮮의 조상祖上이 같다同는 뜻입니다. 황국신민화皇國臣民化를 주창합니다. 조선인은 황국皇國. 일본. 일본왕의 충성스런 신하臣와 백성民이 되어야化 한다는 것입니다. 우리 민족의 정신과 문화와 전통을 삭제하기 위해, 우리말·조선어 사용을 금지시킵니다. 우리역사 교육도 금지시킵니다. 이를 위하여 한글연구단체인 조선어학회와 한국사연구단체인 진단학회를 해산 또는 활동을 중단시켰습니다. 또한 조선일보와 동아일보 등의 한글신문과 잡지도 폐간시킵니다.

그리고는 일본어와 일본역사를 가르칩니다. 일본어가 국어가 되고, 일본역사를 우리의 역사로 배우게 하였습니다. 황국신민서사皇國臣民誓詞를 암송하도록 강요합니다. 황국皇國. 일본. 일본왕의 신민臣民. 신하와 백성이 되는 것을 맹세·서사. 誓詞하는 내용의 글을 암송시킵니다. 황국신민화의 일환으로 궁성요배宮城遙拜. 멀 요를 강요했습니다. 궁성은 일본국왕이 사는 곳을 말하고, 요배는 멀리 바라보고 하는 절을 말합니다. 한민족은 정오낮 12 시가 되면 일본국왕이 사는 도쿄를 향해 머리를 깊이 숙이고 90도로 허리를 굽혀 절을 해야 했습니다. 신사참배神社參拜 강요했습니다. 신사神社는 일본에서 왕실의 조상이나 또는 국가에 공이 큰 사람의 위패신주를 안치받들어 모심해 놓은 곳사당입니다. 참배參拜는 신에게 절을 하며 예禮를 표시하는 것을 말합니다. 신에게 절을 하며 비는 것을 참배라고 합니다. 신을 섬기는 행위가 참배입니다. 신사참배는 우리조상을 버리고 일본인을 조상으로 섬기라는 뜻입니다. 우리조상의 뜻을 따르지 말고 일본조상의 뜻을 따르라는 의미입니다. 창씨개명創氏改名을 강요합니다. 창씨創氏는 성씨姓氏를 새로이 만드는創 것을 말합니다. 개명改名은 이름을 고치는바꾸 것을 말합니다. 창씨개명은 성씨를 새로이 만들고 이름을 바꾸는 것을 말합니다. 일제는 1939년 우리 겨레민족 고유의 문화와 전통을 없애려고, 모든 한국인에게 고유의 성씨姓氏와 이름을 버리고 일본식 성姓과 이름을 사용하도록 강요하였습니다. 이것이 창씨개명의 강요입니다.

또한 소학교의 명칭을 국민학교國民學校로 변경합니다. 여기서 국민은 한국국민이 아니라, 일본국민황국신민을 말합니다. 황국신민의 준말이 국민입니다. 한국국민을, 일본왕의 신민국민이 되는데 필요한 학생을 양성하는 학교라는 뜻으로 국민학교로 사용하게 한 것입니다. 이에 1996년 김영삼 정부는 국민학교를 초등학교로 명칭 변경을 하여 오늘에 이르고 있습니다.

민족말살통치의 목적은 일제의 침략전쟁에 필요한 인적·물적 자원의 효율적으로 동원하는 데 있었습니다. 1931년 만주사변으로 시작된 민족말살통치는 중·일전쟁1937 이후 더욱 강화되었습니다. 일제의 지배 아래서 한민족은, 무단통치로 얻어맞고 문화통치로 갈래갈래 찢기고 민족말살통치로 전쟁의 수단도구으로 동원되어야 했습니다. 일제는 한민족이 그들과 동일한 인간이 아니라, 발사되면 그만인 총알 같은 전쟁의 소모품이었던 것입니다. 일제는 태평양전쟁을 대동아전쟁이라고 불렀습니다. 일제가 거짓으로 선동했습니다. 대동아전쟁은 미국 등 서양 제국주의의 침략으로부터 대동아를 지키기 위한 전쟁이고, 이 전쟁의 승리를 통해서 대동아를 공존공영共存共榮의 권역으로 만들겠다고 말합니다. 그것이 그들이 말하는 대동아공역권이고, 그를 위한 전쟁이 대동아전쟁이라고 거짓되게 말했습니다. 대동아공영권大東亞共榮圈은 일본을 중심으로 함께共 번영繁榮할 동아시아東亞의 여러 민족과 그 거주 범위圈라는 뜻입니다. 일제가 아시아 침략과 태평양전쟁을 정당화하고, 아시아 민족의 동참을 끌어내기 위해 만든, 거짓 정치 구호입니다. 어떻든 대동아공영권이라는 구실로 침략전쟁을 일으켰고, 그런 구실로 아시아 여러 민족들을 전쟁에 동원했습니다. 이러한 일제의 민족말살통치에 맞선 우리 민족의 저항독립운동으로는 의거윤봉길·이봉창 등 활동, 조선어학회·진단학회 등의 한글연구와 역사연구 같은 국학 활동, 광복군 창설과 활동 등입니다.

KEY WORD

30 토지조사사업

일제가 근대적 토지 소유권이 인정되는^{개인의 토지 소유권이 보호되는} 토지제도를 마련하여 지세^{토지에 부과하는 세금}를 공정하게 부과한다는 명분^{구실}으로, 토지를 합법적으로 약탈하기 위해 실시한 것이 토지조사사업입니다. 1910년부터 1918년에 걸쳐 실시한 토지조사사업은, 합법을 가장^{거짓으로 꾸밈}한 우리 토지의 강탈^{남의 것을 억지로 빼앗음} 작업이었습니다. 이를 위해 일제는 1910년 토지조사국을 설치하고, 1912년 토지조사령을 발표합니다.

토지조사령의 핵심내용은 '토지소유자는 조선총독에게 정한 기간 안에 주소·성명·소유지의 소재^{있는 장소}·지목^{땅의 용도에 따라 구분하는 땅의 이름.} ^{논·밭 등}·방향 등을 임시토지국장에게 신고해야 한다.'는 것입니다. 즉, 토지소유자가 일정한 기간 안에 정해진 절차를 밟아 소유지를 신고하면 소유권을 인정하겠다는 것입니다. 이를 신고주의라고 합니다. 신고주의

176 별난, 한국사 Keyword

는 신고한 토지만 소유권어떤 것을 자기 것으로 가지는 권리을 인정하는 것입니다. 신고주의는 토지소유자가 필요한 서류를 갖추어 공공기관임시토지국장에 알려야신고해야 그 권리를 인정받을 수 있다는 원칙을 말합니다.

근대적 토지소유권이란 일정한 땅에 대해 원칙상명목상의 주인과 실제 주인이 같고, 주인의 소유권에 대해서는 아무도 간섭할 수 없는 배타적남을 밀어내는 소유권을 말합니다. 개인의 토지소유권을 국가가 인정하고 보호하는 것이 근대적 토지 소유권입니다. 여기서 국가는 일제조선총독부이고, 근대적 토지소유권자의 대다수는 일본인입니다.

토지조사령의 핵심내용은 토지소유자가 정해진 기간 안에 조선총독부가 요구하는 요건을 갖추어 신고하라는 것입니다. 이를 기한부어떤 일에 대하여 어느 때까지라고 일정한 기한이 정해져 있는 것 신고제라고 합니다. 문제는 당시 우리는 전통적으로 토지의 소유자가 분명치 않은 부분이 있었다는 것입니다. 또한 동네에서 공동으로 갖고 있는 토지동중 토지, 한 집안에서 공동으로 갖고 있는 토지문중 토지도 있었습니다. 이런 토지는 토지소유자가 분명치특정치 않았습니다.

그리고 조선시대에는 지주의 토지소유권 말고, 토지의 개간에 협력한 사람에게 일정한 기간 동안 경작을 허용하는 경작권이라는 것도 있었습니다. 소작인의 경작권은 세습이 가능한 경우도 있었습니다. 한마디로 말하면 지금의 토지 소유개념과 달랐던 것입니다. 그런데 일제는 소유권만 인정하고 경작권을 인정하지 않았습니다. 지주의 소유권은 인정하고 소작인의 소작권은 인정하지 않았습니다. 이 과정에서 우리의 수많은 농민들이 일본인의 소작인으로 전락합니다. 소작인은 농지농토를 빌리고,

소득의 일부를 지주^{땅 주인}에게 바치는 농민을 말합니다. 소작농이라고도 합니다.

이처럼 토지소유자가 분명치 않은 것도 많고, 신고기간은 짧고, 신고 절차는 까다롭고 복잡하고, 마을 공유지·집안 공유지·과거 왕실 소유지·과거 공공기관 소유지 등의 특정한 소유자가 분명치 않은 경우는 총독부가 소유권을 인정하지 않았고, 내 땅인데 누구 함부로 빼앗아 하는 마음도 있고, 일제의 강제시책이라 협조하지 않으려는 민족감정^{반일감정}도 있고 하여, 제대로 신고가 철저하게 이루어지지 않았습니다. 결국 일제는 그들이 만든 법^{토지조사령}대로, 신고하지 않거나 신고를 못한 땅은 국유지^{나라의 소유로 되어 있는 토지}라는 명분구실으로 조선총독부의 소유로 만들어 버립니다. 토지조사사업으로 조선총독부는 전국 농토의 40%에 해당하는 땅을 차지하게 됩니다.

조선총독부는 이렇게 약탈한 토지를 동양척식주식회사 등을 통해 일본인들에게 헐값에 땅을 매각합니다. 동양척식주식회사는 1908년 일제가 약탈한 토지와 자원을 관리할 목적으로 설치한 식민지착취기관입니다. 영국의 동인도회사와 같은 것입니다. 척식^{拓植}은 개척^{開拓}과 식민^{植民}의 줄임말입니다. 척식은 땅을 개척^{開拓}하여 그 땅에 사람^民들을 옮겨와^植 살게 하는 것을 의미합니다. 한반도에 옮겨와 사는 사람은 일본인들입니다. 땅을 빼앗고 그 빼앗은 땅에 일본인들이 옮겨와 살도록 하는 데 필요했던, 조선총독부에 딸려, 약탈한 재산을 관리하던 기관이 동양척식주식회사인 것입니다.

이제 수많은 토지의 주인이 조선인에서 일본인으로 바뀐 것입니다. 토지가 주된 생산수단인 사회에서 토지를 장악하는 것을 그 사회를 장악하고 지배하는 것을 의미합니다. 생산수단은 생산물 물건, 용역 등을 만들어내는 수단 도구을 말합니다. 생산물은 생산수단에 의해서 만들어지는 물건을 말합니다. 토지 농토 는 생존에 필수적인 곡식이라는 생산물을 만드는 데 필요한 곳입니다. 1910년대 한민족 전체인구의 70% 이상이 농민이었습니다. 농민은 토지 농토 가 없으면 생존이 어려운 사람들입니다. 농토에 의존하여 생존하는 사람이 농민입니다. 그런 농민들이 일제의 토지조사사업의 실시로, 생존에 필수적인 땅 농토 을 일본인들에게 빼앗긴 것입니다.

살기 위해선 그들의 지배를 받든지, 지배로부터 멀리 벗어나야 했습니다. 대다수의 농민들은 일본인 지주의 소작인이 되거나, 산 속으로 들어가 화전민 화전을 일구어 농사를 짓는 사람. 화전은 농사를 짓기 위해 산이나 들에 불을 질러 일군 밭을 말합니다이 되거나, 이 땅을 떠나 만주와 연해주 등지로 이주하여 고단한 삶을 살아야 했습니다. 일본인 지주들은 비싼 소작료를 부과하여 부유한 삶을 살게 되고, 그들의 소작인이 된 우리 농민들은 소작할 수 있는 땅을 얻지 못할까 늘 전전긍긍 몹시 두려워서 벌벌 떨며 조심함하며 참담 몹시 슬프고 괴로움하게 살아야 했습니다. 나라를 잃은 민족의 비애 슬퍼하고 서러워함라고 하겠습니다. 일제의 토지조사사업으로 인한 최대의 피해자는 우리 농민들이었습니다.

이처럼 일제강점기 무단통치 시기 조선총독부의 경제적 약탈형태가 토지조사사업 토지의 약탈이었습니다. 토지의 파악은 농민의 파악이고, 농민의 파악은 조선인을 파악하는 것이었습니다. 토지 지배는 농민 지배이고, 농민 지배는 조선인을 지배하는 것이었습니다. 결국 토지의 파악과 지배는 조선의 파악과 지배였던 것이었습니다. 그 방법이 토지조사사업 이었던 것입니다.

국가정부가 무슨 일어떤 정책을 하려면실시하려면, 어떤 법에 근거하여야 합니다. 그 법은 대체로 '~법法, ~령令'의 형태모습. 형식로 존재합니다. 이 러한 령令은 법이고 규칙이고 명령입니다. 법령은 법률과 명령을 아울러 이르거나 법률 자체를 뜻하기도 합니다. 법을 지배하는 자가 세상을 지 배합니다. 조선총독부는 '~법法, ~령令'의 형태로 법과 제도를 만들고, 명령을 내려 한민족을 통치했습니다.

토지조사령土地調査令은 일제가 토지조사사업토지의 합법적 약탈을 실시할 목적으로 만든 법법령. 령입니다. 회사령會社令은 일제강점기에 조선에서 회사를 설립할 때, 조선총독부의 허가를 받도록 한 법령입니다. 조선총 독부의 허가 없이는 회사를 세우지 못하게 만든 법이 회사령입니다. 삼 림령森林令은 일제가 한반도의 삼림자원을 약탈하기 위하여 만든 법령입 니다. 광업령鑛業令은 1915년 일제가 한반도의 광물자원을 약탈하기 위 한 목적으로 공포한 법령입니다. 어업령漁業令 1911년 일제가 한반도에서 일본 어부들의 어업활동을 지원하기 위해 제정한 법령입니다. 어업령은 일제가 한반도에서 어업활동으로 발생하는 수익을 장악하기 위해 만든 법입니다. 토지조사령·회사령·삼림령·어업령·광업령 등등은 모두 한반 도를 그들의 상품을 비싼 값으로 판매하는 시장으로 만들고, 더 나아가 식량과 원료를 싼값으로 공급하는 곳으로 만드는 데 필요한 법이었습니 다. 그들에게는 필요했겠지만, 우리 민족의 목숨을 옥조이는오그라질 듯이 힘껏 쥐는 악법이었습니다.

한편 일제는 1911년 회사령을 공포합니다. 회사령은 회사의 설립을 허가제로 하고, 허가 조건을 위배한 경우 총독이 사업 금지와 폐업을 명령할 수 있도록 한 규정을 말합니다. 회사 설립의 총독 허가제도가 회사령입니다. 허가제는 행정관청의 허가를 받은 뒤에 영업이나 상업행위를 할 수 있도록 하는 제도를 말합니다. 신고제는 행정관청에 일정한 요건을 정해 신고를 하도록 하고 있는 경우를 말합니다. 행정관청은 특별한 하자흠. 결점나 문제가 없는 한 신고한 행위를 허용해 주는 것이 원칙입니다. 회사령은 신고제가 아니라 허가제였습니다. 회사령의 공포로 한반도에서 한국인의 회사 설립은 어려워지고, 일본인들의 회사 설립은 쉬워집니다. 일제가 회사령을 공포한 목적은 한국인의 기업 활동을 억제하고, 한국 민족자본의 성장을 억압하여 일본인의 기업 활동을 적극 지원하기 위함이었습니다. 조선인의 회사 설립을 막고 일본인의 회사 설립을 도우기 위해서 만든 법이 회사령입니다.

1920년에 한반도에서 일본인들의 기업 활동이 어느 정도의 궤도단계에 이르자 허가제의 회사령을 철폐하고, 신고제로 바꾸어 일본인이 우리나라에서 자유롭게 회사를 설립할 수 있도록 해 주었습니다. 은행령銀行令은 1928년 조선총독부가 발표한 은행업에 관한 법령으로 조선의 금융돈의 융통을 지배하기 위해서 만든 법입니다.

KEY WORD

31 산미증식계획

산미産米는 쌀 생산을 말합니다. 증식增殖 늘려서 많게 하는 것을 말합니다. 산미증식계획은 한국에서 쌀 생산을 늘려서, 일본으로 더 많이 가져가려고 세운 계획정책입니다. 일제가 한국을 일본의 식량공급지로 만들기 위해, 1920년부터 1934년까지 15년 계획으로 실시한 식민지 농업정책이 산미증식계획입니다. 일본에 부족한 식량을 해결하기 위하여 실시한 농업정책이 산미증식계획입니다.

제1차 세계대전1914~1918을 계기로 일본의 공업은 더욱 발달합니다. 공업이 발달하면서 많은 농촌인구가 도시 유입됩니다. 농촌인구의 도시 유입은 농민의 감소를 의미합니다. 농민의 감소는 농업생산의 감소로 이어져, 쌀값이 폭등하는 등 심각한 식량 부족 문제가 발생합니다. 1918년에는 쌀 부족으로 인한 폭동까지 발생합니다. 이에 일본은 부족한 식량을 조선에서 보충하고자 한 것입니다. 그 방법이 산미증식계획이었습니다.

일제는 쌀벼 생산産米을 늘리기增殖 위해 여러 계획計劃을 수립하고, 이를 실행에 옮깁니다. 벼는 물을 많이 필요로 하는 작물입니다. 물을 저장하고 저장된 물을 논까지 공급하는 과정을 관개시설이라고 합니다. 관개는 농사를 짓는 데에 필요한 물을 논밭에 대는공급하는 것을 말합니다. 저수지·보둑을 쌓아 흐르는 냇물을 막고 그 물을 담아 두는 곳·도랑 등은 관개시설에 해당합니다. 일제는 먼저 관개시설을 확충확장합니다. 생산량이 많은 품종으로 벼 종자를 개량합니다. 황무지를 개간합니다. 비료를 보급합니다. 밭을 논벼 생산으로 바꾸었습니다. 더 많이 증식증산해야 더 많이 가져갈약탈 수 있기 때문입니다.

그러나 일본이 계획한 만큼 벼는 생산되지 않았습니다. 계획한 만큼 생산은 되지 않았지만, 계획한 만큼 가져는 갔습니다. 계획한 쌀 생산을 2배로 늘리기 위해 노력했지만, 쌀 생산 증가는 30% 미만에 그쳤습니다. 그러나 가져간 것약탈은 4배 이상 증가했습니다. 1930년대에는 생산량의 절반 이상을 가져갔습니다. 이 말은 조선에서 식량이 더욱 감소되었음을 의미합니다.

일본은 조선에서 부족해진 식량을 벌충손실이나 모자라는 것을 보태어 채움해야 했습니다. 만주에서 잡곡콩·조·수수 등을 가져와 부족한 것을 보태어 채웠습니다. 그래도 부족했습니다. 일제의 산미증식계획은 일본인의 부족한 배를 채우기 위한 것이었습니다. 그 과정에 조선인은 일본인이 채운 것 이상으로 배가 굶주려야 했습니다. 참다못한 농민들은 일본인 지주를 상대로 소작쟁의를 벌이기도 했고, 화전으로 연명목숨을 겨우 이어 살아감하고 또 만주로 연해주로 일본으로 살기 위해 떠났습니다.

산미증식계획은 곧 식량약탈계획쌀약탈계획이었습니다. 식량약탈계획은 뜻대로계획대로 생산되진 못했지만, 뜻대로계획대로 가져는 갔습니다. 정치적으로 문화통치가 이루어지던 시기에, 일제는 경제적으로 산미증식계획을 세워 식량을 약탈해갔습니다. 제국주의의 전형적 모습인, 식민지의 상품시장화와 식량·원료공급지를 위한 노력을, 일제는 충실히 지켰지만 아직도 조금도 죄책감이나 미안함이 없습니다. 그것이 일본이 경제대국은 될지언정 선진국이 될 수 없는 이유입니다. 돈이 많다고 경제적으로 잘 산다고 반드시 선진국이 되는 것은 아닙니다. 선진국은 정치·경제·사회·문화 등의 모든 면에서 국제사회의 올바른 모범이 되는 나라입니다. 돈이 많다고 많은 사람들의 존중과 존경을 받는 것은 아닙니다. 돈이 부족해도 존중과 존경을 받는 사람은 얼마든지 있습니다.

오늘날의 일본은 과거의 잘못에 대한 반성과 사과보다, 오히려 군국주의적인 과거의 일본제국日本帝國으로 회귀돌아서 다시 본디의 자리로 돌아감하려고 합니다. 그 중심에 아베 신조가 있습니다. 한편 쌀 수출이 급증하고 1930년 농업공황으로 쌀 가격이 하락하자 일본 국내의 반발에 부딪쳐, 1933년을 마지막으로 산미증식계획은 중단되었습니다. 산미증식계획은 1920년에 시작하여 1934년에 중단될 때까지 계속되었습니다.

32 병참기지화 정책

병참兵站은 군사兵 기지站를 말합니다. 병참은 군사작전에 필요한 인원과 물자를 관리·보급·지원하는 일을 말합니다. 기지는 근거지·터전·캠프입니다. 병참업무의 근거지가 되는 곳을 병참기지라고 합니다.

뉴욕 증시증권시장 폭락을 계기로, 세계경제는 대공황혼란상태이 발생1929합니다. 나라마다 경제사정이 크게 악화되었습니다. 이러한 경제공황문제발생을, 미국은 뉴딜정책으로, 러시아는 자본주의의 폐기공산주의 채택로, 일본과 독일은 군국화군사력에 의한 국가체제 유지로 문제해결을 시도합니다. 경제공황 문제에 대한 일본일본제국의 해법은 전쟁이었습니다.

이에 일제는 만주사변1931·중·일전쟁1937·태평양전쟁1941으로 정복전쟁을 확대하여 국가의 존립생존을 모색방법이나 실마리를 더듬어 찾음했습니다. 공황恐慌은 상황이 두렵고恐 다급한慌 상태를 말합니다. 경제가 두렵고

다급한 상태에 빠진 것이 경제공황입니다. 생산과 공급의 과잉초과과 부족으로 인해 경제적 상황이 혼란스러워, 두려움이나 공포로 심리적으로 불안해진 상태를 경제공황이라고 합니다. 전쟁으로 경제공황 문제를 해결하려던 일제는, 그런 맥락에서 전선전쟁에서 직접 전투가 벌어지는 지역은 더욱 확대시켜 나갑니다.

사변事變은 선전포고 없이 일으키는 전쟁을 말합니다. 전선이 확대될수록 더 많은 전쟁물자가 필요하고, 더 많은 군수공장전쟁 물자를 생산하는 공장이 필요하고, 더 많은 전투원군인과 물자 생산원노동자이 필요했습니다. 승리를 위해선 전쟁터에 전쟁 수행에 필요한 물자와 인원을 신속히매우 날쌔고 빠르게 지원해야 했습니다. 싸움전투은 속도가 관건문제 해결의 가장 중요한 부분입니다. 전쟁터와 병참기지는 거리가 가까울수록 전투에 유리합니다. 일제는 대륙중국과 가까운 한반도를 병참의 기지로 삼는 정책을 실시하게 됩니다. 한반도를 일제가 전쟁하는 데 필요한 전쟁물자군수품를 공급하는 기지근거지로 이용하려던 정책이, 병참기지화 정책입니다. 일제의 경제·군사적 병참기지화 정책은 정치적인 민족말살정책과 병행하여 추진되었습니다. 민족말살통치 시기의 경제적인 약탈형태가 병참기지화 정책입니다.

일제는 대륙중국과 가깝고 지하자원이 많은 한반도의 북부지역에 군수산업전쟁물자 생산 공장을 세움을 집중적으로 육성합니다. 조선공업화 정책이라는 이름으로 금속·기계·화학 등 군수산업과 이와 관련된 중화학공업을 집중적으로 육성합니다. 즉 한반도의 북쪽은 중공업 중심으로, 남쪽은 경공업 중심으로 육성되었습니다. 또한 남쪽에는 면화목화를 재배하고, 북쪽에는 양을 키우도록 하는 남면북양南綿北羊 정책을 실시하여 군수품의 원료를 생산하고자 했습니다.

중일전쟁1937 이후 일제는 국가총동원법國家總動員法 을 제정1938합니다. 전쟁 수행에 필요한 모든 것總을 동원動員. 어떤 목적을 달성하기 위하여 사람이나 물건을 옮겨 한데 모음하여 공급하려고 만든 법이, 국가총동원법입니다. 전쟁 수행에 필요한전쟁에 전투능력을 집중하기 위한 모든 물적 자원과 인적 자원을 마음대로 동원하고약탈하고, 통제할 목적으로 만든 법이 국가총동원법입니다.

이 법에 따라 징병·징용·여자근로정신대·일본군위안부 등의 형태로 인적 자원의 약탈이 있었습니다. 이 법에 따라 공출과 식량의 배급제도 실시됩니다. 징병은 강제적으로 징집불러 모아하여 일정 기간 의무적으로 병역에 복무시키는 일을 말합니다. 징병은 일제가 중·일전쟁을 일으킨 이후, 병력의 보충을 위해 조선인 청년들을 강제로 군대에 복무하게 한 일을 말합니다. 징병은 지원어떤 일이나 조직에 뜻을 두어 함께하거나 구성원이 되기를 바람 형태로 동원되었습니다. 1943년에는 학도지원병제도를 강행하여 학생들을 전쟁터로 끌고 갔습니다. 징용徵用은 강제로 노동일을 시키는 것을 말합니다. 일제가 부족한 노동력을 보충하기 위해 한국인을 공장이나 광산에, 건설 현장에 강제로 끌고 가서 일을 시켰습니다.

2017년 상연된 영화 〈군함도〉는, 1940년대 한국인들을 일본에서 돈을 벌 수 있다고 속여 군함도로 끌고 가서, 강제徵 노동用을 시켰던 역사적 사실을 근거로 만든 영화입니다. 여자근로정신대는 일제에 강제 징용되어 군수공장과 방직공장에서 강제노동을 하였던 여성들을 이르는 말입니다. 일본군위안부는 일제 강점기에 일본군 위안소에 강제로 끌려가 성노예 생활을 강요당한 여성을 말합니다. 일본군위안부는 일본군에 의해 조직적이고 강압적으로 동원되었습니다. 일본군위안부는 일제가 전쟁터에서 군인을 위안_{위로하여 마음을 편하게}한다는 구실로 끌고 가서, 일본군의 성욕을 충족시키는 도구로 혹사했던 여성들을 말합니다. 여자근로정신대로 끌려갔다가 일본군위안부 생활을 하기도 했습니다.

물적 자원 수탈 원래 공출供出의 뜻은 나라에 내려놓음 또는 나라에 바치는 것을 말합니다. 그러나 일제 강점기의 공출은 강제로 빼앗기는 것을 말합니다. 일제가 1937년 중·일전쟁 이후, 전쟁에 사용할 식량을 확보하기 위하여 실시한 농산물 수탈정책이 공출제도입니다. 공출供出은 국민이 국가의 수요필요에 따라 농업 생산물이나 기물살림살이에 쓰는 그릇 따위를 의무적으로 정부에 내어놓는 것을 말합니다. 대포 등의 무기 제조에 필요한 놋그릇, 놋수저, 고철, 농기구 등도 빼앗아 갔습니다. 식량도 배급제를 실시합니다.

KEY WORD

33 실력양성운동

독립을 위해서는 실력實力. 힘을 양성키워야해야 한다는 주장이 실력양성운동입니다. 실력이 있어야 독립이 가능하다는 주장이 실력양성운동입니다. 실력양성운동은 사회진화론자연세계처럼 인간사회도 강한 자는 번성하고, 약한 자는 쇠퇴하여 소멸한다는 논리의 영향을 받은 애국계몽운동의 흐름을 계승한 민족운동입니다. 실력양성운동은 서양의 사회진화론과 일본의 문명개화론의 영향을 받았습니다. 우리 민족은 3·1운동1919으로 일제의 지배로부터 독립을 성취하는 데는 성공하진 못했지만, 독립에 대한 자신감과 함께 독립운동의 새로운 방향을 찾는모색 계기가 되었습니다. 이러한 새로운 독립운동의 방향 가운데 하나가 실력양성운동이었습니다. 한민족이 일본의 지배를 받고 있는 것은 우리의 힘이 약하기 때문이고, 일제로부터 독립하기 위해서는 먼저 경제·사회·문화 분야에서 실력을 길러

야 한다는, '선先실력양성·후後독립'의 실력양성운동이 전개되었습니다.

양성해야 할 실력은, 민족 산업 육성, 신교육 진흥, 전근대적 의식과 관습의 타파 등이었습니다. 1920년대에 민족의 실력을 양성하기 위해 민족지도자들이 했던 대표적인 노력이, 물산장려운동과 민립대학설립운동민족교육운동이었습니다. 민족산업을 육성하기 위해 전개한 것이 물산장려운동입니다. 물산物産은 물품을 생산하는 일을 말합니다. 우리 물품물자, 물건의 생산과 소비를 장려좋은 일에 힘쓰도록 북돋아 줌. 권장하자는 운동이 물산장려운동입니다. 우리 물건의 생산과 소비를 장려하여, 우리민족 산업을 발전시키고 그것을 바탕으로 우리민족 자본돈을 육성길러 자라게 함하자는 것입니다. 민족 자본은 외국일본 자본에 대항하고 민족 운동에 보조를 맞추는 우리 자본상품을 만드는 데 필요한 생산수단이나 노동력을 통틀어 이르는 말. 돈을 말합니다. 물산장려운동은 국산품 애용운동입니다. 국산품의 애용애착을 가지고 씀. 즐겨 씀을 통해 민족자본을 육성하고 민족의 경제력을 육성하자는 것이 물산장려운동입니다. 물산장려운동은 자본가들이 주도했습니다.

한마디로 우리가 물건을 만들어 우리가 사용소비하고 그렇게 하여 우리 산업을 키우고, 우리 자본을 더 많이 갖게 하자는 것입니다. 우리 자본돈을 갖는 것이 경제적 자립이고, 그것이 곧 독립으로 이어진다는 생각이 물산장려운동의 입장이었습니다. 민족자본에 의한 경성방직회사, 평양의 메리야스 공장과 같은 회사들이 운영되었습니다. 물산장려운동을 전개하였던 단체가 1922년에 조만식 등이 평양에서 설립한 조선물산장려회입니다. 물산장려회의 궐기문의 내용입니다. '입어라, 조선사람이 짠 것을·먹어라, 조선사람이 만든 것을·써라, 조선사람이 지은 것을·조선사람, 조선 것.' 우리 자본 경제력 육성의 방법은 국산품 애용이라는 것입니다. 물산장려운동은 국산품 애용을 통한 우리의 민족자본과 경제력 육성운동이었습니다.

평양에서 시작한 물산장려운동은 서울까지 확산됩니다. 서울에서는 토산품 애용 부인회가 조직되었고, 많은 호응을 얻어 전국적으로 금연·금주 운동이 벌어졌습니다. 이러한 경제적 민족운동인 물산장려운동은, 일제의 식민 지배정책에 역행 보통의 방향과 반대 방향으로 거슬러 나아감하는 것이었기에, 일제의 방해와 탄압으로 이어졌고, 그로 이해 결국 실패로 끝나고 말았습니다. 이를 주도한 조선물산장려회도 1940년에 해체되었고 말았습니다. 그러나 한민족이 단결하는 계기가 되었다는 점에서 역사적 의의를 찾을 수 있습니다.

민족교육을 위하여 민립대학설립운동도 전개되었습니다. 원래 민립民立이란 민간 정부가 아닌, 일반 백성들이 기관이나 공공시설을 세우는 것을 말합니다. 하지만 여기서의 민립民立은 민족民族이 세운다는 立 뜻으로 이해하는 것이 더 옳을 것입니다. 우리 민족의 힘으로 대학을 세워 고등교육을 실시하고, 유능한 인재를 키우자는 운동이 민립대학설립운동입니다. 동서고금 언제 어디서나을 막론하고, 개인이든 국가든 실력을 키우는 핵심이자 지름길은 교육입니다. '배워야 산다.'가 정답입니다. 흔히 '아는 것이 힘이다'라고 했습니다. 배워야 우리 민족이 사는데, 일제는 누구보다 그 사실을 명확하게 알기에, 우리 민족에게 제대로 된 교육을 실시하지 않았습니다. 오히려 우민화 정책을 실시하였습니다. 백성을 어리석게 만드는 것을 우민화愚民化. 어리석을 우라고 합니다. 일제는 우리 민족을 그들이 부려 먹는 데 필요한 정도의 초보적인 지식과 기술교육만 실시했습니다. 민족의 실력힘을 키우는 데 필요한 고등교육을 실시하지 않은 것입니다. 고등교육은 학교 교육의 최종단계로서, 초등교육·중등교육에 이어지는 가장 높은 단계의 교육이라고 할 수 있습니다. 대학교육이 고등교육입니다.

일제가 우리 민족을 식민지의 어리석은 국민으로 만들어, 일제의 지배에 순복순순히 잘 복종함하게 하려고 했습니다. 이에 우리 민족 스스로의 힘으로 고등교육에 필요한 대학을 세워서, 교육을 실시하여 우리 민족의 실력을 양성하자는 운동이 민립대학설립운동입니다. 1920년대에 민족의 실력을 양성하기 위해 민족지도자들이 했던 대표적인 노력이, 물산장려운동과 민립대학설립운동민족교육운동이었습니다.

우리 손으로 우리 민족의 고등교육에 필요한 대학을 세우려니 자금돈이 필요합니다. 특별히 가진 돈이 없으니 모금이 필요했습니다. 1922년 이상재 등이 중심이 되어 조선민립대학기성준비회를 조직하고 민립대학의 설립에 필요한 자금 마련 및 건축 등의 방안에 대해 논의하고 모금운동을 전개하였습니다. 모금운동이 민족운동의 성격을 띠고 전국적으로 전개되자, 놀란 일제는 이 운동을 조직적으로 방해하고 탄압하였고, 그밖에 일제의 경제적 착취와 자연재해 등으로 인하여 모금의 어려움이 있어 실패하고 말았습니다. 일제는 한국인의 불만을 무마마음을 달래어 어루만짐하기 위해 경성제국대학지금의 서울대학교을 설립하였습니다.

실력양성운동의 차원에서 전개된 또 하나의 운동이 문맹퇴치운동입니다. 배우지 못하여, 글을 읽거나 쓸 줄 모르는 것을 문맹文盲이라고 합니다. 물리쳐서 아주 없애 버리는 것을 퇴치라고 합니다. 일제의 식민지 차별 교육정책한글교육 금지 등으로 우리 민족의 문맹자글을 읽거나 쓸 줄 모르는 사람는 갈수록 증가하였습니다. 문맹자의 증가는 민족의 독립역량 약화로 연결되는 문제였습니다. 이에 우리 민족이 글을 읽고 쓸 수 있도록 하자는 운동이 문맹퇴치운동입니다. 글을 모르면 정보지식를 습득하기 어렵습니다. 세상의 수많은 정보는 활자화문자화되어 존재합니다.

글을 아는 것은 개인이든 국가든 역량실력. 어떤 일을 해낼 수 있는 힘을 일정하게 갖추는 데 절대적인 요소입니다. 문맹퇴치운동은 일제의 우민화 정책과 민족 차별 교육에 맞서는 것이었습니다. 문맹퇴치운동에는 언론기관이 앞장섰습니다. 조선일보의 문자보급운동1929, 동아일보의 브나로드운동1931 등이 그것입니다. 조선일보의 주도로 시작된 문자보급운동은 '아는 것이 힘, 배워야 산다.'는 구호로 문맹퇴치운동을 합니다. 동아일보가 주도한 브나로드운동에서, 브나로드Vnarod는 러시아어로 '민중 속으로'라는 뜻입니다. '배우자, 가르치자, 다 함께 브나로드' 동아일보의 민중계몽을 위한 구호였습니다. 브나로드는 러시아에서 지식계층이 민중농민 계몽을 위해 농촌으로 들어갈 때 내세운 구호였습니다. 동아일보는 브나로드운동으로 한글교육과 미신비과학적이고 종교적으로 망령되다고 판단되는신앙 타파·구습예전부터 내려오는 낡은 풍습 제거 등에 앞장섭니다.

한편 학생들도 야학야간 학교과 강습소를 통해 한글보급·우리 역사교육과 계몽활동을 통해 문맹퇴치와 민족의식자기 민족의 존엄과 권리를 지키고 민족의단결과 발전을 꾀하려는 집단적인 의지 및 감정 고취의견·사상 등을 열렬히 주장해서 불어넣음에 노력했습니다. 야학은 정규학교에 다니지 못하는 사람들을 대상으로 야

간에 수업을 실시하는 비정규적 사회교육기관을 말합니다. 이러한 문맹
퇴치운동_{한글보급운동}은 실력양성운동의 차원에서 전개된 민족운동이었습
니다. 이에 일제는 이러한 모든 운동들을 탄압하고 못하게 하였습니다.

34 대한민국임시정부

3·1운동이 일제의 무력적 탄압으로 실패하면서, 민족운동에 대한 나름의 반성이 있었습니다. 3·1운동과 같은 민족의 독립투쟁을 보다 더 조직적이고 적극적으로 전개하기 위해선, 독립운동을 이끌어갈 총지휘본부로서의 우리의 정부가 절실히 필요하다는 것을 알게 된 것입니다.

이에 여러 곳에 여러 임시정부가 수립됩니다. 연해주의 블라디보스토크에는 대한국민의회정부가, 서울에 한성정부가, 중국 상하이에는 상하이임시정부가 수립되었습니다. 그러나 여러 임시정부로는 민족의 역량을 한곳에 집중시키기 곤란하여, 여러 임시정부를 하나로 통합할 필요성 증대되어 상하이임시정부를 중심으로 통합되었습니다. 중국의 상하이임시정부_{임시정부}로 통합한 이유는, 한반도로부터 거리가 멀어서 일제의 영향력이 적게 미치고, 상하이는 각국의 재외공관_{외국에 설치하는 외무부의 파견기}

관. 대사관 등들이 모여 있던 곳이어서 외교활동에 유리하였습니다.

3·1운동을 전후하여 조국의 독립 방법으로 거론_{어떤 사항을 이야기의 주제나} _{문제로 삼음}되었던 것이, 외교론과 무장투쟁론, 실력양성론 등이었습니다. 외교론은 외교적인 노력으로 미국 등의 강대국에 조선의 독립을 청원하여, 강대국들이 일본에 압력을 가하여, 이에 일본이 굴복함으로써 조국이 광복과 독립을 얻도록 하자는 주장입니다. 외교론은 대한제국 말기부터 지식인들 사이에 널리 펴져 있었고, 그 중심에 이승만이 있었습니다. 따라서 임시정부의 초대 대통령에 이승만이 선임된 것은 이러한 외교론과 관련이 있는 것입니다.

그러나 이승만은 그러한 기대에 제대로 부응_{어떤 기대나 요구에 좇아서 응함}하지 못했고, 오히려 미국 교민들이 독립운동 자금으로 모금한 것을 유용_{일정한 용도 이외의 딴 곳에 씀}하는 사건이 발생했고, 이로 인해 이승만은 임시정부의 초대 대통령직에서 탄핵_{파면}을 당합니다. 이승만은 임시정부와 대한민국의 초대 대통령을 모두 지냈지만, 한번은 파면으로 다른 한번은 하와이 망명으로 대통령직을 마감했던 인물입니다. 그가 왜 그렇게 되었는지는 면밀히 살펴볼 일입니다. 특히 정치에 관심을 둔 사람이라면 더더욱 그렇습니다.

대한민국임시정부_{임시정부}는 3·1운동 후 조국의 광복을 위해 임시로 중국 상하이에서 조직한 정부를 말합니다. 임시정부는 조국의 광복을 위해 여러 가지 기구들을 두고 활동을 하였습니다. 연통제는 임시정부와 본국 국민을 연결하기 위한 비밀 행정조직이었습니다. 교통국은 정보 수집·독립운동자금 모금·비밀 교신 등을 담당했던 정보기관입니다. 독립운동자금 모금에 중요한 역할을 했던 단체로는 백산상회와 이륭양행이 있습니다. 백산상회는 1914년에 안희제가 세운 민족기업으로, 백산은 설립자인 안희제의 호입니다. 그는 민족운동도 경제문제 해결이 선행^{다른}^{일에 앞서 행함}되어야 한다는 인식으로, 영남지역의 대지주들과 함께 백산상회를 설립한 뒤 독립운동 단체의 연락 및 자금공급에 힘썼습니다. 이륭양행은 아일랜드계 영국인 조지 루이스 쇼가 1919년 중국에 설립한 무역선박회사로 비밀리에 대한민국 임시정부 교통국의 역할을 수행하였습니다.

임시정부 산하^{어떤 세력이나 조직체의 관할 아래}의 군사조직으로는 서간도의 서로군정서와 북간도의 북로군정서가 있었습니다. 후에는 직속부대로 광복군총영이 있었습니다. 1940년에는 한국광복군을 조직하고, 연합군의 일원으로서 일본에 선전포고를 합니다. 또한 우리의 역사와 독립운동 자료를 모아, 외국에 알리기 위해 사료편찬소를 두었으며, 국내외 동포들에게 독립운동 소식 전달하고 독립운동의 방향을 제시하기 위해 독립신문을 발행했습니다. 여기서의 독립신문은 독립협회에서 발행한 독립신문과는 명칭만 같을 뿐, 별개^{서로 다른} 것입니다.

구미위원부 설치하고 이승만을 중심이 되어 미국에서 외교활동을 전개합니다. 여기서 구미歐美^{유럽}^{구라파는 유럽의 한자말. 歐羅巴}과 미국美國을 말합니다. 따라서 구미위원부는 서양^{유럽과 미국}과 같은 강대국들로부터 독립에 필요한 외교적 도움을 받기 위해서 조직한, 일종의 외교통상부였다고 할 수 있습니다. 임시정부는 독립운동자금을 마련할 목적으로 독립공채^{애국공채} 발행하기도 했습니다.

이러한 임시정부는 삼권입법·사법·행정 분립分立에 기초한 한민족 최초의 민주공화국 정부였습니다. 과거 신민회와 대한광복회가 주창주의나 사상을 앞장서서 주장함했던 공화정을 실현한 것입니다. 대한민국헌법전문은 '유구한 역사와 전통에 빛나는 우리 대한국민은 3·1운동으로 건립된 대한민국임시정부의 법통과 불의에 항거한 4·19민주이념을 계승하고,'로 시작합니다. 대한민국의 정통성정식으로 계승되어 오는 바른 계통의 자격의 뿌리는 대한민국임시정부에 있다고 헌법전문憲法全文은 말하고 있습니다. 법통은 법의 계통이나 전통을 말합니다.

임시정부는 삼권분립 기초하여 구성하였습니다. 입법기관인 임시의정원과 사법기관인 법원 그리고 행정기관인 국무원으로 구성하여, 민주주의의 원리에 충실하려고 하였습니다. 삼권분립은 국가의 권력을 입법, 사법, 행정의 삼권으로 분리하여 서로 견제하게 함으로써 권력의 남용을 막고, 국민의 권리와 자유를 보장하는 국가 조직의 원리를 말합니다.

임시정부는 이러한 성과에도 불구하고 일제의 탄압과 감시로 연통제와 교통국이 붕괴되었으며, 강대국들의 외면으로 외교 활동에선 성과가 부족했습니다. 또한 독립운동 방법방식을 둘러싼 갈등과 사상적 갈등으로 다수의 사람들이 임시정부를 이탈하기도 합니다. 이러한 여러 어려움에도 불구하고, 임시정부는 김구를 중심으로 광복 전까지 독립운동을 지속하다가, 광복 직후에 임시정부의 요인들이 국내로 입국하면서 해체되었습니다.

KEY WORD

35   의열단과 한인애국단

의열은 의기가 장렬하다, 정의로운 마음이 맹렬하다는 뜻입니다. 의열단은 '천하에 정의로운 일을 맹렬히 실행하기로 한다.'는 의지로 1919년 약산 김원봉이 중심이 되어 만주에서 조직한 항일조직입니다. 일본인 고관_{고위 관리} 및 친일파 처단, 일제식민통치기관 파괴를 통하여 구국의 횃불로 삼는다는 의지에서 결성한 독립단체가 의열단입니다. 의열단의 활약으로는 한민족 착취기관이었던 동양척식주식회사에 폭탄을 던진 나석주, 종로 경찰서에 폭탄을 던진 김상옥, 부산 경찰서에 폭탄을 던진 박재혁, 밀양 경찰서에 폭탄을 던진 최수봉, 조선총독부에 폭탄을 던진 김익상 등이 있습니다. 이러한 의열단의 활약은 직접적인 무력투쟁을 통하여 민족의 결연한 독립의지를 보였다는 점에서 의의_{의미}를 찾을 수 있습니다.

김원봉은 비폭력투쟁이 3·1운동의 실패의 원인으로 보고, 광복을 위해 무력만을 수단으로, 암살만을 정의로 삼겠다는 의지로 의열단을 조직하여 활약하였습니다. 의열단의 폭력투쟁 상대는 조선총독부·동양척식주식회사·경찰서·총독·친일파·밀정 등이었으며, 폭력투쟁으로 일제의 지배, 착취, 친일파들의 일본과의 결탁에 맞선 것이었습니다.

한인애국단은 김구가 중심이 되어, 1931년 중국 상하이에서 조직된 항일독립운동 단체로 일본의 주요인물을 암살하는 것이 주요 목적이었습니다. 한인애국단의 활약으로는 일본 도쿄에서 일본 국왕에게 폭탄을 던진1932 이봉창과 중국 상하이 홍커우 공원에서 일본군의 상하이 점령 축하 기념식장에 폭탄을 던진1932 윤봉길 의사의 의거가 대표적입니다. 윤봉길의 의거정의를 위하여 일으키는 의로운 일로 일본군 총사령관 등 일본인 고관 다수 살상사람을 죽이거나 상처를 입힘하였습니다. 당시 중국의 최고 지도자였던 장제스는 '중국의 100만 대군도 해내지 못한 일을 한국 용사 1명이 단행하였다!' 라며 칭찬을 아끼지 않았다고 합니다. 윤봉길의 의거는 일제의 침략으로 고통을 받고 있던 중국인에게 감명을 주었으며, 중국인들이 중국에서 대한민국임시정부 등의 활동을 적극적으로 지원하는 계기가 되었습니다.

36 봉오동전투와 청산리대첩

3·1운동을 계기로 항일무장투쟁이 적극적으로 전개됩니다. '광복을 위해 무력만을 수단으로'라는 의열단의 구호에서 엿볼 수 있듯이, 무력항쟁^{무장투쟁}이 광복을 위한 최선의 방법이라는 주장에 무게가 실립니다. 이에 3·1운동 이후 만주·연해주 지역을 중심으로 무장투쟁 활동이 활발히 진행됩니다. 국내의 경찰서와 같은 식민통치기관 공격을 하고, 일본군과 치열한 전투도 전개합니다.

홍범도가 이끌던 의병부대가^{삼수·갑산} 3·1운동 이후 가장 먼저 재기하여 북간도의 왕청현 봉오동에 대한독립군이라는 이름으로 거듭 태어납니다. 대한독립군이 일제의 식민통치기관^{헌병 초소} 등을 공격하자, 일본군이 봉오동으로 공격해 옵니다. 이에 홍범도 등은 일본군을 골짜기로 유인하여 일본군 1개 대대 병력을 크게 격파시킵니다. 봉오동 전투^{1920.6}는 독립군 편성 이후 첫 승리로서, 독립군의 사기를 크게 높이는데 기여하였습니다. 또한 봉오동전투는 독립군의 병력 보강과 군비 확충에 총력을 기울이게 하는 계기가 되었습니다. 한편 일제는 독립군의 전력전투능력을 다시 평가하고 독립군에 대한 대대적인 토벌 계획을 세우는 계기도 되었습니다.

일제는 간도 침략의 구실을 만들고, 더 나아가 간도에서 활약하고 있던 독립군을 완전히 제거할 목적으로 마적단을 매수하여 훈춘의 일본영사관을 공격하게 하는 훈춘사건을 일으킵니다. 그리고 이를 한국인에게 뒤집어씌우고는, 이것을 구실로 간도 및 만주 지역에 2만여 명의 병력을 투입합니다. 일본군의 포위 압박으로 퇴로를 열지 못한 여러 독립군 부대들은 김좌진의 북로군정서군, 홍범도의 대한독립군, 안무의 대한국민회군 등 일본군을 상대로 전투를 벌입니다. 이러한 전투에서 일본군 1,200여 명을 사살하고, 2,000여 명을 부상시키는 전과전쟁이나 경기 따위에서 올린 성과를 거두는데 이를 청산리대첩1920.10이라고 합니다. 청산리대첩은 독립군의 여러 전투 가운데 가장 큰 승리였으며, 항일 독립 전쟁 중에서 최대의 승리였습니다. 거주 동포들의 협조와 독립군의 목숨을 아끼지 않은 투지, 지형을 이용한 효과적인 작전 등이 승리의 요인이었습니다. 청산리대첩은 무장투쟁을 하던 독립군은 물론이고 한민족에게 독립광복에 대한 희망과 용기를 갖게 하는 사건이었습니다.

봉오동전투와 청산리대첩에서 두 차례나 패배한 일제는 독립군에 대한 무자비한 보복에 나섭니다. 일제는 독립군의 무장 항전을 그들의 식민통치에 대한 심각한 위협이라고 판단하고, 무장독립투쟁의 근거지를 소탕휩쓸어 모조리 없애 버림하고자 일으킨 사건이 간도참변경신참변입니다. 일본군은 패배를 설욕승부 따위에 이겨 전에 패배했던 부끄러움을 씻고 명예를 되찾음하고, 독립투쟁의 뿌리를 뽑고자 한민족이 가장 많이 모여 살고 있었던 간도의 한인 마을들을 1920년 10월부터 1921년 4월까지 무차별적으로 공격합니다. 무차별적 공격의 방법은 살인·파괴·방화·약탈 등의 만행야만스러운 행동이었습니다. 방화는 일부러 불을 지르는 것을 말합니다. 살인·파괴·방화·약탈 등은 전쟁터에서 일어나는 일들입니다. 1920년 10월과 11월 두 달 사이에만 약 3,600여 명이 학살당하였고, 또한 가옥 3,500여 채, 학교 60여 개소, 교회 20여 개소 등이 소각되었다고 전해집니다. 초토는 불에 타서 검게 된 땅을 말합니다. 초토화는 불에 탄 것처럼 황폐해지고 못 쓰게 된 상태를 비유하여 하는 말입니다. 일제일본군는 한민족의 생활터전이자 독립운동의 터전이었던 간도지역의 한인 마을을 초토화시켜, 패배를 복수하고 독립투쟁의 근거를 없애고자 했던 것입니다. 그 과정에서 일본군이 일으킨 사건이 간도참변입니다.

간도참변으로 간도 지역에서 활동이 어려워진 독립군 부대들은 서일의 대한독립군단을 중심으로 합류합니다. 김좌진과 홍범도도 이 부대에 합류합니다. 대한독립군단은 독자적인 활동을 하던 여러 독립군 부대가 1920년 12월에 서일과 김좌진 등을 중심으로 통합 조직한 항일독립군 부대를 말합니다. 대한독립군단 가운데 일부는 소련과 만주 국경 지역으로 이동하고, 또 다른 일부는 소련 영토인 자유시로 이동합니다1921.

자유시는 당시 소련의 영토였던 알렉세예프스크지금의 스보보드니. 스보보드니는 러시아어로 자유롭다는 뜻. 그래서 자유시로 불림를 말합니다. 자유시참변은 1921

년 6월 소련의 자유시알렉세예프스크. 스보보드니에서 소련 적색군적군. 붉은 군대. 볼세비키 혁명군. 공산당 군대이 대한독립군단 소속 독립군들을 포위하여 사살한 사건을 말합니다. 소련적색군이 독립군을 포위하고 사살한 이유는, 독립군이 소련적색군에 편입 당하는 것을 거부했기 때문입니다. 소련적색군공산당 군대. 혁명군은 독립군을 그들의 군대 안에 편입시켜, 반혁명군하얀 군대. 일본군과 한편과 싸우길 바랐습니다. 편입에 찬성하는 독립군도 있었고 반대하는 독립군도 있었습니다. 무장해제 및 편입에 찬성하던 사람으로는 홍범도 등이었고, 무장해제 및 편입에 반대하던 사람으로는 김좌진 등이었습니다.

어떻든 독립군은 자유시 지역에서 소련적색군의 공격을 받아 전투력의 큰 손실을 입게 됩니다. 간도참변과 자유시참변으로 독립군은 만주와 연해주 지역에서의 활동이 크게 위축마르거나 시들어서 오그라지고 쪼그라듦되고 말았습니다. 자유시참변 이후 홍범도가 이끄는 독립군은 소련적색군에 편입되었고, 김좌진은 따르는 독립군을 이끌고 만주로 내려와서, 3부로 독립군을 재조직합니다. 독립광복의 방법으로 무력항쟁을 택했던, 봉오동전투의 홍범도와 청산리대첩의 김좌진은, 또 다른 독립의 방법해법에 대한 생각의 차이 때문에 서로 다른 행로를 갑니다. 서로 다른 행로의 배경에는 생각의 차이, 즉 사상의 차이가 존재했다고 할 수 있습니다. 홍범도는 사회주의적인 사상의 입장에 김좌진은 민족주의적인 사상의 입장에 있었기 때문입니다. 홍범도는 소련 영토인 연해주에 남았고, 김좌진은 만주로 와서 흩어진 독립군들을 다시 모아 전열과 조직을 재정비합니다. 그러한 노력의 과정에 3부가 결성된 것입니다. 3부는 참의

부, 정의부, 신민부를 말합니다. 3부는 군사적 기능과 행정적 기능을 함께 가진 정부였습니다. 3부는 압록강 유역에 위치하여 임시정부의 직할대 역할을 한 참의부와 남만주의 길림성 부근에 있었던 정의부 그리고 북만주 지역의 신민부로 구성되어 있었습니다.

한편 일제는 미쓰야 협정1925을 맺고 만주 지역에서의 독립군의 활동을 방해합니다. 미쓰야 협정은 1925년 조선총독부 경무국장 미쓰야 미야마쓰와 만주의 군벌 장쭤린장작림 사이에 비밀리에 체결된 협약으로, 만주군벌이 한국의 독립 운동가를 체포하여 일본 영사관에 넘기면 그 대가로 일제가 포상금을 만주군벌에 지급한다는 것입니다. 미쓰야 협정은 일본군과 만주군벌이 만주에서 공동으로 힘을 합쳐 독립군을 토벌한다는 것으로, 만주에서 한민족의 항일독립운동은 큰 타격을 입게 됩니다. 참고로 만주군벌은 청의 멸망 이후 중화민국이 성립되던 사이의 혼란기에 만주에서 영향력을 행사하고 있었던 군사적 집단을 말합니다. 군벌軍閥은 강대한 군사력을 배경으로 정치적 특권을 장악한 군인집단을 말합니다.

미쓰야 협정으로 만주에서의 독립운동에 큰 타격이 초래되자, 그 해결책으로 3부 통합이 추진됩니다. 결론적으로 완전한 3부 통합은 이루지 못했지만, 3부는 북만주의 혁신의회와 남만주의 국민부로 재편성됩니다. 나중에 혁신의회는 지청천의 한국독립군으로, 국민부는 양세봉의 조선혁명군으로 계승되었습니다. 한편 1931년 일본군이 만주를 침략하는 만주사변을 일으켜 만주를 장악하자, 한국독립군과 중국독립군이 연합하여 일본군을 상대로 공동으로 싸우게 되었습니다.

한국독립군의 대표적인 전과가 쌍성보전투과 대전자령전투가 있고, 조선혁명군의 대표적인 전과가 홍경성전투와 양릉가전투가 있습니다. 한국독립군은 중국 호로군과 연합해 한중연합작전으로 쌍성보전투과 대전자령전투를 승리로 이끌었습니다. 한국독립당의 당군_{정당에 소속된 군대}이 한국독립군입니다. 조선혁명당의 당군이 조선혁명군입니다. 조선혁명군은 중국의용군과 연합하여 홍경성전투와 양릉가전투를 승리로 이끌었습니다.

1930년대 무장항일투쟁의 특징은, 한·중연합작전의 전개입니다. 독립군이 중국군과 협력하여 일본군을 상대로 싸웠습니다. 우익_{민족주의} 계통의 독립군인 한국독립군은 중국호로군과 연합하여 일본군과 싸웠고, 좌익_{사회주의} 계통인 조선혁명군은 중국의용군과 연합하여 일본군을 상대로 싸웠습니다. 호로군은 본래 일본에 고용되었던 중국 군인들로, 호로_{護路. 지킬 호. 길 로}라는 말처럼 일본이 부설한 철로를 지키던 일본의 용병이었다고 합니다.

한국독립군의 일부는 임시정부의 요청으로 중국 본토로 이동하여, 임시정부의 직속부대인 한국광복군으로 창설되었습니다. 지청천의 한국독립군을 중심으로 여러 독립군을 통합하여 중국 충칭에서 임시정부의 직속부대로 창설된 군대가 한국광복군₁₉₄₀입니다. 한국광복군의 총사령관은 지청천_{이청천으로 개명}이었고 참모장은 이범석이었습니다. 1942년에는 김원봉이 이끌던 조선의용군이 한국광복군에 편입되었고, 일본군에 학병이나 징병으로 끌려갔던 청년들이 대거 탈출하여 한국광복군에 가담함으로써, 한국광복군의 전투력은 크게 향상되었습니다.

한국광복군의 활약으로는 한국광복군은 중국군과 연합하여 중·일전쟁에 참전하였고, 일제가 태평양전쟁1941을 일으키자, 일본에 선전포고를 하고 연합군과 함께 독립전쟁을 전개하였습니다. 또한 영국군과 연합1943하여 미얀마 전선에 파견하여 일본군과 전투를 했고, 포로 심문·암호문 번역·선전 전단 작성·회유 방송 등 심리전도 전개하였습니다. 한국광복군은 미군의 협조로 중국에서 특수훈련을 받고 제2지대장 이범석과 탈출 학도병을 중심으로 국내진입작전을 통하여, 조국의 독립해방을 자주적으로 이루려 하였으나, 그 이전에 일본이 연합군에 항복함으로써 뜻을 이루지 못했습니다. 한민족 스스로에 의한, 온전한 자주적 독립의 실패는 광복 후부터 현재에 이르기까지 남북이 민족의 의지와는 별 상관없이 남북분단으로 인한 고통과 슬픔을 겪고 있는 이유인 것입니다. 그래서 민족의 장래를 예견어떤 일이 있기 전에 미리 짐작함했던 백범 김구는, 연합군에 의한 일본의 항복과 한민족의 독립을 그리 달가워하지 않았던 것입니다.

한편 1938년 김원봉을 중심으로 조직한 조선의용대는 중국군중국의용군과 협력하여 일본군을 상대로 싸웠습니다. 그 일부는 나중에 김원봉을 따라 한국광복군에 합류하였고 나머지는 조선의용군이라는 이름으로 중국공산당 아래서 중국에서 항일투쟁을 했고, 다시 중국공산당군과 함께 장제스의 중국국민당군의 전투에 참전하여 현재의 사회주의 국가인 현재 중국의 건국에 기여했습니다.

조선의용군은 광복 직후 김일성의 요청과 모택동마오쩌둥의 승인으로 북한군에 흡수되었습니다. 6·25전쟁 때, 북한군인민군의 주력중심이 되어 주요한 역할을 하는 세력에는 전투 경험이 많았던 조선의용군이 있었습니다. 조선의용군의 대표적 지도자는 김두봉과 김무정입니다. 조선의용군은 1942년 조선의용대 화북지대를 개편한 조선독립동맹의 당군黨軍이었습니다. 김두봉은 한글학자 주시경의 제자였고, 사회주의공산주의 계열의 민족지도자였습니다. 광복 이후로 북한에서 정치생활을 했고, 김일성대학의 초대 총장을 지냈다고 합니다. 김무정은 무정이라고도 하며, 조선의용군의 총사령을 지냈습니다. 광복 후, 북한에서 정치와 군인생활을 했고, 1950년 6·25전쟁 때 북한군인민군 제2군단장을 지냈던 인물입니다. 이렇게 볼 때, 대한민국 국군의 기반은 한국광복군이고 북한군의 기반은 조선의용군이라고도 할 수 있습니다. 투박하게 말하자면, 한국군과 북한군의 뿌리엔 모두 독립군이 있다고 할 수 있습니다. 그런데 6·25전쟁 땐 사상에 따른 입장의 차이로 서로 죽도록 싸웠습니다.

37 광주학생항일운동

사회주의 계열의 영향을 받은 학생과 청년지식인의 주도로, 순종의 인산일장례일. 1926.6.10을 계기로 일제침략과 수탈정책 그리고 식민지 차별교육에 반대하는 만세시위운동을 계획하고 있었습니다. 6·10만세운동은 순종의 장례식을 기회로, 다시 3·1만세운동과 같은 거족적인 만세운동을 통해 민족의 독립을 실현하고자 하였던 것입니다. 그러나 일제는 3·1만세운동의 경험칙관찰과 측정에서 얻은 법칙을 이미 갖고 있었습니다. 일본 군경군대와 경찰은 순종이 서거한1926.4.25 후부터 민족운동의 동태움직이거나 변하는 상태를 주도면밀하게주의가 두루 미쳐 자세하고 빈틈이 없다 감시하고 있었기 때문에, 6·10만세운동은 시위가 있기 전에 계획이 발각되어 지도자들이 대부분 체포되었습니다. 따라서 3·1만세운동과 같은 대규모의 만세시위운동을 전개하지는 못했습니다. 하지만 장례식 행렬의 틈틈이 전단지를 살포하고 구호와 독립만세를 외쳤습니다. '일본 제국주의를 타도하자, 토지는 농민에게 맡겨라, 8시간 노동제를 채택하라, 우리의 교육은 우리들 손에 맡겨라!'

비록 6·10만세운동은 일제의 감시와 무력적 탄압으로 뜻을 이루지 못했지만, 사상좌·우의 이념보다 민족의 독립이 더 우선한다는 견해를 갖게 합니다. 좌·우의 이념에 따른 민족의 분열은 결코 민족의 독립에 이롭지 못하다는 판단을 하게 된 것입니다. 그에 따라 1927년 좌·우합작독립운동 단체인 신간회가 결성되었습니다. 또한 6·10만세운동은 3·1운동 이후 침체되었던 국내의 항일운동을 활성화시키는데 기여하였으며, 6·10만세운동1926은 3·1운동1919에서 광주학생항일운동1929으로 넘어가는 교량 역할을 하였다는 점에서 그 의의의미. 가치를 찾을 수 있습니다.

1929년 10월 30일, 전라도 나주를 출발하여 광주역에 도착한 통학 열차에서 내릴 때, 광주중학교의 일본인 학생이 광주여자고등보통학교광주여고보. 여자중학교에 해당 한국인 학생인 박기옥의 댕기머리두 갈래로 땋아 늘어뜨린 머리카락를 잡아당기면서 "센진"이라고 희롱상대편의 의사에 관계없이 수치심을 주는 말이나 행동을 하는 일을 하였습니다. '센진'은 조선인조센진을 일컫는 일본말로, 보통 한국인을 낮잡아사람을 대수롭지 않게 여기고 만만히 대하다. 깔보다. 얕잡다 부를 때 쓰던 말이었습니다. 이 모습을 본 박기옥의 사촌동생 박준채광주고등보통학교. 남자중학교에 해당가 분노하여 사과를 요구했으나 말을 듣지 않자, 싸움이 벌어졌습니다. 이 싸움에 끼어든 일본경찰은 일본학생들의 편을 들며 한국학생들을 무조건 폭행하고 감금하였습니다.

한국학생들과 일본학생들의 집단싸움은 그다음 날도 이어졌고, 이를 당시 일본어 신문이었던 광주일보는 일본학생들을 두둔하는 편파적인 한쪽으로 치우쳐 공평하지 못함 보도를 합니다. 일본경찰과 일본어 신문, 일본인 교사들은 모두 일본학생들의 편이었습니다. 이에 격분 몹시 분개함한 한국인 학생들은 신문사와 일본학생들을 습격합니다. 당시 광주고보 등의 광주지역 학교에서는 독서회가 비밀리에 조직되어 사회주의와 민족문제에 관심을 갖고 그런 종류의 책들을 많이 읽었습니다. 그 과정에 항일의식이 고취되었고, 이들이 광주학생항일운동의 주축이 되었습니다.

　11월 3일, 일본인들의 한국인에 대한 차별적 태도에 공분한 공적인 일로 느끼는 분노 한국학생들 광주고보 등이 광주일보와 광주중학교의 일본학생들을 습격하면서 광주학생항일운동이 일어났습니다. 학생들은 시위를 하며 조선독립만세를 외쳤습니다. 11월 12일, 광주지역의 학생들은 일제히 시위에 돌입했습니다. 시위의 구호는 '검거자를 즉각 석방하라, 식민지적 노예교육제도를 철폐하라, 조선인 본위의 교육제도를 확립하라, 일본 제국주의를 쳐부수자, 약소민족을 해방하라' 등이었습니다. 광주학생항일운동은 1929년 11월 3일부터 1930년 3월 말까지 계속되었습니다. 4개월 동안 참가한 학교의 수가 194교였고, 참가한 학생의 수는 약 6만 명 정도였습니다. 광주에서 시작된 광주학생항일운동은 전국적으로 확대되었고, 만주와 일본 등의 해외에서도 광주학생항일운동을 지지하고 일제의 식민지배에 항거하는 항일운동이 일어났습니다. 그 중심에는 학생들이 있었습니다. 학생들은 학생투쟁본부를 설치하고 신간회·근우회 등의 단체들과 연대 여럿이 함께 무슨 일을 하거나 함께 책임을 짐하여 광주의 투쟁을 전국적인 항일운동으로 전환시키기 위해 노력했기 때문에 가능했던 일입니다.

참고로 당시의 광주중학교와 광주고등보통학교, 광주여자고등보통학교는 모두 지금의 중학교에 해당합니다. 대체로 일본인은 중학교를 한국인은 고등보통학교고보를 다녔습니다. 이것 역시 식민지 차별교육에 해당합니다.

광주학생항일운동은 단순한 학생운동이 아니라 일제의 민족차별 정책에 대한 반대투쟁이자, 일제의 식민통치를 반대하는 항일투쟁이었습니다. 또한 3·1운동 이후 최대의 민족운동이었습니다. 3·1운동 이후로 6·10만세운동, 광주학생항일운동으로 이어지면서 사회주의계열과 민족주의계열의 민족지도자들은, 점차 사상좌·우의 이념보다 민족의 독립을 우선순위에 두어야 한다는 의식을 갖게 되었습니다. 그러한 의식의 발로마음속의 것이 겉으로 드러남가 신간회의 설립이었습니다. 1953년 정부는 광주학생항일운동의 독립정신을 본받기 위해 항일운동이 일어났던 11월 3일을 '학생의 날'로 정해 기념뜻깊은 일이나 훌륭한 인물 등을 오래도록 잊지 아니하고 마음에 간직함하다가, 2006년부터 명칭을 '학생독립운동기념일'로 변경하여 현재에 이르고 있습니다.

38 민족문화수호운동

그 민족의 뿌리는 그 민족만이 가진 말과 역사, 문화에 있습니다. 한민족의 근거근본이 되는 터전는 한글과 한국사와 한국문화라고 할 수 있습니다. 한글과 한국사와 한국문화가 없으면 한민족도 존재하기 어렵습니다.

일제는 한민족의 문화를 존중하고 발전시킨다는 명분으로 문화통치를 실시합니다. 그러나 그것은 어디까지나 구실이었을 뿐, 실제의 목적은 한민족의 역사와 문화를 왜곡하고 날조하여 식민지 근성을 가진 국민을 키우는 것이 목적이었습니다. 왜곡은 사실과 다르게 해석하거나 그릇되게 하는 것을 말합니다. 날조는 사실이 아닌 것을 사실인 것처럼 거짓으로 꾸미는 것을 말합니다. 있는 것을 없다 하고 없는 것을 있다 하는 것이 날조입니다. 모습과 본질을 다르게 말하거나 표현하는 것이 왜곡입니다.

1910년부터 1945년까지의 한반도는 일제의 식민지였고, 한민족은 일제의 지배를 받는 식민지 국민이었습니다. 일제는 식민지 국민인 한민족을 그들의 지배에 순복순순히 잘 복종함하는 사람들로 만들 필요가 있었습니다. 그 의도에서 문화통치와 민족말살통치를 실시하였던 것입니다. 한민족은 이러한 일제의 식민지 지배 방식과 의도에 맞서야 했습니다. 그래야 한민족은 지속적인 생존존재이 가능했습니다. 일제의 지배에서 벗어나 한민족의 지속가능한 생존을 위해 필요했던 것이 민족문화를 수호하는 것이었습니다.

민족문화는 오랜 세월을 거쳐 오는 동안 한 민족이 같이 생활하면서 축적하여 온 경험과 지식의 총체를 말합니다. 민족문화는 전체로서의 민족이 공유하고 있는, 오랜 시간에 걸쳐 발전되어 온 생활양식생활방식입니다. 그 민족 고유본디부터 지니고 있는 특유한 것의 생존방식이 민족문화입니다. 한민족의 문화를 수호지키어 보호함하는 것은 한민족을 수호하는 일이었습니다. 이러한 맥락에서 추진된 것이 민족문화수호운동인 것입니다. 민족문화수호운동은 항일독립의식의 고취와 함께 추진되었습니다.

한민족의 문화를 지키는 핵심은 한민족의 말한국어과 역사한국사를 지키는 일입니다. 따라서 민족문화운동의 중심에는 한국어와 한국사 연구가 있었습니다. 일제는 한국사를 왜곡하고 날조하려는 시도를 끊임없이 합니다. 그것이 식민사학입니다. 식민사학은 한국사의 독자적 발전을 부정합니다. 한민족은 스스로 발전하지 못했으니, 일본의 지배를 받는 것이 한민족의 발전에 도움이 된다는 논리입니다. 일제가 학문적인 근거로, 한민족의 침략과 지배를 합리화하기 위해 이용했던 역사연구 방식이 식민사학입니다.

이에 맞선 것이 민족사학^{민족주의 사학}입니다. 민족사학^{민족사관}은 일제강점기 식민사학^{식민사관}에 대항하여 민족의 우수성과 한국사의 주체적 발전을 강조한 역사연구 방식을 말합니다. 쉽게 말하자면 한국사의 발전성과 긍정성, 자율성을 강조하는 것이 민족사학이고, 반대로 한국사의 발전성과 긍정성을 부정하고 타율성을 강조하는 것이 식민사학입니다. 민족사학은 한민족의 자부심과 긍지를 갖도록 힘썼고, 식민사학은 어떻게든 한민족의 자존감을 낮추려고 힘썼습니다. 식민사학은 한민족은 옛날부터 열등했기 때문에 다른 나라의 지배를 받을 수밖에 없다는 식의 내용이 대부분이었습니다. 민족사학은 한민족의 우수함을 강조했고 식민사학은 한민족의 열등함을 강조했습니다.

대표적인 민족주의 사학자로는 신채호·박은식·정인보·문일평 등이 있습니다. 신채호는 조선상고사와 독사신론을 지었고 낭가사상^{郎家思想. 화랑정신} 강조했습니다. 박은식은 한국통사를 지었고 민족의 혼을 강조했습니다. 정인보는 조선사 연구를 지었고 조선의 얼을 강조했습니다. 문일평은 호암 전집을 지었고 조선의 심을 강조했습니다. 사회주의 경제사학자 백남운은 조선사회경제사를 지었으며, 일제의 말처럼 한국사에서 역사발전이 정체^{침체}된 것이 아니라, 세계사의 보편적인^{두루 널리 미치거나 해당되는} 법칙에 따라 발전하였음을 강조하여 식민사학자들의 주장에 반박했습니다.

이병도·고유섭·손진태 등은 실증사학^{실증주의 사학}의 관점으로 한국사를 문헌^{옛날의 제도나 문물을 아는 데 증거가 되는 자료나 기록} 고증^{예전의 사물의 시대·가치·}

내용 따위를 옛 문헌·물건 따위에 기초해서 증거를 세워 이론적으로 밝힘에 의한 실증적확실한 증거 방법으로 연구하여 식민사학에 맞섰습니다. 이러한 입장에서 이병도와 손진태 등이 조직한 역사연구 단체가 진단학회1934입니다.

1910년 일제의 강점 이후, 한국사나 한국문화에 대한 연구는 일본학자들이 주도했고, 일본학자들은 식민사학식민사관에 따라 한민족은 열등하다는 식의 연구 결과를 일본어로 발표했습니다. 이병도, 고유섭 등은 일본학자들의 연구발표에 반발하여, 우리 역사와 문화를 우리 손으로 연구한 뒤 우리 글로 발표하기 위해 1934년에 진단학회를 만들었습니다. 그러나 일제는 1942년 조선어학회 사건을 계기로 조선어학회와 함께 진단학회 활동도 중단시킵니다. 조선어학회 회원이었던 이윤재와 이희승은 진단학회의 회원이기도 했습니다.

민족문화수호운동의 또 다른 흐름이 한글을 지키는 일이었습니다. 그 중심에 주시경 선생이 있었습니다. 일제가 일본어 교육을 강화하고 한글 사용을 금지하는 정책을 펼치자, 주시경 등의 국어학자들은 우리말을 지켜야 한다는 생각을 했습니다. 주시경은 서재필이 창간한 최초의 한글신문인 독립신문의 발행에 직접적으로 관여어떤 일에 관계하여 참여함했습니다. 독립신문과의 인연은 주시경이 한글의 연구에 전념하는 계기이기도 했습니다.

1908년 주시경은 한글국어을 연구할 목적으로 국어연구학회를 조직했습니다. 국어연구학회 산하어떤 세력이나 조직체의 관할 아래의 강습소에서, 주시경으로부터 한글을 배운 대표적인 제자로 남한의 최현배와 북한의 김두봉이 있습니다. 그 후 주시경의 영향을 받은 장지영과 임경재 등이 조선어연구회1921를 조직하여 한글을 연구하고 널리 알리는 데 힘씁니다. 일제 강점기에는 일본어가 국어나랄말였습니다. 따라서 한글은 국어라는 이름이 아니라, 조선어라는 명칭으로 존재했어야 했습니다.

조선어연구회에서는 1926년 '가갸날'을 제정하여 훈민정음의 창제를 기립니다. 1927년에는 '한글'이라는 잡지를 발행하여 한글의 보급에 힘썼습니다. '가갸날'은 오늘날 '한글날'이 되었습니다. 한글이라는 명칭도 '한글'이라는 잡지에서 따온 것이라고 합니다. 조선어연구회는 '우리말 큰사전'의 편찬도 시작했습니다. '우리말 큰사전'은 광복 후에 편찬이 완성되었습니다. 조선어연구회는 조선어학회1931로 명칭을 바꾸었고, 조선어학회는 광복 후에 한글학회1949가 되었습니다.

조선어연구회가 개편되어 조선어학회가 됩니다. 조선어학회는 1933년 한글 맞춤법 통일안과 표준어를 제정하였습니다. 한글 맞춤법 통일안은 한글 맞춤법 및 문법체계의 통일안이고, 〈현재 서울의 중류사회에서 쓰는 말〉을 표준말로 삼았습니다. 한글 맞춤법 통일안은 그 후 여러 차례 수정을 거듭하여 오늘날 우리가 쓰는 맞춤법의 근간이 되었습니다. 통일안은 여럿을 통일하여 하나로 만든 방안일을 처리해 나갈 방법이나 계획을 말합니다. 한글의 맞춤법과 표준어 사용 기준을 제시한 것이라고 할 수 있습니다. 또한 '우리말 큰 사전'의 편찬을 위해 노력하였으나, 조선어학회 사건1942으로 조선어학회가 해산되면서 '우리말 큰 사전'의 편찬 작업은 중단되었다가 광복 후 한글학회에 의해서 '큰 사전'이라는 이름으로 완간1957되었습니다.

조선어학회 사건은 일제 강점기에 민족말살정책에 따라 한글연구학자들을, 독립운동^{민족운동}의 방편^{수단과 방법}으로 조선어사전을 편찬하고 있다는 이유로 원고를 압수하고 회원들을 체포하여 투옥하였습니다. 이 과정에서 이윤재와 한징은 옥사^{감옥살이를 하다가 감옥에서 죽음}하였고, 이극로와 최현배 등은 8·15광복까지 복역^{감옥생활을 함}하였습니다. 일본의 입장에서는 한글연구가 그들의 식민지 지배^{민족말살통치}에 방해된다고 생각했던 것입니다. 같은 맥락에서 한국사 연구 단체였던 진단학회도 조선어학회 사건을 계기로 연구 활동이 중지됩니다.

이렇게 한국사와 한글의 연구 및 보급에 진단학회나 조선어학회가 일제의 민족말살정책에 맞설 때, 민족문화수호운동의 또 다른 일환^{줄지어 있는 많은 고리 가운데 하나}으로 문학과 예술 등에서도 활발한 민족운동이 전개되었습니다. 예술 분야에서도 민족의 문화와 얼을 담은 작품들이 등장했습니다. 문학, 음악, 영화 등 다양한 분야에서 민족의 독립을 염원하고 우리 민족의 문화를 담은 작품들이 나왔습니다.

최남선·이광수·서정주 등이 친일적인 문학을 할 때에도 민족주의 문학가들은 민족의 독립을 염원^{늘 생각하고 간절히 바람}하는 일제에 저항하는 문학 작품들을 남겼습니다. 김소월의 '진달래꽃'과 '초혼', 이육사의 '광야와 청포도', 윤동주의 '하늘과 바람과 별과 시', 한용운의 '님의 침묵', 심훈의 '그날이 오면', 이상화의 '빼앗긴 들에도 봄은 오는가', 신채호의 '꿈하늘' 등이 그러한 작품들입니다. 소설에서는 염상섭의 '삼대'가 있습니다. 음악에서는 윤극영의 '반달', 홍난파의 '봉선화'와 '고향생각' 등이 있고, 영화에서는 나운규의 '아리랑'이 있습니다.

미술에서는 이중섭의 '소', 귀중한 문화재를 지키는 데 애쓴 간송 전형

필도 그러한 인물이었습니다. 전형필이 지킨 '훈민정음 해례본'은 한글 창제의 원리를 담은 책으로서, 그 소중함은 이루 헤아리기 어렵다고 하겠습니다. 또한 연극에서는 1923년 박승희와 김기진 등이 토월회를 조직하여, 전국을 순회하며 민족적인 내용의 연극을 공연하여 민족의식 고취와 민중계몽에 공헌하였습니다. 토월회土月會는 현실土을 도외시무시하다하지 않고 이상月을 좇는다는 뜻으로 지은 명칭이라고 합니다.

39 신간회

신간회新幹會는 민족운동의 새로운新 줄기幹가 될 조직會이라는 의미입니다. 민족운동의 새로운新 기둥幹이 되자는 목적에서 만든 단체會입니다. 신간회는 민족운동에 대한 서로 다른 사상생각을 가진 사람들이 모여 만든 단체입니다. 신간회는 민족주의와 사회주의로 나눠서 우리 민족끼리 서로 다투지 말고 힘을 모아 일제에 맞서자는 뜻으로 만든 단체입니다. 좌우좌익과 우익의 날 선 이념 대결과 대립보다 민족의 독립이 우선이라는 의지에서 만든 단체가 신간회입니다.

한편 사회주의는 사유재산제도를 폐지하고 생산수단토지·공장 등을 개인이 아닌, 사회가 공유공동으로 소유하려는 사상주의을 말합니다. 사유재산제도 대신에 재산의 공유를 실현시킴으로써 계급 없는 평등사회를 이룩하려는 사상 및 운동을 사회주의라고 합니다. 마르크스의 사회주의

사상은, 20세기 초 러시아 및 여러 나라에 큰 영향을 주었습니다. 이에 1917년 러시아에서는 레닌에 의해 사회주의 사상을 바탕으로 러시아혁명프롤레타리아혁명을 일으켜 성공합니다. 이로써 러시아는 공산주의 국가 체제소련. 1922가 수립되었습니다. 레닌의 사회주의 혁명으로 건국된 나라가 소련입니다. 소련蘇聯은 '소비에트 사회주의 공화국 연방'에서 소비에트를 음차소리를 빌리는 일한, 蘇소와 공화국 연방聯邦의 연聯을 중국식으로 표기한 것입니다. 소비에트는 노동자·농민·병사의 대표자가 구성한 평의회, 프롤레타리아의 대표자 회의라고 생각하면 됩니다.

제국주의의 뿌리는 자본주의입니다. 자본주의란, 생산수단을 자본으로 소유한 자본가가 이윤 획득을 위하여 생산 활동을 하도록 보장하는 사회·경제 체제주의를 말합니다. 자본주의란 자본가의 이윤이익·영리·소득 추구를 보장하는 사상입니다. 자본과 같은 생산수단의 개인 소유를 인정하는 주의가 자본주의입니다. 자본이란 사업을 하는 데 필요한 밑천초이 되는 재물資을 합니다. 산업혁명과 그로 인한 자본주의의 발달은 제국주의를 낳았습니다. 자본주의가 자본가의 이익 추구를 보장하는 사상이라면 제국주의는 제국강대국의 이익만을 추구하는 주의주장. 사상입니다. 자본주의가 낳은 괴물이 제국주의입니다.

사회주의는 자본주의와 제국주의를 반대하는 사상입니다. 당시 한민족은 일제일본 제국주의에 의해 주권이 침탈된 상태였습니다. 러시아 혁명에 성공한 레닌은, 제국주의로부터 주권을 침탈당한 약소민족정치적·군사적·경제적으로 힘이 약하여 다른 나라의 지배를 받는 민족의 독립을 지원하겠다고 약속합니다. 3·1운동 이후1919 청년과 지식인들 사이에 사회주의 사상이 확산됩니다. 이러한 세계적 흐름 속에서, 우리 민족지도자들 가운데도 사회주의 사상과 연결하여 독립을 추구하는 움직임이 점차 증가하였습니다. 이런 과정에 조선공산당1925도 조직됩니다.

독립을 위한 민족운동이 이념적으로 민족주의와 사회주의로 갈라진 것입니다. 민족주의자들이 대체로 자유주의 이념과 자본주의적인 근대화를 추구했다면, 사회주의자들은 계급혁명을 통한 차별 없는 평등사회를 꿈꾸었습니다. 자유주의는 자유와 평등을 바탕으로, 개인이 정치나 신분에 얽매이지 않고, 힘에 의한 억압이나 부담에서 벗어날 것을 강조한 사상입니다. 집단에 의한 통제보다는 개인의 자발성을 우선시하며, 국가와 사회제도는 개인의 자유를 보장하고 개성을 꽃피우기 위해 존재한다고 보는 사상입니다.

민족주의는 안으로 민족의 마음을 하나로 모으고, 밖으로 다른 나라의 지배에서 벗어나 자유와 독립을 추구하는 주의와 주장을 말합니다. 개인의 자유와 권리 보장 요구가 자유주의라면, 민족의 자유와 권리 보장 요구가 민족주의라고 할 수 있다. 민족주의는 그 민족이 자유와 권리를 보장받기 위해선, 민족의 실력을 키워야 한다는 입장이었습니다. 따라서 실력양성운동은 대체로 민족주의자들에 의해서 추진되었습니다.

한편 일제의 문화통치민족분열통치 실시에 맞서는, 자주독립을 위한 민족주의 계열의 노력인, 실력양성운동물산장려운동·민립대학설립운동은 일제의 탄압과 방해로 실패합니다. 실력양성운동이 이렇게 한계에 부딪치자, 우리 민족의 완전한 자주독립에 회의마음속에 품고 있는 의심를 품은 사람들이 나타납니다. 이들을 자치론자라고 합니다.

이들의 주장이 자치론인데, 자치론은 일제의 식민지 지배는 인정하고, 다만 일제의 도움을 받아 우리의 자치권과 참정권을 얻자는 주장입니다. 이들의 활동을 자치운동이라고 합니다. 독립운동의 반대 개념이라고 할 수 있습니다. 자치론자들^{타협적 민족주의자}은 일제의 한민족 지배를 받아들이고 일제에게 우리의 권리를 조금만 더 인정받자, 그 정도에서 일제와 타협하여 그냥 살자는 주장입니다. 어차피 독립이 어려우니 일제의 양해를 받아 우리 민족의 자치권을 얻어내는 정도에서 일제와 타협^{어떤 일을 서로 양보하여 협의함}하자는 것입니다. 이들 가운데 심지어는 한국인에게 일본 사람처럼 되자는 사람들도 있었습니다. 이들을 타협적 민족주의자 또는 친일파라고 합니다. 대표적인 인물로 최린·송진우·이광수 등이 있었습니다. 자치론에 반대하는 반자치론자^{비타협주의. 완전 독립론}로는 권동진·오세창·안재홍 등이 있었습니다.

이렇게 민족 독립운동의 방향이, 민족주의와 사회주의로 분열되고, 민족주의는 다시 타협^{일제와 타협하자}과 비타협^{일제와의 타협에 반대한다}으로 분열됩니다. 민족의 분열은 일제가 바라는 바였습니다. 한민족을 분열시켜 통치한다가 문화통치^{민족분열통치}였습니다. 한민족이 분열되면 독립은 더욱 힘들어지는 것입니다. 이에 1926년 합법적 사회주의단체인 정우회가 사회주의 운동의 새로운 방향을 밝힌 선언을 합니다. 이를 정우회선언이라고 합니다. 정우회선언의 핵심적인 내용은, 앞으로 사회주의 진영^{계열}은 비타협적 민족주의 진영^{계열}과 협력^{협동 전선으로하여} 민족운동을 전개하겠다는 것입니다. 정우회선언은 신간회 결성의 결정적 계기가 되었습니다.

이렇게 비타협적 민족주의 진영^{서로 대립하는 세력의 어느 한쪽}과 사회주의 진영이 연합하여, 한민족의 정치적·경제적 해방, 독립을 목적으로 결성한 독립운동 단체가 신간회입니다. 신간회는 1927년 이상재·안재홍 등이 민족주의 진영^{우익}과 사회주의 진영^{좌익}이 제휴^{협력·합작}하여 창립한, 좌우 합작의 합법적인 민족운동단체입니다.

신간회의 강령^{행동 방침}은 일제와 타협하려는 타협주의^{민족자치론}의 배격이었습니다. 타협은 기회주의^{친일파}로 보고 배격했습니다^{기회주의를 일체 부인한다}. 또한 민족의 단결을 위한 정치·경제적인 각성을 촉구했습니다. 신간회는 한민족이 완전한 독립을 쟁취할 때까지 일제와 비타협적으로 싸울 것을, 그를 위해 단결할 것을 촉구^{급하게 재촉하여 요구함}했습니다. 신간회는 광주학생항일운동을 지원^{조사단 파견·민중대회 개최·전국적 확산에 기여}하기도 했고, 농민^{소작 쟁의}·노동^{노동 쟁의}·학생 운동을 지원했습니다. 그리고 전국에 지회 설치하고 순회 강연회 등으로 민족의식을 고취하는 데 노력했습니다.

사회주의는 자본주의와 제국주의를 반대하는 사상입니다. 민족주의는 제국주의에 맞서 싸우는 이념이었습니다. 이런 맥락에서 볼 때 사회주의 진영과 민족주의 진영은 얼마든지 연대^{여럿이 함께 무슨 일을 하거나 함께 책임을 짐}하여 일제와 맞서는 것이 가능했습니다. 하지만 일제는 신간회의 모든 활동을 금지하는 등의 강력한 탄압을 하였고, 이런 외압뿐만 아니라 신간회 내부로도 좌우익^{사회주의와 민족주의}은 이념의 장벽을 넘지 못합니다. 1931년 해소하고 말았습니다. 신간회는 생각^{이념}과 계층의 차이를 뛰어넘어 우리 민족의 단결된 힘을 보여준 단체였습니다. 또한 일제식민지 통치 아래에서 생긴 최대 규모의 합법적인 항일독립운동 단체라는 점에서 역사적 의미_{의의}를 찾을 수 있습니다.

　참고로 마르크스는 자본주의에서 사회주의를 거쳐 공산주의 넘어간다고 보았습니다. 사회주의는 자본주의와 공산주의의 중간단계에 있는 이념입니다.

40 사회주의 민족운동

사회주의는 자본주의와 공산주의의 중간단계에 있는 이념입니다. 마르크스는 자본주의에서 사회주의를 거쳐 공산주의 넘어간다고 보았습니다. 그의 이러한 가설가정은 소련소비에트 사회주의 공화국 연방의 붕괴1991로 성립되지 않았습니다. 사회주의는 사유재산제도를 폐지하고 생산수단토지·공장 등을 개인이 아닌, 사회가 공유공동으로 소유하려는 사상을 말합니다. 마르크스의 사회주의 사상은 노동자 계급프롤레타리아에 의한 혁명을 바탕으로, 사유재산제도가 없는 사회 건설을 주장하였습니다.

공산주의共産主義는 사유재산제도 대신에 재산産 공유共有를 실현시킴으로써, 계급이 없는 평등사회를 이룩하려는 사상主義 및 운동을 말합니다. 마르크스의 사회주의 사상은 20세기 초 러시아 및 여러 나라에 큰 영향을 주었습니다. 1917년 러시아에서는 레닌에 의한 공산혁명러시아혁명의 성공으로, 군주체제가 붕괴하고 공산주의 국가체제가 수립소련. 1922~1991되었습니다.

사회주의는 자본주의와 제국주의를 반대하는 사상입니다. 당시 한민족은 일제일본 제국주의에 의해 주권이 침탈된 상태였습니다. 러시아혁명에 성공한 레닌은, 제국주의로부터 주권을 침탈당한 약소민족정치적·군사적·경제적으로 힘이 약하여 다른 나라의 지배를 받는 민족의 독립을 지원하겠다고 약속합니다. 세상의 일은 서로 영향을 주기도 받기도 합니다. 러시아의 공산혁명은 주변국이나 약소민족에 영향을 줍니다. 이러한 세계적 흐름 속에서, 3·1운동 이후1919 청년과 지식인들 사이에 사회주의 사상이 확산됩니다. 우리 민족지도자들 가운데도 사회주의 사상과 연결하여 독립을 추구하는 움직임이 점차 증가하였습니다.

사회주의 민족운동으로 대표적인 것은 농민·노동자들의 운동어떤 목적을 이루려고 힘쓰는 일입니다. 사회주의 민족운동의 최종 목표는 사회주의 국가의 건설이었겠지만, 그러기 위해선 먼저 일제의 지배로부터 벗어나 독립을 해야 했습니다. 민족주의적 국가의 건설이든 사회주의적 국가의 건설이든, 우선하는 것은 한민족이 일제의 식민 지배로부터 벗어나 독립하는 것이었습니다. 당연히 20세기 초 우리 민족의 화두관심을 두어 중요하게 생각하거나 이야기할 만한 것는 해방과 독립이었습니다.

해방은 구속이나 억압, 부담 따위에서 벗어나는 것을 말합니다. 속박으로부터 벗어나 자유를 얻는 것이 해방입니다. 해방과 비슷한 의미로 광복光復이 있습니다. 광복은 빛자유을 회복하는 것을 말합니다. 빼앗긴 주권을 다시 찾는 것이 광복입니다. 우리 민족은 1945년 8월 15일에 일제의 강점구속. 속박에서 벗어났습니다. 그것을 기념하는 날이 광복절8.15입니다. 해방된 것입니다. 해방·광복·독립 모두, 남의 지배로부터 벗어나 자유를 얻는 것을 말합니다. 자유는 이렇듯이 소중합니다. 개인이든 국가든 자유로워야 행복할 수 있습니다. 자유 없이는 행복하기 어렵습니다.

자유를 얻기 위해선 싸워야 했습니다. 쟁의爭議는 서로 자기의 의견을 주장하며 논의하여 다투는 것을 말합니다. 일제의 토지조사사업토지 약탈과 산미증식계획쌀 약탈으로 농민들의 고통을 갈수록 증대되었습니다. 일본인 지주들의 과중한 소작료 부과와 잦은 소작권 교체는 농민들의 삶을 불안하게 했습니다. 이에 농민들은 소작료의 인하와 안정적인 소작권의 갖도록 일본인 지주들에게 요구합니다. 그런 요구가 여의치 않자 추수를 거부하거나, 소작료 납부를 거부하는 등의 운동어떤 목적을 이루려고 힘쓰는 일을 합니다. 이를 농민운동 또는 소작쟁의라고 합니다. 농민들은 조합농민조합. 소작인조합을 결성하고, 조선농민총동맹과 같은 농민 단체를 결성하여, 일본인 지주나 친일 성향의 한인 지주를 상대로 싸웠습니다. 조합은 목적과 이해를 같이하는 두 사람 이상이, 자기의 이익을 지키고 공동의 목적을 이룩하기 위하여, 공동으로 출자자금을 내는 일하여 사업을 경영하는 조직이나 단체를 말합니다.

가장 대표적인 농민운동소작쟁의은 암태도 소작쟁의1923였습니다. 암태도는 전라남도 신안군 암태면에 딸린 섬입니다. 당시 암태도의 소작인들은 수확량의 70~80% 정도를 소작료로 지주들에게 납부했습니다. 이에 40%로 소작료를 낮추어인하시켜 달라고 1년 동안 투쟁하여 겨우 관철어려움을 뚫고 나아가 목적을 기어이 이룸시킵니다. 암태도 소작쟁의는 이후 다른 소작쟁의에 큰 영향을 주었습니다. 소작쟁의는 생존권 투쟁이면서 일제의 경제적 침략에 맞서는 항일 투쟁이라고 할 수 있습니다. 쟁의爭議는 지주와 소작인 또는 사용자와 노동자 사이에서 일어나는 분쟁다툼을 말합니다. 1920년대~1930년대에 일본인 지주 또는 친일 성향의 한인 지주, 일본인 사용자 또는 친일 성향의 사용자와 맞선 싸움이 소작쟁의와 노동쟁의입니다. 소작쟁의·노동쟁의는 사회주의 사상의 영향을 받아서 일어난 경제적 독립운동이라고 할 수 있습니다.

노동쟁의는 일본인 사용자나 친일 성향의 한인 사용자를 상대로, 낮은 임금·열악한 노동환경·민족차별에 맞서, 노동조건처우개선·노동환경개선·임금인상·민족차별금지를 요구하며 싸운 투쟁입니다. 대표적인 노동쟁의노동운동는 원산 부두 노동자 총파업1929입니다. 1929년에 약 4개월에 걸쳐 원산노동연합회의 노동조합원이 벌인 총파업입니다. 원산 부두 노동자 총파업은 노동자는 단결된 힘으로 조직적으로 파업을 진행시키면서 투쟁하였습니다. 그러나 일제가 폭압적으로 탄압으로 실패합니다.

농민 운동소작 쟁의·노동자 운동노동 쟁의이 독립운동인 것은 일본인 지주와 일본인 기업주의 약탈과 착취에 맞서 싸웠기 때문입니다. 사회주의는 자본주의와 제국주의에 반대하는 사상입니다.

41 8·15 광복

　제2차 세계대전에서 일본이 1945년 8월 15일 연합국에 항복함으로써, 일단 한국한민족은 일본의 지배로부터 해방되었습니다. 해방은 구속이나 억압, 부담 따위에서 벗어나 자유롭게 되는 것을 말합니다. 일본일제의 식민지배 상태에서 벗어난다는 것을 의미합니다. 한국이 일본에 빼앗겼던 주권자유을 되찾게 되었다는 의미에서 광복빛을 회복한다는 뜻으로, 빛은 주권을 상징이라고도 합니다. 이러한 광복光復을 기념하는 날이 광복절8.15입니다. 한국은 연합군에 의한 일본의 패배로 일본의 지배로부터 벗어나 독립을 하게 되었습니다. 일본의 패배로 한국은 일단잠깐 해방되었고, 일단 광복을 이루었으며, 일단 독립하게 된 것입니다. 그래서 한국사는 1945년 광복을 기준으로 근대와 현대로 구분합니다. 1945년 광복 이후부터 한국현대사는 시작되었습니다.

문제는 일본이 무조건 항복한 대상은 우리가 아니라 연합국이라는 점입니다. 연합국의 중심에는 미국·소련·영국·프랑스 등이 있었습니다. 전쟁을 일으킨 추축樞軸. 핵심. 중심이 되는 나라를 추축국연합군과 대립한 나라들이라고 하는데, 독일·일본·이탈리아가 그들입니다. 추축국에 공격과 침략에 맞서 연합국이 싸운 것이 제2차 세계대전입니다.

주체主體는 어떤 단체나 물건 그리고 행위의 주主. 주인가 되는 것을 말합니다. 한민족은 독립을 위해 피눈물 나는 노력을 했습니다. 독립을 위한 노력에는 방해자가 너무나 많았습니다. 기본적으로 일본일제이 방해자였고, 일본에 기생寄生. 스스로 생활하지 않고 남에게 의지하여 생활함하여 쉽게 생존하고자 했던 이완용 등의 친일세력들이 방해자였습니다. 이러한 대한의 독립을 방해하는 자들 때문에, 피눈물 나는 노력을 했지만 우리 민족은 안타깝게도 대한의 독립을 주체적중심적. 주체가 되어 작용하는으로 하지 못했습니다.

다시 말해 한민족은 해방과 광복, 독립주권 회복의 주체사물의 작용이나 어떤 행동의 주가 되는 것가 아니라 객체작용의 대상이 되는 쪽일 따름이었습니다. 연합국의 입장에서 볼 때, 한국은 오히려 추축국인 일본의 일원단체를 구성하고 있는 사람 가운데 하나으로 보는 경향마저 있었습니다.

주인으로서의 권리인, 주권을 회복하는 주체가 되지 못했다는 것은, 이후에도 주인으로서의 노릇을 하는 것이 어렵게 되었다는 뜻입니다. 그래서 연합군의 일원으로서 한국광복군의 국내진입작전이 실현실제로 이룸되지 못함에, 김구 등이 안타까워했던 이유입니다. 한국광복군의 국내진입작전 실행 이전에 일본이 연합국에 항복했기 때문입니다.

8·15 해방이 한민족에게 큰 감격감동이었지만, 그것도 잠깐뿐이었습니다. 1945년 8월 8일 소련이 포츠담선언에 따라 일본에 선전포고다른 나라에 대하여 전쟁을 시작한다는 것을 선포함를 하고 한반도 방향으로 급속히 남하하자, 미국은 소련군의 남하남쪽으로 내려감를 저지어떤 행동을 막아서 하지 못하게 함할 목적으로 38선을 설정하고, 그것을 기준으로 분할 점령하자고 소련에 먼저 제의합니다. 소련이 미국의 제의를 받아들이면서 38선은 미군과 소련군이 한반도의 분할 점령을 구분하는 경계선으로 결정되었습니다.

북위 38도선을 경계로 미국과 소련이 한반도를 분할 점령하기고 미국이 먼저 제의했고, 이 제의를 소련이 수락요구를 받아들여 승낙함하면서 점령의 경계선으로 그어졌지만, 나중엔 남한과 북한을 구분하는 국경선이 되고 말았습니다. 이처럼 38선은 한민족의 의지와는 상관없이 미국과 소련이라는 강대국이 그들의 필요에 따라 그어진 것입니다.

입장직면하고 있는 상황. 처지이 다르면, 말과 행동이 달라지는 것이 세상의 이치입니다. 연합국의 일원으로서 힘을 합쳐, 추축국독일·일본·이탈리아과 싸워야 했던 미국과 소련은 전쟁이 끝나면서, 이제 동지목적이나 뜻이 서로 같음. 또는 그런 사람에서 적으로 맞서게 됩니다. 어제의 동지가 오늘의 적이 된 것입니다. 이때부터 냉전무력을 직접 사용하지 않고, 경제·외교·정보 따위를 수단으로 하는 국제간의 대립 상태이 시작되었습니다. 냉전의 본격적인 출발점은 트루먼 선언1947이었습니다.

제2차 세계대전 당시, 연합국은 자본주의 국가인 미국·영국·프랑스·중국 등과 사회주의 국가인 소련으로 구성되어 있었습니다. 추축국 가운데서 이탈리아가 1943년에 먼저 무조건 항복했고, 1945년 5월에 독일이 무조건 항복했고, 1945년 8월에 일본이 무조건 항복함으로써 전쟁은 연합국의 승리로 끝났습니다. 자본주의의 반대말은 사회주의_{공산주의}입니다. 사회주의 국가는 자본주의 국가를 없애는 것이 목표입니다. 마르크스는 자본주의 다음 단계가 사회주의이고, 사회주의 단계에서 공산주의 단계로 발전한다고 주장했습니다. 만약 소련의 바람대로 전 세계에 사회주의 국가가 건설되면, 미국 등의 자본주의 국가는 사라져야 합니다.

생산수단인 자본이나 토지, 공장 등을 소유한 자본가_{부르주아} 중심의 사회가 자본주의 국가입니다. 당시 소련은 자본가를 타도_{어떤 대상이나 세력을 쳐서 거꾸러뜨림}하고 노동자_{프롤레타리아} 중심의 사회가 사회주의_{공산주의} 국가를 세계적으로 건설하고자 했습니다. 자본주의와 사회주의는 필요에 따라 잠시 세력_힘을 합칠 수는 있지만, 근본적으로 서로가 정반대입니다.

공산共産은 생산수단_{토지와 자본 등}의 재산을 공동共同으로 소유所有하고 관리한다는 뜻입니다. 재산_{생산수단}의 공유가 공산주의의 핵심입니다. 재산의 사유私有. 개인 소유를 부정하는 주의_{생각나 주장}이 공산주의입니다. 재산의 사유를 부정하고 프롤레타리아_{노동자. 무산자. 재산이 없이 노동력만으로 생활하는 하층 계급} 중심의 사회를 추구하는 것이 공산주의입니다. 사회주의는 재산의 개인 소유_{사유재산제도}를 부정하고 생산수단을 사회적으로 공유하자는 것입니다. 마르크스는 자본주의 사회에서 사회주의 사회로, 사회주의 사회에서 공산주의 사회로 발전한다고 주장하였지만, 1991년 소련의 멸망으로 그의 주장은 잘못되었음이 역사적으로 증거 되었습니다.

제2차 세계대전 이후 공동의 적_{추축국}이 사라지자, 미국과 소련은 서로가 갈 길을 바삐 가게 됩니다. 미국은 미국 중심의 자본주의 국가_{세계}를 많이 만들고자 했습니다. 소련은 소련 중심의 사회주의 국가세계를 많이 만들고자 했습니다. 출발은 미국이 빨랐습니다. 미국은 트루먼 독트린 1947 이후 자기편인 서유럽의 자본주의 국가들을 경제적으로 돕기 시작합니다. 그것이 마셜 플랜입니다. 군사적으로도 돕기 시작합니다. 그것이 북대서양 조약에 따른 북대서양조약기구NATO의 결성입니다. 트루먼 독트린의 핵심은 공산주의 세력의 확대를 저지하고, 이를 지지하는 자본주의 국가에 미국이 경제적, 군사적으로 원조물품이나 돈 따위로 도와줌하겠다는 것입니다. 미국이 마셜 플랜에 따라 서유럽의 자본주의 국가들을 경제적으로 지원한 목적은 서유럽 국가들이 사회주의 체제로 넘어가지 않도록 하기 위해서였습니다. 미국을 중심으로 한 자본주의 국가의 군사적 동맹인 북대서양조약기구에 맞서, 소련이 동유럽의 사회주의 국가들을 모아 결성한 군사적 동맹이, 바르샤바조약기구WTO입니다.

이처럼 정치적, 경제적으로 이념을 달리하는 미국과 소련 간의 강렬한 대립의 광풍이 한반도에도 불게 됩니다. 한민족의 의지와는 전혀 상관없이, 38선 이남을 점령한 미국은 자본주의 국가체제를 세우려 했고, 38선 이북을 점령한 소련은 사회주의 국가체제를 세우려 했던 것입니다. 민족주의자들은 대체로 자본주의 이념을 가진 사람들이었습니다.

따라서 38선 이남의 미국군정은 사회주의좌익 세력을 탄압하고 우익 세력을 키우고 지원하였으며, 반대로 38선 이북의 소련군정은 민족주의우익 세력을 탄압하고 사회주의좌익 세력을 키우고 지원했습니다. 좌·우익을 떠나 한민족이 하나로 뭉쳐서 미국과 소련과 맞서도, 또 다른 점령군인 미국과 소련으로부터의 자주적 독립이 어려운 마당에, 좌·우익의 민족지도자들과 그들을 따르는 사람들은 제각각 편을 갈라 싸우기에 여념이 없었습니다.

고래들의 싸움에 새우의 등이 터진 것은 맞지만, 마냥^{언제까지나} 줄곧^{줄곧} 강대국의 탓만 할 일은 아닌듯합니다. 다시 말해 남북 분단의 1차적 책임은 강대국에게 있지만 2차적으로 한민족에게도 있다는 뜻입니다. 8·15 광복으로 한국사는 근대사회에서 현대사회로 전환하는 획기적인 계기는 되었지만, 광복보다 먼저 그어진 38선으로, 6·25전쟁^{한국전쟁}으로 그어진 휴전선으로 남북이 분단되어 오늘에 이르고 있습니다. 광복 이전의 민족적 과제가 일본^{일제}의 지배로부터의 '독립'이었다면, 광복 이후의 민족적 과제는 분단의 문제를 평화적으로 잘 해결하는 '통일'일 것입니다.

42 좌익과 우익

　모든 새는 두 날개翼. 날개 익로 납니다. 우리 민족은 해방공간에서 한 날개로만 날고자 했습니다. 남한은 자본주의와 민족주의로 날고자 했고, 북한은 사회주의공산주의로 날고자 했습니다. 흔히 자본주의와 민족주의 계열을 '우익, 우파, 우右'라고 합니다. 민족주의는 민족의 통일과 독립, 발전을 최고의 이념적 가치로 여기고 중시하는 주의主張입니다. 자본주의는 자본소유의 자유를, 민족주의는 민족의 독립과 자유를, 사회주의공산주의는 소유생산수단의 공유를 주장합니다. 대체로 민족주의자들은 자본주의의 이념을 따랐습니다. 사회주의공산주의 계열을 '좌익, 좌파, 좌左'라고 합니다. 민족주의남한는 오른쪽 날개로만 날고자 했고, 사회주의북한는 왼쪽 날개로만 날고자 했습니다.

　한때, 두 날개로 날려고 한 적도 있습니다. 좌·우합작이 그것입니다. 합작合作은 공동 목적을 위하여 한데 뭉쳐 협력하는 일을 말합니다. 좌·우합작은 좌익과 우익이, 공동의 목적인 민족의 독립을 위해 한데 뭉쳐 협력했던 일을 말합니다. 광복 이전의 대표적인 좌·우합작으로는, 대한민국임시정부의 수립과 신간회의 결성, 독립군의 활동 등이 있습니다. 광복 이후로는 조선건국준비위원회의 조직과 활동이 대표적입니다. 조선건국준비위원회 결성단체나 조직 따위를 만듦의 중심에는 좌익과 우익의 중도적인 인물들이 있었습니다. 여운형과 안재홍이 그들입니다. 그러나 대부분의 좌·우합작운동은 결과적으로는 실패했습니다.

중도中道는 좌우의 어느 한쪽으로 치우치지 않는 가운데中의 길道을 말합니다. 가운데에서 좌측으로 살짝 기우는 것을 중도좌파中道左派라고 합니다. 가운데에서 우측으로 살짝 기우는 것을 중도우파라고 합니다. 광복을 전후한 시점에 대표적인 우파는 김구와 이승만, 송진우 등입니다. 광복을 전후한 시점에 대표적인 좌파는 김일성과 박헌영 등입니다. 중도우파의 대표적인 인물이 김규식, 안재홍 등이 있고 중도좌파의 대표적인 인물이 여운형입니다.

좌·우의 싸움은 아직도 끝나지 않았습니다. 이념과 체제의 경쟁이라고 할 수 있는 냉전이 종식끝나거나 없어짐되었지만, 세계대전의 종전전쟁이 끝남과 냉전의 산물어떤 일의 결과로 생겨나거나 얻어지는 것인 서독과 동독의 분단도 통일로 해결되었지만, 아직도 한반도에서만큼은 좌우의 날 선 대결과 대립은 현재도 진행형입니다. 안타까운 일입니다.

좌·우합작운동이 비록 실패했고, 좌·우익의 날 선 대립은 현재 진행형인 것도, 좌·우익은 물과 기름처럼 생각의 근원이 전혀 다르기 때문입니다. 그러나 오직 한 가지의 면에서는 생각이 동일했습니다. 그것은 공화정의 실시입니다. 대한민국은 민주공화국입니다. 대한민국의 주인은 국민이고, 대한민국은 한 사람의 뜻독재. 왕정. 제정이 아니라, 여러 사람의 뜻을 모아 조화롭게공화 이끌어져 가는 나라라는 의미입니다. 북한의 정식 명칭은 '조선민주주의인민공화국'입니다. 민주民主의 반대말은 군주君主입니다. 공화共和의 반대말은 독재, 전제專制, 제정帝政, 왕정王政 등입니다.

일제강점기의 민족주의운동이든 사회주의운동이든 조선시대의 전제군주제로 돌아가자는 주장은 하지 않았습니다. 물론 대한독립의군부와 같은 의병계열의 수구파옛 제도나 관습을 그대로 지키고 따름 들이, 대한제국의 부활을 추구하기도 했지만, 좌우 모두 전체적인 흐름은 공화주의였습니다. 3·1운동을 계기로 수립국가나 정부. 제도·계획 따위를 이룩하여 세움된 대한민국임시정부는, 대한은 제국帝國. 황제가 다스리는 국가이 아니라, 대한은 민국民國. 민주 정치를 행하는 나라. 국민이 주인인 나라임을 분명히 했습니다. 민족지도자들은 좌든 우든 해방독립 이후에 민주공화제의 국가 수립을 추구했습니다. 그 증거가 '대한민국은 민주공화국이다.'라는 헌법 조문과 '조선민주주의인민공화국'이라는 북한의 공식적 명칭입니다.

역사는 대체로 왕정에서 입헌군주제로, 입헌군주제에서 공화정으로 발전해 왔습니다. 우리나라는 왕정에서, 대체로 입헌군주제시도는 있었지만를 건너뛰고, 일제강점기를 거쳐 공화정 단계로 바로 넘어왔습니다. 대한민국은 민주공화국이라는 말은, 대한민국은 독재국가가 아니라는 뜻이고, 장래에도 독재국가가 되어선 안 된다는 의미입니다.

광복 이전에 민족주의계열우익이든 사회주의계열좌익이든, 독립된 민주공화국을 세우고자 한 것은 분명합니다. 그래서 여운형 등은 일제 강점기에는 조선건국동맹을, 광복 직후에는 조선건국준비위원회 결성하고 독립된 민주공화국의 수립을 위해 노력했던 것입니다. 조선건국동맹은 여운형 등이 1944년 8월 조선의 독립을 목표로, 조국의 광복^{잃었던 나라와} ^{주권을 되찾음}에 대비하여 국내에서 조직한 비밀결사^{외부에 대해 그 존재나 구성 인} ^{원·목적·활동 상황 등을 비밀로 하고 있는 단체. 비밀 단체} 조직입니다.

조선건국준비위원회^{약칭 건준}는 8·15 광복 후 처음으로 만들어진 건국 준비 단체로서, 여운형이 위원장이었습니다. 건준은 인민^{국가나 사회를 구성} ^{하는 사람} 대표들을 모아 '조선인민공화국'이라는 이름의 국가를 수립한다고 발표한 뒤, 자진^{남이 시킬 때까지 기다리지 않고 스스로 나섬} 해산했습니다. 조선건국준비위원회는 말 그대로, 조선의 건국을 준비하는 데 필요했던 정치 단체였기 때문입니다.

그러나 미국의 군정청^{점령지에서 군사령관이 행하는 임시행정기관}은 조선인민공화국을 정부로 인정하지 않았습니다. 건준이 세운 조선인민공화국을 한반도의 대표성을 지닌 정부로 인정하지 않은 것입니다. 중국 충칭에 있던 대한민국임시정부도 정부로 인정하지 않았습니다. 미국과 소련은 38도선 남쪽에는 미군정청이 북쪽에는 소련군정청이 한반도에서 대표성을 지닌 정부로 여겼습니다. 미군정청은 정당과 사회단체를 통한 정치활동은 인정하되, 정부는 인정하지 않았던 것입니다. 그뿐만 아니라 송진우·김성수 등 민족주의계열의 우익들은 조선건국준비위원회와 조선인민공화국을 공산주의세력만의 단체로 규정^{내용이나 성격·의미 따위를 밝혀 정함}하고, 이 조직의 참여를 거부하고 조직 자체를 부정했습니다. 좌익과 우익의 이념에 따른 민족지도자들의 분열은 민족의 분열이었고, 민족의 분열은 미국과 소련의 38선 획정경계 따위를 명확히 구별해 정함과 만나, 남분 분단으로 치닫게 됩니다.

그 분단은 다시 민족통일민족해방이라는 명분구실으로 전쟁한국전쟁으로 이어집니다. 38선은 얄타회담에서 거론된 것으로, 일본의 항복을 받고 무장해제하며 신탁통치로 옮겨가기까지의 일시적인 군사적 경계선분계선 이었으나, 38선 이남과 이북에 각각의 정부가 수립됨으로써 실질적인 국경선이 되고 말았습니다.

한편 광복 이전에, 미국 등 제2차 세계대전의 연합국의 수뇌어떤 조직·단체의 가장 중요한 자리에 있는 사람들은, 제2차 세계대전에서 연합국의 승리와 승리 이후의 세계질서를 재편성다시 엮어서 만듦할 목적으로 여러 차례 회담을 갖습니다. 1943년의 카이로선언과 1945년 2월의 얄타회담, 1945년 7월의 포츠담선언이 그것입니다.

카이로회담의 결과 발표한 선언이 카이로선언입니다. 카이로선언은 미국의 루스벨트, 영국의 처칠, 중국의 장제스가 이집트의 카이로에 모여 회담을 했고, 그 결과에 따라 발표한 선언으로, 일본의 무조건 항복할 때까지 미·영·중은 협력하여 싸운다. 그리고 전쟁이 끝난 후, 일본이 제1차 세계대전 이후 침략으로 획득한 영토는 박탈한다. 또한 한국에 대한 특별 조항을 넣어 '한국민이 노예 상태에 놓여 있음을 유의하여 앞으로 한국을 적당한 시기에, 자유 독립 국가로 할 것을 결의한다.'고 명시하였습니다. 이처럼 미·영·중의 연합국의 수뇌들은 한국의 독립을 '적당한 시기'에 시켜주겠다고 한국의 독립을 처음으로 약속합니다.

얄타회담은 1945년 2월 미국의 루스벨트, 영국의 처칠, 소련의 스탈린이 흑해 연안 크림반도의 얄타에서 모여 회담을 하였는데, 전쟁에서 연합국이 독일에 승리하고 난 뒤, 독일의 영토를 미국·영국·프랑스·소련 4국이 분할 점령한다. 그리고 소련은 일본과의 전쟁에 참가한다는 것이 핵심 내용입니다. 그러나 소련은 일본과의 전쟁에 참가를 미루적거리다 일이나 날짜 따위를 자꾸 미루어 시간을 끌다, 미국이 일본에 원자폭탄을 투하한 1945.8.6 뒤에 참전하였고8.8, 참전한 지 불과 7일 만에 일본은 연합군에 항복하였습니다.

포츠담선언은 제2차 세계대전의 종전 직전인, 1945년 7월 독일 베를린 근교도시에 가까운 변두리 지역의 포츠담에서 미국의 트루먼루스벨트의 사망으로, 부통령 트루먼이 대통령직을 이어받음, 영국의 처칠, 중국의 장제스와 나중에 소련의 스탈린이 참가하여, 4개국이 회담을 한 후, 발표한 선언입니다. 주요 내용은 일본에 무조건적 항복을 권고하고, 전후의 일본에 대한 처리일본의 영토 문제, 일본군 무장해제 등 그리고 카이로선언의 이행실제로 행함 등입니다. 이로써 카이로선언에서 결정한 한국의 '적당한적절한 시기'의 독립은 다시 확인되었습니다. 적당하다는 말은 알맞다, 마땅하다는 뜻입니다. 알맞고 마땅한 기준은 우리가 아니라, 승전국인 미국과 소련 등의 연합국의 기준이었습니다. 나중에 '적당한적절한 시기'는 큰 문제가 됩니다.

카이로선언, 얄타회담, 포츠담선언에서 보인 미국의 관심은 독일보다 일본이었습니다. 넓게 볼 때 태평양전쟁은 1941년에서 1945년까지 일본과 연합국 사이에 벌어진 전쟁이지만, 실제적으로는 미국과 일본의 전쟁이었습니다. 태평양전쟁은 제2차 세계대전의 일부로, 일본이 미국 영토인 하와이의 진주만을 1941년 기습적으로 공격함으로써 시작되어, 미국이 히로시마와 나가사키의 원자폭탄을 투하^{던져서 아래로 떨어뜨림}하고, 소련이 참전하면서 일본이 무조건 항복하여 끝났습니다.

대한민국임시정부의 직할부대^{직접 관할하는 부대}였던, 한국광복군은 중국군과 협력하여 연합군의 일원으로 태평양전쟁에서 일본군과 맞서 싸웠습니다. 이런 맥락에서 광복은 한민족의 줄기찬 항일투쟁으로 얻은 결과이기도 합니다. 그러나 그것은 우리의 입장이고, 전승국인 미국과 소련은 그런 입장이 아니었다는 점입니다. 카이로선언, 얄타회담, 포츠담선언은 전승국 미국과 소련의 입장을 여실히^{사실과 꼭 같이} 보여주고 있는 것입니다.

43 미국 군정

전승국전쟁에 이긴 나라이 점령지패전국에서, 전승국의 군대가 행사하는 임시 행정을 군정軍政이라고 합니다. 군대가 행사어떤 일을 행함하는 행정이 군정입니다. 미군은 일본 조선총독부의 항복을 받은 후, 38도선 이남의 한반도를 직접 통치하겠다고 선언합니다. 미국의 군인에 의한 한반도 38 도선 이남의 지배가 시작된 것입니다. 1945년 8월 15일 일본의 무조건적 인 항복 선언으로, 한민족은 기쁨의 뜨거운 눈물로 해방을 맞았습니다. 그러나 그것은 어디까지나 한민족의 입장이고, 미국과 소련의 입장은 달 랐습니다. 그들은 일본과 싸워서 이겼고, 일본이 지배하고 있던 점령지 식민지 한반도를 다시 점령했을 뿐입니다. 따라서 그들은 일본군과 같은 점령군의 입장에서, 그들에게 유리한 방향으로 한반도와 한민족을 관리 했습니다. 한민족의 입장에서 보면, 지배자가 일본에서 미국과 소련으로 바뀌었을 뿐입니다. 해방되고, 광복했다 하나, 독립하지는 못한 것입니다. 한민족 모두가 그것을 깨닫는 데 오랜 시간이 필요치 않았습니다.

북위 38도선을 경계로 미군보다 먼저 북쪽에 들어온 소련군은 군정을 실시했고, 뒤따라 38도선 남쪽으로 들어온 미군도 군정을 실시했습니다. 소련군의 군정은 '소비에트 민정청한반도의 38선 북쪽 지역에 설치한 통치기구'이라는 명칭으로 1945년부터 1946년 2월까지 북한을 직접 통치했고, 그 후 북조선임시인민위원회가 구성된 이후에는 북조선임시인민위원회를 통하여 간접 지배를 했습니다. 소련은 북한을 직접 통치하다가 간접 통치로 통치 방법을 바꾸었습니다.

그러나 미국의 군정청은 '재조선미육군사령부군정청'이라는 명칭으로 38도선 이남을 1945년 9월 초부터 1948년 8월 15일, 남한에 대한민국 정부가 수립될 때까지 직접 지배를 했습니다. 미국은 남한을 처음부터 끝까지 직접 통치한 것입니다. 미국의 존 하지 중장군단장은 맥아더 장군의 명령에 따라, 1945년 9월 8일 군대를 이끌고 인천으로 상륙하여 조선총독부와 조선주둔군일본군의 항복을 받았습니다. 이후 주한 미군 사령관과 미군정청의 사령관을 겸임두 가지 이상의 직무를 맡아봄하여 1945년부터 1948년대한민국 정부 수립 전까지 남한을 통치했습니다. 미국 군정청은 건국준비위원회가 세운 조선인민공화국과 중국 충칭의 대한민국임시정부를 모두 부정하고, 38선 이남에서 유일한 합법적 행정부는 미국의 군정청이라고 선언했습니다. 존 하지 중장은 일제의 조선총독부의 총독에 비교할 수 있는 존재였습니다. 광복 이후 남한의 실제적 통치자가 존 하지였던 것입니다. 존 하지 중장은 남한에서 왕 같은 존재였습니다.

소련은 군정으로 북한을 1년 남짓 직접 통치하다가, 다시 북조선임시인민위원회를 통해 간접 통치하는 방식으로 지배하다가 조선민주주의인민공화국이 수립1948.9.9되면서 정권을 북한에 이양남에게 넘겨줌했습니다. 미국은 군정으로 대한민국이 수립1948.8.15될 때까지 3년 동안 직접 지배했습니다. 그리고 정권을 이양했습니다. 미국은 패전국 독일과 일본은 간접 통치하면서, 38선 이남은 직접 통치했습니다.

미국과 소련은 모두 점령지에서 각각 자신들과 동일한 이념을 가진 정치체제정부를 세우려고 했습니다. 그것은 세계 패권어떤 분야에서 우두머리나 으뜸의 자리를 차지해서 누리는 권리와 힘. 주도권 다툼에서 어느 누구도 상대에게 양보할 수 없는 일이라 여겼습니다. 그런 맥락사물이 서로 이어져 있는 관계나 연관에서 볼 때 한반도의 직전 점령국인 일본에의 충성한친일 여부그러함과 그렇지 않음보다, 얼마나 자신들에게 충성할 것인가가 더욱 중요했을최우선 순위였 것입니다. 참고로 친일파 이완용은 한때 친러파였습니다.

미국의 입장에서 볼 때, 자신들에 대한 충성도가 최우선이고, 그다음은 미국이 극도더할 수 없는 정도로 경계싫어하는 사회주의자공산주의자들에 대한 정보를 가장 많이 가진 사람들이었습니다. 그리고 행정과 치안국가 사회의 안녕과 질서를 유지하고 보전함의 경험이 있는 자였습니다. 미국에 충성할 수 있고, 공산주의자들을 잘 척결찾아내어 깨끗이 없앰하고, 미군을 도와 행정과 치안을 잘 감당할 적임자어느 임무에 마땅한 사람. 적격자는, 바로 친일세력들이었습니다. 따라서 미군군정 시기의 남한에서는 친일세력을 내몰기보다 오히려 감싸고 중용중요한 지위에 임용함했습니다. 이러한 흐름은 이승만 정권 때도 그대로 이어집니다. 이승만은 탁월한 친미주의자였고 친일세력을 두둔한 편들어 감싸 줌 사람이었습니다.

그러나 소련은 자본주의의 나쁜 변종 성질과 형태가 달라진 종류 인, 제국주의의 타도가 목표였습니다. 일본제국에 충성한 친일파들은 쓸모가 별로였습니다. 그들은 오직 자본주의적 성향을 가진 민족주의자들만 제거하면 되었습니다. 따라서 북한에서는 친일파와 민족주의자 제거가 동시에 이루어졌습니다. 이러한 기조 일관된 기본적 경향 는 남한과 북한에 각각 대한민국과 조선민주주의인민공화국이 수립된 이후에도 그대로 이어졌습니다. 남한에선 친일파 척결이 제대로 이루어지지 않았고, 북한에선 친일파 척결이 대체로 이루어졌습니다. 친일파를 척결하지 못한 남한의 잘못은, 그 후 지금까지 대한민국의 크나큰 두통거리가 되고 있습니다.

한편 미국 군정청만이 38선 이남에서 유일한 합법적 행정부라는 미국의 입장에 따라, 김구는 대한민국임시정부의 주석이라는 자격으로는 입국할 수 없었습니다. 그래서 김구도 이승만도 단지 개인 신분으로만 입국하게 됩니다. 이러한 상황에서 38선 이남에서는 다양한 정치성향의 정치단체들이 조직되었습니다. 정치성향에 따라서 보면 크게 우파단체, 좌파단체, 중도단체 중간단체 나눌 수 있습니다. 좀 더 구체적으로 보면 박헌영 중심의 조선공산당 좌파, 여운형 중심의 조선인민당 중도좌파, 조선인민당·조선공산당·신민당이 합당하여 만든 남조선노동당 남로당, 김구 중심의 한국독립당 우파, 이승만 중심의 독립촉성중앙협의회 우파. 나중에 자유당, 송진우 중심의 한국민주당 우파, 안재홍 중심의 국민당 중도우파, 등의 50여 개의 정치단체가 난립 질서없이 여기저기서 나섬하여 미국군정청 통치 아래서의 38선 이남은 정치, 사회적으로 매우 혼란된 상황에 있었습니다.

반면 38선 이북에서는 '조선공산당 북조선분국'이 설립되었고, 이 정당은 북조선노동당^{북로당}이 됩니다. 북로당의 창당으로 박헌영의 조선공산당은 남조선노동당^{남로당}이 되었고, 나중에 박헌영이 북한으로 가면서 남조선노동당과 북조선노동당이 합쳐져 조선노동당이 됩니다. 이 모든 중심에는 30대 초반의 김일성이 있었습니다. 이러한 김일성 중심의 북조선노동당^{좌파} 이외에, 민족주의계열^{우파}의 조만식이 중심인 조선민주당도 있었습니다. 조만식은 물산장려운동과 민립대학설립운동에서 중요한 역할을 했던 인물로, 평안남도건국준비위원회 위원장을 지내기도 했습니다. 또한 그는 기독교인으로서 산정현교회의 장로이기도 했습니다. 조만식은 공산주의자들이 극히 싫어하는 요소인, 종교인이자 자본주의적 정치성향의 민족주의자^{우파}였습니다. 결국 그는 신탁통치에 반대하는 반탁운동을 했다는 구실로, 김일성 등의 공산주의자들에 의해 숙청^{반대자들을}^{없앰}당하게 됩니다.

　이로써 38선 이북에서는, 소련의 적극적 지원^{지지해 도움}을 받던 공산주의자 김일성만이 유일한 정치세력으로 남아 북조선임시인민위원회¹⁹⁴⁶를 기반으로 북조선인민위원회¹⁹⁴⁷를 수립하고, 다시 그것을 기반으로 조선민주주의인민공화국^{1948.9.9}이라는 사회주의 공화국을 수립하여 오늘에 이르고 있습니다. 이처럼 광복 이후 38선 이북은, 38선 이남보다 소련의 적극적 지원으로 보다 빠르게 안정적인 정권을 수립하게 되었던 것입니다.

KEY WORD

44 트루먼 독트린과 닉슨독트린

독트린Doctrine은 교리·교훈·주의·학설 따위의 뜻으로, 국제 사회에서
한 나라가 공식적으로 표방하는내세우는 정책상의 원칙을 말합니다. 보통
선언이라고 합니다. 국가나 집단이 자기의 방침, 의견, 주장 따위를 외부
에 정식공식적으로 표명의사. 태도 등을 분명하게 드러냄하는 것을 말합니다. 앞으
로의 외교 정책 등을 이렇게 저렇게 하겠다고 여러 나라에 널리 드러내
어 알리는 것을 말합니다.

광복 이후에 한반도의 장래와 관련된 미국의 대표적인 선언이, 트루먼
독트린과 닉슨 독트린입니다. 트루먼 독트린은 1947년 3월 미국 대통령
해리 트루먼이 의회에서 선언한 미국 외교대외 정책에 관한 새 원칙으로,
공산주의 세력소련 세력의 확대를 저지 데 힘쓸 것이며, 이에 동조찬성하는
나라에게는 군사적·경제적으로 지원원조하겠다는 것입니다. 한마디로 사

회주의공산주의 세력과 싸우겠다는 뜻입니다. 이 원칙은 마셜 플랜과 북
대서양조약기구NATO로 구체화 되었고, 이후 미국 외교정책의 기본 방향
이 되었습니다.

해리 트루먼은 미국의 33대 대통령으로서, 1945년에서 1953년까지 재
임했습니다. 전임 루즈벨트 대통령의 갑작스런 사망으로, 부통령에서 대
통령이 되었습니다. 대통령이 된 이후 독일의 항복을 받았으며, 항복을
거부하는 일본에 원자폭탄 투하를 결정한 사람도 트루먼입니다. 일본의
항복으로 한반도가 일제제국주의 성향을 가진 일본의 지배에서 벗어나 해방될
당시의 미국 대통령이 트루먼이고, 한반도를 38선을 경계로 남북을 나
누어 미국과 소련이 군정軍政. 전시 또는 전후에 점령지에서 군대가 행하는 임시 행정을
실시할 때인, 미군정남한의 실제적 최고 주권자국가의 최고 절대권을 가진 자가
트루먼이었습니다.

북한이 1950년 6·25전쟁한국전쟁을 일으키자 유엔을 통해 유엔군의 한
국 파병을 결정케 한 사람도 트루먼이고, 유엔군 총사령관 맥아더 장군을
해임한 사람도 트루먼이었습니다. 1945년에서 1953년까지 재임했던 트루
먼 대통령은 8·15해방에서 6·25전쟁이 끝나기 직전까지 한반도의 장래
를 결정하는데 결정적 역할을 했던 인물입니다. 참고로 1953년 7월 27일
휴전협정 체결 당시의 미국 대통령은 34대 아이젠하워 대통령입니다.

트루먼 독트린은 냉전의 시작을 알리는 신호탄이었습니다. 냉전冷戰은
무력군사력 이외의 모든 수단경제·외교·정보 등을 동원하여 이루어지는 국제
적 대립과 그로 인한 긴장 상태를 의미합니다. 냉전冷戰. 싸움 전은 군사적
인 행동까지는 가지 않았지만, 서로 냉랭冷冷. 태도가 정답지 않고 매우 차다하게

적대시적으로 여겨 봄하며 싸우는 상태를 말합니다. 냉전은 열전熱戰. 무력을 사용하는 전쟁. 맹렬한 싸움에 대응하는 말입니다. 미국과 소련이 벌인 전면전일 정한 범위 전체에 걸쳐 광범위하게 벌어지는 전쟁 이외의 긴장과 갈등, 체제 경쟁의 상황을 냉전이라고 합니다. 미국과 소련이 전면전을 하지 못한 가장 큰 이유는, 두 나라 모두 엄청난 핵무기를 갖고 있었기 때문입니다.

트루먼 독트린으로 1947년 이후의 세계는 냉전 상태에 돌입하여, 미국을 중심으로 하는 자본주의 진영과 소련을 중심으로 하는 사회주의공산주의 진영이 다투게 되는데, 미국과 소련의 대표적인 대리전자기 나라가 직접 전쟁을 하는 것이 아니라 동맹국이나 다른 나라로 하여금 대신 치르게 하는 전쟁이 6·25전쟁한국전쟁과 베트남 전쟁입니다. 정리를 하자면, 제2차 세계대전이 끝나면서 곧바로 냉전이 시작되었다고 보면 됩니다.

미국과 소련의 냉전의 틈바구니에, 남북의 분단이 발생했고 한국전쟁이 일어났고 남한의 이승만과 박정희의 독재체제가 북한의 김일성 독재체제가 존재할 수 있었습니다. 우리는 세계사 속에서 한국사를 조망먼 곳을 바라봄하고 살피는 자세가 필요합니다. 세계사라는 망원경과 한국사라는 현미경으로 번갈아가며 볼 때, 세계 속의 한국을 제대로 볼 수 있습니다. 한국은 미국과 소련의 냉전의 희생물이었던 것입니다.

닉슨 독트린은 1969년 미국의 37대 대통령 리처드 닉슨이 밝힌 아시아에 대한 외교정책으로, 약소 우방국이 자주국방 태세를 갖추도록 경제적 군사적 원조를 제공하는 대신에, 해외 주둔 미군을 감축한다는 것이 요지입니다. 이에 따라 미국은 중국과 대화를 재개하였고, 베트남에서 군대를 철수시키게 됩니다. 닉슨 독트린은 냉전을 완화겠다는 발표였습니다.

몰타미소정상회담몰타회담은 냉전을 공식적으로 종료하는 선언이었습니다. 몰타미소정상회담은 1989년 12월 지중해의 몰타이탈리아 남쪽의 섬 해역육지와 바다가 닿아있는 부분 선상배의 위에서 미국 대통령 부시와 소련 공산당서기장 고르바초프 사이에 이루어진 회담입니다. 이 회담에서 제2차 세계대전 이후의 냉전체제를 종식끝내고 없앰하고 평화를 지향하는 새로운 세계질서를 수립한다는 역사적 선언이 이루어졌습니다. 미국과 소련이 대결보다 협력이 서로에게 이익이라는 인식에서 이루어진 회담이라고 할수 있습니다. 정상頂上은 맨 꼭대기라는 뜻으로, 한 나라의 최고 지도자를 말합니다. 수뇌가장 중요한 자리의 인물라고도 합니다. 미소정상회담, 남북정상회담 등으로 사용됩니다. 1947년 트루먼 독트린 이후 본격적으로 시작된 냉전체제미국과 소련 간의 대결 구도는, 1989년 몰타미소정상회담으로 40여 년 만에 끝나게 되었습니다.

1989년 12월 몰타미소정상회담이 있기 직전에, 동독에서 베를린 장벽 붕괴1989.11.9가 있었습니다. 그 직후에 1991년 7월에 소련에서는 마르크스와 레닌주의를 포기하는 강령을 공산당 중앙위원회에서 승인합니다. 마르크스와 레닌주의를 포기한다는 것은 소련이 사회주의공산주의를 포기한다는 것을 의미합니다.

1991년 8월에 유엔 안보리 전체회의에서 남북한 유엔 가입 권고 결의안이 만장일치로 의결됨으로써, 남북한은 유엔에 동시 가입하게 됩니다. 남북한이 유엔에 동시 가입할 수 있었던 것은 미국과 소련이 냉전을 포기했기 때문에 가능한 일이었습니다. 1991년 12월 소련의 고르바초프는 소련의 소멸을 선언하고 대통령직에서 사임합니다. 이로써 소련1922~1991. 소비에트 사회주의 공화국 연방은 69년 만에 멸망하고 말았습니다.

미국 중심의 자본주의와 소련 중심의 사회주의의 이념적 대결은, 잠정적으로 자본주의의 승리로 끝이 났습니다. 이후 이념에 자신감을 가진 미국은, 자본주의 체제를 더욱 공고화굳고 단단하게 함하는 데 집착하게 됩니다. 그것이 신자유주의로 나타나게 됩니다. 참고로 1991년 8월 고르바초프는 공산당 서기장 직책을 사임그만두고 물러남하고 공산당의 해체를 선언합니다. 이후 헌법이 바뀌어 대통령제를 신설하게 됩니다. 이 개정된 헌법에 따라 고르바초프는 대통령 직함을 갖게 된 것입니다. 1991년 소련의 붕괴 이후 동유럽의 사회주의 국가들은 사회주의 이념을 포기하고 자본주의를 받아들이게 됩니다. 1994년 7월 북한의 김일성83세이 사망합니다. 김일성의 사망은 북한의 이념적공산주의 동맹국이었던 소련의 멸망붕괴과 동유럽 사회주의의 국가들의 연이은, 사회주의 이념의 포기와 연관성이 있지 않을까 합니다.

공산주의 동맹의 우두머리소련가 죽고멸망, 뜻을 같이했던 친구들동유럽 사회주의 국가도 뜻사회주의을 포기하는 마당에 고령高齡. 나이가 많은의 김일성은 허망과 허탈감을 감내하기 어려웠을 것입니다. 소련 멸망과 동유럽 이탈 이후의 북한의 생존 노선일정한 목표를 실현하기 위하여 지향하여 나가는 견해의 방향이나 행동 방침을 놓고, 아들 김정일과 의견을 달리했을 가능성도 있고요. 어찌했던 소련의 붕괴는 김일성에게 큰 스트레스정치적 부담였음은 분명해 보입니다.

남한의 이승만과 북한의 김일성은 모두 냉전의 산물産物. 어떤 일의 결과로 생겨나거나 얻어지는 것이라고 할 수 있습니다. 자본주의 체제와 공산주의 체제의 체제경쟁이라고 할 수 있는 냉전으로 인하여 김일성은 30대의 나이에 북한의 통치자가 될 수 있었고, 냉전이 소멸된 직후까지 50년 가까이를 북한 사회를 통치했습니다. 역사에서 가정假定. 사실이 아니거나, 사실인지 아닌지 아직 분명하지 않은 것을 임시로 인정함은 필요치 않으나, 냉전이 아니었더라면 미국과 소련 간의 패권주도권 다툼이 아니었다만 남북의 분단도 김일성도 한반도에서 존재하지 않았을 수 있다는 것입니다.

이승만의 배후에는 미국이 김일성의 배후에는 소련이 있었고, 이들은 미국과 소련이라는 선장의 지시에 따르는 조타수키잡이에 불과한 존재들이었습니다. 미국과 소련 두 나라의 군대가 한반도를 절반으로 나누어 점령하고, 군정을 실시하고, 이어서 그들의 꼭두각시남의 조종에 따라 움직이는 사람이나 조직의 비유 정부와 대리자를 세운 것은 한반도를 전략적으로 중요하게 여겼기 때문입니다.

KEY WORD

45 신탁통치

1945년 12월 미국·영국·소련 3국의 외상外相, 우리나라의 외교통상부 장관에 해당될들이 소련의 수도 모스크바에 모여서, 한국 문제를 비롯한 제2차 세계대전 이후 세계 여러 지역의 문제점에 대하여 협의하였습니다. 이를 모스크바 협정 또는 '모스크바 3국 외상회의모스크바 3상 회의' 라고 합니다.

한반도 문제와 관련된 결의결정 내용은, 한반도의 독립국가 건설에 필요한 민주적 임시정부 수립, 임시정부 수립을 돕기 위한 미·소공동위원회 구성, 한국을 최고 5년 기한으로 미국·영국·소련·중국이 신탁통치를 실시한다는 것, 미·소 공동위원회는 임시정부 수립을 준비하기 위해 민주적인 정당·사회단체와 협의할 것 등이었습니다. 여기서 문제가 된 것은 '신탁통치'였습니다.

낱말 그대로 하면, 신탁信託은 믿고 맡긴다는 뜻이고, 통치統治는 나라나 지역을 도맡아 다스리는 것을 말합니다. 결국 신탁통치信託統治는 한민족의 주권주인으로서의 권리을 한민족의 의지마음와 상관없이 다른 나라에 도맡긴다모든 책임을 혼자서 떠맡다는 뜻입니다. 한민족은 일본의 지배를 실제적으로 을사조약1905부터 광복1945 이전까지 40년을 받았고, 주권을 빼앗긴 기간만 35년이 됩니다. 이제 겨우 광복을 기쁜 마음으로 맞이했고, 그것을 민족의 자주적인 독립으로 연결하고자 하는 열망이 강렬했습니다.

그런데 미국·영국·소련의 강대국들은 한민족의 독립 능력정부 수립과 통치이 부정하고, 일본처럼 그들이 다시 최대 5년 기한어느 때까지를 기약함으로 통치하겠다니, 요즘 말로 하면 멘붕멘탈 붕괴. 기절하겠다는 의미 상태가 된 것입니다. 한민족의 독립 열망은 배제제외한 체, 한반도한민족의 신탁통치 문제와 임시정부 수립의 문제를 구체적으로 논의하기 위해 미·소 공동위원회를 구성하여, 미국과 소련이 공동으로 머리를 맞대겠다는 것입니다.

사실 한반도의 신탁통치안신탁통치 안건. 신탁통치 문제은 모스크바 3상 회의에서 처음 논의된 것이 아닙니다. 1943년 카이로선언에서 '적당한 시기에' 독립을, 1945년의 얄타회담에서 신탁통치 결의가 있었고, 1945년의 포츠담선언에서 카이로선언의 각 조항을 이행한다고 하여, '적당한 시기'의 독립은 한반도를 신탁통치한 후에 시킨다는 의미로 미·영·소 강대국 간에는 논의되고 합의한 사항이었습니다. 이것을 1945년 12월 모스크바 3상 회의모스크바 회담에서 다시 결정한 것입니다.

모스크바 3상 회의의 신탁통치 결정결의 소식은 한민족의 큰 반발을 초래했습니다. 처음엔 한민족 대다수는 신탁통치의 결정을 수용할 수 없다는 입장에서 반탁신탁 통치를 반대함을 주장했습니다. 한반도 문제와 관련된 모스크바 3상 회의의 결정에 따르면, 미국과 소련이 공동위원회를 먼저 구성해야 했습니다. 그리고 구성된 미·소 공동위원회가 한국의 민주적인 정당 및 사회단체와 임시정부의 수립 문제를 논의하고, 그렇게 수립된 임시정부가 미·영·소·중 4국과 신탁통치 문제를 논의하는 순서였습니다.

인간은 심리적으로 생존과 관련된 문제에서 유리한 정보보다 불리한 정보에 더 민감하게 반응합니다. 3상 회의의 첫째 항목은 '한국을 독립 국가로 재건하기 위해 임시적인 한국 민주정부를 수립한다.'였습니다. 그러나 우리는 둘째 항목인 '미·영·소·중 4개국이 공동 관리하는 최고 5년 기한의 신탁통치를 실시한다'였습니다. 신탁통치만이 귀에 들어온 것입니다. 신탁통치 결정 소식이 알려지자 한민족은 분노하였고, 처음에는 좌·우익 모두 결렬하게 신탁통치에 반대하였습니다. 곳곳에서 반탁운동이 전개되었습니다. 우익세력의 김구와 이승만 등도 반대하였고, 좌익세력의 박헌영, 여운형 등도 반대하였습니다.

3상회의의 결의에 따라 미·소 공동위원회가 구성되었습니다. 공동위원회는 한 문제를 공동으로 심의심사하고 논의함하고 검토하기 위하여 둘 이상의 단체나 국가가 각각 위원선거나 임명에 의하여 지명되어 단체의 특정 사항을 처리할 것을 위임받은 사람을 내어 조직한 위원회를 말합니다. 미·소 공동위원회의 주된 역할은, 한반도에서 민주적인 임시정부를 수립시키는 일이었습니다. 문제는 '민주적'이라는 개념도 분명치 않고, 미국은 미국의 입맛에 맞는 친미성향우익의 자본주의적 임시정부를, 소련은 소련의 입맛에 맞는 친소성향좌익의 사회주의적 임시정부를 수립시키려 하였습니다. 1946

년에 1차, 1947년에 2차로 미·소 공동위원회가 개최되었지만 결과는 결렬_{의견이 맞지 않아 갈라섬}되고 말았습니다.

결렬의 본질은 미국과 소련의 욕심과 좌익과 우익의 욕심이 기름과 물처럼 확연히 구분되어 의견의 접근_{일치}이 어려웠기 때문입니다. 좌익과 우익은 서로가 보고 싶은 것만 봤습니다. 우익은 신탁통치 부분에, 좌익은 임시정부 수립 부분에 초점을 두고 문제를 해결하고자 했습니다. 우익은 결코 신탁통치는 받아들일 수 없다는 입장이었고, 좌익은 임시정부의 수립이 우선이니 신탁통치는 감내_{어려움을 참고 견딤.}하자는 입장이었습니다. 특히 소련은 신탁통치를 주장하고 있었고, 미국은 즉시 독립을 주장하고 있었으며 소련은 38선으로 분할하여 점령하려 한다는, 가짜뉴스_{오보. 잘못 보도함}는 좌·우익의 대립과 충돌을 더욱 격화시켰습니다. 가짜뉴스는 정반대로 전한 것입니다.

미국과 소련의 의도_{무엇을 하고자 하는 마음속의 생각이나 계획. 또는 무엇을 하려고 꾀함}는 차치_{내버려 두고 문제 삼지 아니함}하고, 표면상으로 소련은 임시정부 수립을 미국은 신탁통치를 주장하고 있었습니다. 이러한 가짜뉴스는 불난 집에 부채질하는 격이었습니다. 사람들은 이성보다 감성에 더 빨리 반응합니다. 정보의 사실 확인보다, 3상회의의 신탁통치 결의는 한민족의 역량을 무시하는 처사_{일을 처리함}로 받아들여져 반탁운동이 전국적으로 일어났습니다. 반탁운동의 중심에는 김구와 이승만 등의 우익이 있었습니다. 또 다른 한편에서는 3상회의의 결의에 따라, 임시정부를 수립하고 신탁통치를 수용_{받아들임}하자는 찬탁_{신탁통치를 찬성함}운동이 있었습니다. 찬탁운동의 중심에는 박헌영 등의 좌익이 있었습니다. 결국 처음에는 좌·우익 모두 반탁을 하다가 나중에는 미국과 소련의 입장에 따라 좌익과 우익의 입장에 따라, 좌익과 우익이 갈라져 찬탁과 반탁으로 싸우게 된 것입니다.

박헌영과 좌익은 신탁통치 문제에 집착하기보다 3상회의의 결의대로 임시정부를 먼저 수립하고, 그다음에 신탁통치의 기한_{최대 5년}은 협상을 통해 줄여가는 것이 실리적이라는 생각이었을 것입니다. 반면에 김구와 이승만 등의 우익은 어떤 일이 있어도 신탁통치 문제만은 한민족의 역량과 자존심에 관한 것이니 양보할 수 없다는 생각이었을 것입니다. 박헌영 등은 명분보다 실리를, 김구 등은 실리보다 명분을 우선하지 않았을까 짐작해 봅니다. 생각_{사상. 입장.} 목적의 차이는 말과 행동의 차이로 이어지고, 그것은 싸움으로 연결됩니다. 소련과 미국의 대결은 좌익과 우익의 대결로 나타나 한반도는 폭력과 죽음이 일상_{매일 반복되는} 생활이 되는 곳이 되었습니다.

역사는 모질게도_{마음씨나 행동이 몹시 매섭고 독하다} 미국군정 속에서 좌·우익의 분열과 대결 속에서, 독버섯 같은 존재인 친일세력들이 준동_{꿈틀거리게}하게 만들었습니다. 독버섯_{친일세력}들은 식용버섯_{애국자}으로 포장되었습니다. 매국_{개인의 이익을 위하여 국가의 주권이나 이권을 남의 나라에 팔아먹음}이 애국_{자기 나라를 사랑함}의 프레임틀을 쓰고 당당하게? 설치게_{마구 날뛰다} 된 것입니다.

매국노_{매국 행위를 하는 사람}였던 자들이 반공_{공산주의에 반대함}의 투사_{앞장서서 투쟁하는 사람}가 된 것입니다. 일본의 앞잡이_{남의 시킴을 받고 끄나풀이 되어 움직이는 사람. 走狗. 사냥할 때 부리는 개}였던 자들이 미국군정의 앞잡이가 된 것입니다. 그들은 반공을 명분_{구실}으로 사회주의적 성향의 애국자_{항일세력}들 개잡듯이 잡았습니다. 일제 강점기도 아닌데, 항일_{일본 제국주의에 맞서 싸움}했던 분들이 친일했던 자들에게 끌려가 쥐 잡듯이 잡힌 것입니다. 대표적인 사람이 약산 김원봉입니다. 동서고금동양과 서양, 옛날과 지금을 통틀어 이르는 말로, '어디서나, 언제나'의 뜻을 막론하고 앞잡이들은 항상 이처럼 얍삽얄은꾀를 쓰면서 자신의 이익만 챙기려는 태도가 있다합니다.

앞서 말한 것처럼 1946년에 1차, 1947년에 2차로 미·소 공동위원회가 개최되었지만 결과는 결렬의견이 맞지 않아 갈라섬되고 말았습니다. 지금은 소련이 소멸사라져 없어짐. 1991하고 소련의 위치를 같은 사회주의 국가인 중국이 대신하고 있다고 할 수 있습니다. 현재의 세계는 미국과 중국의 패권주도권. 헤게모니 다툼으로 곳곳에서 파장충격적인 일이 끼치는 영향이 일고, 그것이 때로는 쓰나미지리 지진이나 화산 폭발로 발생하는 해일. 지진이나 화산의 폭발, 해상의 폭풍 등으로 바다에 큰 물결이 갑자기 일어나 육지로 넘쳐 오르는 일가 됩니다. 한반도도 그런 영향권 아래에 있다고 할 수 있습니다. 남북정상회담도 남북교류도 패권 다툼의 상황에 따라 오락가락합니다.

미국과 소련은 그들에게 우호적인사이가 좋은 정부국가의 통치권을 행사하는 기관와 정권정부를 구성하고 나라의 정치를 담당하는 권력을 한반도에 수립하고자 했습니다. 임시정부의 구성에 어떤 정당과 사회단체를 참여시킬 것인가의 문제를 놓고, 미·소 공동위원회에서 미국과 소련의 입장이 달랐습니다. 소련은 모스크바 3상회의의 결의에 찬성지지하는 세력찬탁 세력. 좌익만 참여시키자 하였고, 미국은 3상회의의 결의와 상관없이 참여를 희망하는 세력찬탁과 반탁 세력은 모두 참여시키는 것이 민주적인 처사라고 주장했습니다. 3상회의에 찬성하는 세력은 찬탁이고, 그런 소련의 주장은 친소적인 성향의 임시정부를 구성하여 친소 정권을 한반도에 수립하고자 한 것이었습니다. 반면에 미국은 어차피 전체적으로 보면 우익 성향의 정당과 사회단체가 많으니 찬탁과 반탁을 주장하는 모든 세력을 임시정부 구성에 참여시켜도 친미 성향의 정부가 수립될 수밖에 없다는 계산이 깔려 있었습니다.

아프리카에서 두 마리 사자가 협력하여 임팔라영양의 일종를 잡았는데 서로가 독식혼자서 먹음하려고 하면 싸울 수밖에 없는 이치와 비슷합니다. 미국과 소련은 임팔라한반도를 놓고 독식할 수 있는 방법을 저마다 찾습니다. 쉽지 않은 일이었습니다. 1차 미·소공동위원회가 임시정부 구성의 참여 범위를 놓고 대립하다 결렬됩니다. 그러자 이승만은 꾀를 내어 정읍에서 남한에서 단독남한 혼자으로 정부를 수립하겠다고 발표합니다. 이를 이승만의 정읍발언1946.6이라고 합니다.

이승만의 정읍발언을 계기로, 남북이 분단될 수도 있다는 위기를 느낀 중도 성향의 안재홍·김규식·여운형 등이 중심이 되어 좌·우합작위원회를 조직하고 남한 단독정부수립분단에 반대운동좌우합작운동. 통일정부수립운동을 전개합니다. 처음에는 미국군정도 좌우합작운동통일정부수립운동을 지지했습니다. 그러나 이승만 등의 우익세력과 박헌영 등의 좌익세력이 좌·우합작운동에 불참함으로써 좌·우합작운동은 실패했고, 이에 미국군정도 좌·우합작운동의 지지지원를 포기하고 남한 단독정부수립으로 방향을 전환하게 됩니다.

한편 미국의 대통령 트루먼은 1947년 3월 트루먼 독트린을 발표합니다. 트루먼 독트린선언의 핵심은 공산주의 세력의 확대를 저지하고, 이를 지지하는 자본주의 국가에 미국이 경제적·군사적으로 원조물품이나 돈 따위로 도와주하겠다는 것입니다. 냉전의 본격적인 출발점은 트루먼 독트린부터라고 할 수 있습니다. 미국군정청은 트루먼 독트린을 계기로 좌·우합작운동의 지원을 포기합니다. 미국군정청의 좌·우합작운동 지원 포기와 합작운동의 중심인물 여운형의 피살죽임을 당함. 1947.7, 2차 미소공동위원회의 결렬1947.7 등으로 통일정부수립을 위한 좌·우합작운동은 실패하고 말았습니다.

두 차례에 걸친 미소공동위원회가 결렬되자, 미국은 소련의 강력한 반대에도 불구하고, 한국의 임시정부수립독립 문제를 유엔총회국제연합총회에 상정토의할 안건을 회의에 내어놓음. 1947.9합니다. 유엔총회는 국제연합유엔·UN 의 기능 전반에 걸쳐 토의하고 모든 업무를 결정하는 최고 의사결정기구입니다. 유엔총회에서는 한국총선안과 유엔한국임시위원단의 설치안이 가결안건을 합당하다고 인정하여 결정함. 1947.11됩니다. 유엔총회의 결의에 따라 1948년 1월 호주 등의 8개국으로 구성된 유엔한국임시위원단이 남한에 도착했습니다.

유엔한국임시위원단은 한반도에서 인구에 비례하여 남북한에서 총선거국회의원 전체를 한꺼번에 선출하는 선거를 실시하고, 통일정부를 수립하는 데 필요한, 일종의 선거관리위원회선거 감시단 역할이 임무라고 할 수 있습니다. 소련은 남한으로 입국한 유엔한국임시위원단이 38선 이북으로 오지 못하게 합니다. 소련은 미국에 의한 한반도 문제의 유엔총회 상정에 반대했기 때문입니다.

지금도 남한의 인구가 북한의 2배 이상이지만 당시에도 남한 인구가 북한에 비해서 훨씬 많았습니다. 소련이 입북을 거부한 다른 이유는, 인구 비례에 의한 총선거를 실시할 경우에 북한에 절대적으로 불리했기 때문이기도 했습니다. 유엔한국임시위원단이 38선 이북으로의 들어가지 못하자, 유엔소총회에서는 입국이 가능한 지역, 즉 유엔한국임시위원단의 감시 아래서 선거가 가능한 지역에서 선거하도록 결의를 합니다. 유엔소총회국제연합소총회는 국제연합총회의 기능을 부분적으로 대리하는 보조기관입니다. 유엔소총회의 결의로 남한에서만 단독혼자으로 선거하게 되었고, 그것은 남한 단독정부의 수립을 의미하며, 남한 단독정부의 수립은 남북 분단을 의미하는 것이었습니다.

남한 단독선거가 남북분단, 민족분단으로 가는 것임을 확신한 김구·김규식은 통일정부 수립을 위해, 남북협상을 제의하고 38선을 넘어 북한으로 가서 김일성·김두봉 등의 북한 지도자와 협상을 했으나, 남한은 남한대로 단독정부를 북한은 북한대로 단독정부를 세우려 했기에 김구의 남북협상은 실패하고 말았습니다. 이에 김구는 남한만의 선거인 5·10총선거에 불참어떤 자리에 참가하지 않거나 참석하지 않음합니다.

유엔소총회의 결의에 따라 남한에서 5·10총선거가 실시됩니다. 5·10총선국회의원 전체를 한꺼번에 선출하는 선거은 1948년 5월 10일 실시된 대한민국 최초로 국회의원을 뽑는 선거였습니다. 5·10총선은 유엔한국임시위원단의 감시 아래 38도선 이남의 지역에서만 실시되었습니다. 남한단독정부 수립을 위한 총선이 실시됨으로써, 한민족의 열망이었던 통일된 자주독립국가의 수립은 뜻을 이루지 못하였고 남북의 분단은 우려근심하거나 걱정함에서 현실이 되고 말았습니다. 선거를 앞두고 5·10총선 반대운동남한단독정부의 수립거부와 반대운동이 전국적으로 일어났습니다. 통일정부의 수립을 열망했던 좌·우합작운동과 남북협상 추진세력은 대체로 선거에 불참했습니다.

5·10총선의 결과 국회의원제헌의원 198명이 당선되었습니다. 제주도에서는 4·3사건으로3개의 선거구 가운데서 2개는 투표가 제대로 실시되지 못함 선출되지 못한 2명의 국회의원은 1년 후에 선출되었습니다. 198명 가운데 무소속어느 단체나 정당에도 속하여 있지 않음. 또는 그런 사람이 85명, 이승만과 김구 등의 우익을 중심으로 조직한 대한독립촉성국민회 소속이 53명, 우익의 한국민주당 소속이 29명, 우익의 지청천이청천이 조직한 대동청년단 소속이 14명 등입니다. 5·10총선의 결과 제헌의원처음으로 대한민국의 헌법을 만들었던 국회의원이 선출되었고, 이들이 제헌국회1948.5.31.를 구성합니다. 제헌국회는 헌법을 제정제도나 법률 따위를 만들어 정함한 국회를 말하는데, 대한민국의 초대국회를 말합니다.

헌법은 국가 통치의 기본 방침, 국민의 권리와 의무, 통치 기구의 조직 따위를 규정하는 한 국가의 최고의 법을 말합니다. 제헌국회의 의장은 이승만, 부의장은 신익희가 선출되었습니다. 이러한 5·10총선은 남한에서만 실시되었으며, 제헌의원을 뽑았던 역사상 최초의 보통·평등·직접·비밀선거라는 4대원칙에 따라 실시된 민주선거였습니다. 초대 국회의원의 임기는 2년이었습니다. 초대국회는 헌법을 만들고, 국호를 대한민국으로 정하고, 제정한 헌법을 1948년 7월 17일에 공포합니다. 제헌절은 우리나라의 헌법을 제정·공포일반에게 널리 알림. 7.17한 것을 기념하기 위하여 제정한 국경일입니다.

제헌헌법은 3권입법·사법·행정 분립따로 나누어서 세움과 대통령중심제, 국회

단원제국회를 상원과 하원의 양원으로 나누지 않고 하나만 두는 제도를 채택했습니다. 대통령은 국회의원들이 선출하는 간접선거 방식을 채택했습니다. 이러한 제헌헌법에 따라 이승만이 대통령에 당선됩니다. 이승만은 1945년 8월 15일 대한민국의 수립이룩하여 세움을 선포합니다. 대한민국의 국호는 3·1운동을 계기로 상하이에 수립된 대한민국임시정부라는 명칭이 있었고, 대한민국헌법 전문법령의 목적이나 제정 취지 등을 밝히는 머리 부분의 글에는 3·1운동으로 건립된 대한민국임시정부의 정신을 계승한다고 명문화법률의 조문에 명확히 밝힘 하고 있습니다. 이로써 제1공화국이 수립됩니다. 제1공화국에서 대통령은 이승만, 부통령은 이시영이 선출되었고 국회의장에는 신익희가 선출됩니다.

1945년 8월 15일 광복 후, 실제적으로 38선 이남의 남한은 주권이 미국군정청에 있었습니다. 1905년 을사조약 이후로 1945년까지 실제로 40년 동안 일본의 지배를 받았고, 그 후 다시 미국의 지배를 3년 동안 받았습니다. 실제적으로 43년 만에 잃었던 주권주인으로서 갖는 권리을 되찾게 것입니다.

한편 남한만의 단독정부 수립에 반대하는 시위가 1947년부터 있었습니다. 남한만의 단독정부 수립에 반대하는 항거순종하지 않고 맞서서 대항함는 제주도에서 먼저 시작됩니다. 1948년 4월 3일 좌익세력남조선노동당 등을 중심으로 하여, 남한 단독정부 수립 반대와 미군의 철수를 주장하는 무장봉기가 제주도에서 있었습니다. 이들 좌익세력들은 관공서와 경찰서를 습격하였고, 미국군정청과 이승만 정권은 군대와 경찰, 우익세력인 서북청년단 등을 동원하여 이들 좌익세력을 진압합니다. 그 과정에서 좌익세력공산주의자은 물론이고 그들과 관련이 없는 수많은 도민들이 희생되었습니다. 이것은 4·3사건4·3항쟁이라고 합니다.

좌익세력들이 남한 단독정부 수립에 반대하고 미군의 철수를 주장하며 폭동을 일으킨 이유는, 한반도에 공산정권공산주의 정부을 수립하여 한반도를 공산화하려는 목적이었을 것입니다. 속담에 '빈대 잡으려고 초가삼간 태운다.'고 미국군정과 이승만 정권은 공산주의자들을 소탕하려다가, 정작 잘못도 없는 선량한 주민들마저 공산주의자로 몰아서 마구 학살한 것입니다. 4·3사건4·3항쟁 과정에서 약 수만 명의 사망자가 발생하였고 집도 1.5만여 채나 불타거나 파괴되었다고 합니다. 4·3사건4·3항쟁은 미국의 자본주의와 소련의 공산주의가 국가체제와 이념을 놓고 싸우는 과정에서, 미국군정과 이승만 정권이 공산주의자들을 소탕휩쓸어 모조리 없애 버림한다는 명분으로 국민을 살해한 사건입니다.

서북청년단서북청년회은 서북지역평안도·황해도·함경도에서, 북한 공산주의자들에 의한 종교적 박해를 피해 월남한북쪽에서 삼팔선이나 휴전선의 남쪽으로 넘어옴 기독교 계통의 우익 청년단체로, 1946년 11월, 서울에서 조직된 반공공산주의에 반대함 청년단체입니다. 서북청년단은 공산주의자들에 의한 트라우마정신에 지속적인 영향을 주는 격렬한 감정적 충격로 인하여 반공운동에 앞장섰고, 이승만 정권은 이를 적절히 활용했던 것입니다. 서북청년단의 반공운동은 공산주의자들로부터 그들의 신앙과 삶을 지키는남한에서 생존하는 방편수단과 방법이자 또 하나의 믿음이었을지도 모릅니다. 서북청년단, 대동청년단, 대한청년단 등은 1950년을 전후한 시점에 활동한 우익청년단체입니다.

4·3사건 때의 군대와 경찰, 우익세력 등의 무차별적인가리지 않고 마구잡이임 진압강압적인 힘으로 억눌러 진정시킴과 집단 학살사람을 참혹하게 마구 죽임을 피해, 생존한 좌익세력과 수많은 제주 주민들은 한라산 깊숙이 숨어듭니다. 이승만 정권은 이들을 색출뒤져서 찾아냄하고 토벌병력을 동원하여 반란의 무리를 쳐서 없앰하기 위해, 전라남도 여수·순천 지역의 군인들을 제주도에 급파급히 파견함하기로 결정합니다.

1946년 이전에 제주도는 행정구역상 전라도에 속해 있었습니다. 공교롭게도뜻밖에 서로 맞거나 틀리는 것이 기이한 듯하다 전라남도 여수지역에서 근무하던 군인들 가운데는 제주도 출신들이 많았습니다. 당시 군인들마저도 사상적으로 좌·우익이 뒤섞여 있었습니다. 제주도 출신과 좌익성향남조선노동당 다수의 군인들은 정부이승만 정권의 제주도 파견 및 토벌 명령을 거부합니다. 그리고 오히려 정부군과 싸우게 됩니다. 당시 여수 지역에 주둔하고 있던 군인들이 반란정부나 지배자에 대항하여 내란을 일으킴을 일으킨 것입니다1948.10.19. 좌익성향 군인들을 중심으로 한 반란군은 여수를 장악하고 순천까지 진출하였습니다. 이로써 여수·순천 일대는 좌익세력의 영향권 아래에 놓이게 됩니다. 이승만 정부는 이 지역에 계엄령을 선포하고 토벌작전에 나섰고, 그 과정에서 또 많은 민간인들이 희생됩니다. 이 사건을 여·순사건 또는 10·19사건이라고도 합니다.

정부군의 여수·순천 지역 수복잃었던 땅을 되찾음으로, 정부군에 쫓긴 좌익세력공산주의자들은 지리산 일대로 숨어들어, 유격전게릴라전. 공격할 적을 미리 정하지 않고 그때그때의 형편에 따라 기습적으로 적을 치는 일을 전개합니다. 이들을 빨치산프랑스어 파르티잔에서 유래. 유격전을 전개하는 비정규군. 유격대원·동지라는 뜻이라고 부릅

니다. 1948년 여·순사건 이후로 지리산 일대를 중심으로 남한 각지여러 곳,
태백산·오대산·지리산 등에서 유격전을 전개했던 좌익세력들을 빨치산우익은 이들
을 공산게릴라 또는 공비라고 부릅니다. 공비는 공산당 유격대. 공산당으로서 무장을 하고 떼를 지어
다니며 사람들을 해치는 도둑이라는 뜻이라고 부릅니다. 이들은 1950년 6·25전쟁
이후까지 활동했으며, 전쟁이 끝난 이후에는 남부군공산 게릴라이라는 이름
으로 활동했으나 북한의 지원이 줄고 남한 정부군의 대대적인 토벌작전
으로 점차 소멸되었습니다. 남부군은 북한의 명령을 따르던 남한 내의 후
방 교란마음이나 상황 따위를 뒤흔들어 어지럽게 함 조직이라고 할 수 있습니다.

　이승만 정권이 제주도 4·3사건이나 여·순사건, 빨치산 활동의 중심세
력들공산주의자을 토벌하는 과정에 수많은 민간인들을 살상사람을 죽이거나 상
처를 입힘하거나 재산상의 피해를 입힌 것은 부인어떤 내용이나 사실을 인정하지 않
음할 수 없는 사실입니다. 이념적 분단의 비극이었습니다.

46 조선민주주의인민공화국 수립

광복 이후 38선 이북의 북한에서도 남한처럼 여러 정치단체가 존재했습니다. 조만식 등의 민족주의 세력과 공산주의 세력으로는 갑산파, 연안파, 소련파, 남로당파 등이 있었습니다. 갑산은 보천보 전투가 일어났던 함경남도 갑산군을 말하며, 갑산파의 중심에는 김일성이 있었습니다.

연안은 중국의 산시성^{산서성} 지역으로, 중국공산당군^{마오쩌둥}이 중국국민당군^{장제스}의 공격을 피해 도망갔던 긴 여정의 종착지로 중화인민공화국^{중국}에서는 혁명의 성지^{신성시하는 장소}로 여기는 곳입니다. 중국공산당 지도부가 있던 옌안^{연안}을 중심으로 공산주의 활동을 하다가 귀국한 사람들이어서 연안파라고 부릅니다. 연안파의 중심에는 주요인물로는 김두봉·최창익·김무정^{무정} 등이 있었습니다.

소련파는 주로 소련공산당 아래서 소련에서 활동하다가, 해방 직후 소련군정을 지원하기 위해 소련군을 따라서 들어온 사람들입니다. 소련파의 중심인물로는 허가이·박창옥 등이 있습니다. 남로당파 남조선로동당파 는 주로 남한에서 공산주의 활동하다가 북한으로 넘어간 사람들로서, 그 중심인물로는 박헌영 등이 있었습니다. 그 밖에 국내파로는 홍명희 등이 있었습니다. 홍명희는 소설가로서 소설 <임꺽정林巨正>을 지었던 인물입니다.

김일성은 조만식 등의 민족주의자들을 신탁통치에 반대하였다는 구실로 숙청조직 내의 반대자들을 없앰. 특히, 독재 국가 등에서 내부의 반대파를 제거하는 일하였고, 이어서 6·25전쟁 이후까지 그때그때마다 여러 구실을 붙여서, 갑산파를 제외하고는 소련파·연안파·남노당파·국내파 등 모두를 숙청합니다. 따라서 나중에는 김일성을 추종하는 세력만 남게 됩니다. 물론 그 구실은 대체로 '반동 사회주의 국가로의 진보·발전 등을 반대하는 태도'으로 모는 것입니다. 공산주의자들이 사용하는 '반동분자'라는 용어는, 그들이 바라는 사회주의 국가로 가는 데 반대하는 태도를 가진 사람분자. 구성원을 일컫는 말일 것입니다.

1945년 10월 북한에서는 조선공산당 북조선 분국이 설치됩니다. '조선공산당 북조선 분국'은 겉으로는 조선공산당에 속한 조직이지만, 실제적으로는 중국, 소련, 국내 등에서 활동하던 공산주의자들의 다수가 모인 집단이었고, 활동 내용면에서는 조선공산당의 영향력 아래서 상당히 벗어나 있던, 독립적인 공산주의 정당이었습니다. 따라서 1946년 4월에는 북조선공산당 나중에 북조선노동당으로 변경 으로 명칭을 고칩니다. 이에 따라 남한에 있었던 박헌영을 중심으로 한 조선공산당은 1946년 11월 23일 서울에서 조선공산당, 남조선신민당, 조선인민당을 합당하여 남조선노동당남로당을 창당합니다. 남조선노동당의 중심인물 박헌영은 나중에 월북삼팔선 또는 휴전선의 북쪽으로 넘어감합니다.

김일성은 공산주의자로 본명본래의 이름은 김성주입니다. 김일성은 해방 후 조선공산당 북조선분국을 이끌었고, 1946년에는 북조선노동당을 창당했고, 1949년 6월에는 박헌영의 남조선노동당과 합당하여 조선노동당을 결성합니다. 이 조선노동당이 조선민주주의인민공화국 수립1948.9.9.의 근간사물의 바탕이나 중심이 되는 것이 됩니다.

소련군정청은 직접통치를 하다가 이내 간접통치 방식으로 북한을 통치합니다. 북한을 간접통치하는 중심에는, 김일성이 조직한 북조선임시인민위원회1946.2가 있었습니다. 북조선임시인민위원회의 위원장은 김일성이었습니다. 1946년 3월부터 북조선임시인민위원회는 무상몰수, 무상분배의 원칙에 따른 농지개혁과 주요 산업을 국유화국가의 소유로 함합니다. 이것은 북조선임시인민위원회가 실제적으로 북한을 통치하는 정부였다는 방증간접적으로 도움이 되는 증거입니다.

농지개혁은 농지농경지. 농사짓는 데 쓰는 땅. 농토의 소유권을 개혁 말합니다. 농지개혁은 농업경영의 합리화와 농촌의 민주화를 촉진하기 위하여, 농경지 소유권을 경작자에게 이양넘겨줌하여 경작인의 보호에 중점을 두는 개혁적인 조치문제나 사태를 해결하기 위해 필요한 대책을 세움를 말합니다. 1946년 농지개혁과 산업국유화로 지지찬동하여 뒷받침함 기반을 확보한 김일성은 1947년 2월 북조선임시인민위원회를 북조선인민위원회로 변경하고, 북한의 최고행정기관으로 삼습니다. 이어 1948년 2월에는 조선인민군북한의 군대을 창설합니다.

남한에서 단독 선거5·10총선가 실시되고, 대한민국이 수립1948.8.15되자, 북한은 기다렸다는 듯이 1948년 8월 25일 최고인민회의 대의원 선거를 실시하고, 같은 해 9월 9일에 조선민주주의인민공화국의 수립을 선포합니다. 김일성은 조선민주주의인민공화국의 수상으로 선출되었습니다. 소련은 1948년 10월 조선민주주의인민공화국을 북한의 정권정부를 구성하고 나라의 정치를 담당하는 권력으로 승인지위를 인정하는 일하고, 1948년 12월에 소련군을 북한에서 철수시킵니다. 이로써 38선 이남에는 대한민국이, 38선 이북에는 조선민주주의인민공화국이 수립되어, 민족은 둘로 분단되었고 그 분단이 지금까지 이어져 오고 있는 것입니다.

KEY WORD

47　무상몰수와 유상매수

　생산수단은 생산물^{재화와 용역}을 만들어 내는 수단을 말합니다. 생산물은 생산수단에 의해서 만들어진 물건^{재화와 용역}을 말합니다. 재화는 사람의 욕망을 만족시키는 물질을 말합니다. 용역^{서비스}은 생산과 소비에 필요한 노동을 제공하는 일을 말합니다. 생산수단을 소유한 사람은 생산물을 갖게 되는데, 우린 그것을 경제력이라고 부릅니다. 경제력은 여러 권력 가운데서 힘이 가장 셉니다. 대표적인 생산수단은 공장과 농장^{토지,농토}입니다. 토지^{농장,농토}를 생산수단으로 소유한 사람을 지주라고 하고, 공장을 생산수단으로 소유한 사람을 보통 자본가라고 합니다. 근대 이전 사회에서는 지주층이 권력자였고, 근대 이후 사회에서는 자본가계급^{부르주아}이 권력자입니다. 자본가 중심의 사회를 우린 자본주의 사회라고 합니다. 대한민국은 자본주의 국가입니다. 조선민주주의인민공화국은

272　별난, 한국사 Keyword

사회주의 국가입니다.

이처럼 근대 이전의 사회는, 토지를 지배하는 자가 세상사람을 지배하는 세상이었습니다. 토지의 차이는 소득 수준의 차이이고 삶의 수준의 차이였습니다. 전체 백성의 80% 이상이 농민인 상황에서 경작할 토지농토는 늘 부족했고, 지배층들은 더 많은 토지를 장악하려 했고, 경작권마저 부정당했던 일제 강점기엔 일본지주와 한국지주들의 그악함모질고 사납다은 하늘을 찌를 정도였습니다.

농민들의 간절한 바람은 토지의 균등한 배분몫몫이 나누어 줌이었지만, 1945년 광복 이전까지 단 한 번도 그들의 간절한 소망은 이루어진 적이 없었습니다. 그런데 농민들의 간절한 소망을 들어줄 사람들이 나타난 것입니다. 그들이 공산주의자사회주의자들입니다. 국민의 대다수를 차지하는 농민의 지지를 얻는 비결은 토지를 농민에게 돌려주는 것이었습니다.

드디어마침내 1946년 3월 북조선임시인민위원회는 〈북조선토지개혁법〉을 발표하고, 무상몰수·무상분배의 원칙에 따라 38선 이북의 북한 지역에 대한 토지제도를 개혁합니다. 북한은 빈농과 머슴을 중심으로 농촌위원회를 각 지역에 두고 그들의 주도 아래 토지개혁을 실시합니다. 무상은 유상의 반대말로서, 어떤 행위에 대하여 아무런 대가나 보상이 없음을 뜻합니다. 무상몰수는 보상을 아무런 대가나 보상을 지불하지 않고 토지를 몰수소유권을 국가가 갖게 하는 일했다는 말입니다. 무상몰수의 대상 토지는, 일본인 소유의 토지·민족반역자친일파 소유의 토지·대지주5 정보 이상 소유의 토지였습니다.

1정보는 약 10,000제곱미터약 3,000평. 약 1헥타르입니다. 축구장의 크기가

7,000제곱미터라고 합니다. 1정보는 축구경기장 넓이보다 조금 더 넓은 면적입니다. 무상으로 몰수한 토지는 무상분배의 원칙에 따라 토지가 없거나 부족한 농민들에게 무료값이나 요금을 받지 않음로 지급되었습니다. 분배된 토지는 매매와 소작남의 땅을 빌려 농사를 지음, 저당부동산이나 동산을 채무의 보증으로 잡거나 잡힘이 금지되었습니다.

항일독립운동으로 공헌한 경우에는 특별한 혜택의 더 부여되었다고 합니다. 북한에선 토지개혁의 결과 지주계급지주층이 사라지고, 소작농·빈농·농업노동자 등이 농촌의 핵심계층이 됨으로써, 이들이 북조선노동당과 김일성 공산정권의 지지기반이 되었습니다. 토지제도의 개혁으로 북한에서는 지주가 없어졌으며, 자작농이 농민의 다수를 차지하게 되었습니다. 그러나 토지를 빼앗긴 대지주들은 북한 정권에 대하여 적대감을 가지게 되었고, 남한으로 내려오는 경우도 많아졌습니다. 김일성 등의 북한 공산주의자들은 과감한 토지개혁으로, 친일파 대지주들의 토지를 몰수함으로써 하층민사회적 신분이나 생활수준이 낮은 계층의 사람의 민심을 얻어, 공산정권 수립의 기반을 확보하는 데 성공했다고 할 수 있습니다. 북한에서의 토지개혁은 친일파 처단결단하여 처치하거나 처분함과 연계서로 밀접한 관련을 가짐되어 이루어졌고, 그것은 40년간 응어리진한이나 불만 따위로 맺혀 있는 감정 민족의 분노를 해소이제까지의 일이나 관계를 해결하여 없애 버림하는 기쁨도 주었을 것입니다.

민심을 얻어 국민의 지지를 받는다는 것은 정권이 그만큼 안정적으로 자리 잡아간다는 것을 의미합니다. 1945년 광복 이후의 북한 사회는 소련의 적극적 후원을 받은, 김일성을 중심으로 한 공산정권이 안착어떤 곳에 편안하게 자리를 잡음되어 갔고, 그 과정에 공산정권의 토지개혁·친일파 처단·종교적 박해·지주와 자본가민족주의자. 우익 처단으로, 북한에서의 생활이 곤란해지자 남한에서 내려오게 됩니다. 지주와 자본가민족주의자. 우익, 기독교인, 친일파 등이 그들입니다.

그러나 미국군정과 이승만 정권 아래서의 남한은 토지에 대한 문제토지개혁를 북한만큼 신속하게는 물론 속 시원하게 해결하지 못했습니다. 그 가장 큰 이유는 미국군정과 이승만 정권은 상당한 부분 친일파친일파 지주를 기반으로 권력정권이 유지되고 있었기 때문입니다.

남한에서는 1948년 대한민국이 수립되자 농민들은 농지개혁농지의 소유 제도를 개혁하는 일을 요구합니다. 일본인 지주들과 친일파 지주들의 땅을 몰수하여 무상으로 분배해줄 것을 요구합니다. 이러한 요구에 1949년 〈농지개혁법〉이 제정되어 1950년 농지개혁을 시작하였지만, 6·25전쟁으로 중단되었다가, 전쟁이 끝난 한참 후인 1957년에 마무리되었습니다. 남한의 농지개혁은 '유상매수, 유상분배'가 개혁의 원칙이었습니다.

1950년 남한에서 실시된 농지에 대한 개혁 조치를 농지개혁이라고 합니다. 유상은 어떤 행위에 대하여 보상이 있음을 의미합니다. 매수는 물건을 사들임을 뜻합니다. 정부는 농토 소유의 상한선을 3정보로 정하고, 3정보 이상의 농토를 소유한 지주들에게는 정부국가가 지가증권정부가 사들인 농지의 보상으로 땅 주인에게 발행한, 재산권을 표시하는 증서을 주고유상 농토를 사들인매수 다음, 농토를 갖지 못했거나 부족한 농민들에게 5년에 걸쳐 농토의 값을 상환갚거나 돌려줌받기로 하고, 3정보의 한도 내에서 분배하였습니다. 이처럼 남한은 돈을 주고 농토를 국가가 사서유상매수, 이를 다시 돈을 받기로 하고 농토를 나누어 주는 유상분배의 방식이었습니다.

국가는 지주들에게 돈을 바로 주지 못합니다. 줄 돈이 없었기 때문입니다. 그래서 나중에 땅값을 쳐주기로_{셈을 맞추어 주다} 하는 유가증권을 발행합니다. 이를 지가증권이라고 합니다. 남한에서는 농지개혁이 지체되면서, 지주들이 미리 싼값에 농토를 팔아버려 농지개혁 대상 토지가 줄어들기도 했지만, 농지개혁의 결과 대다수의 농민들은 농지농토를 소유하게 되었습니다. 이로써 남한에서도 지주제는 없어졌습니다.

그러나 농지개혁은 농민보다 지주층의 입장에서 이루어졌습니다. 농지개혁은 '농지_{농사짓는 데 쓰는 땅. 농사짓는 곳. 농토}'만을 대상으로 한 개혁이었고, 삼림과 임야는 개혁의 대상에서 제외되었습니다. 어떻든 농지개혁의 결과 다수의 농민들이 농토를 갖게 되어 이전보다 자영농_{자신의 소유인 땅에서 농사를 짓고 직접 경영하는 농민}이 크게 증가한 것은 분명한 사실입니다. 북한에서는 무상몰수의 기준이 5정보였던 반면에 남한에서는 유상매수의 기준이 3정보였던 것은, 북한이 남한보다 농토가 척박한 이유도 있겠지만, 남한에서는 지주들에게 좀 더 유리한 개혁을 하여 지주들의 반발을 최소화하려는 의도였을 것이라 여겨집니다.

KEY WORD

48 친일파 청산

　친일파의 사전적 정의는 일본과 친하게 지내는 무리 또는 일제 강점기에, 일제와 야합^{좋지 못한 목적으로 서로 어울림}하여 그들의 침략·약탈정책을 지지·옹호^{두둔}하고 편들어 지킴하여 추종한^{판단 없이 무조건 믿고 따름} 무리라고 되어 있습니다. 따라서 친일파는 반민족행위자입니다. 친일파는 보통 매국노^{개인의 이익을 위하여 국가의 주권이나 이권을 남의 나라에 팔아먹음 행위를 하는 사람}라고도 하며, 부일협력자^{일본에 빌붙어 일본을 도운 자}, 친일반역자라고도 합니다. 청산^{淸算}은 과거의 잘못을 깨끗이 계산값을 치름하는 것, 깨끗이 씻어 버리는 것을 말합니다. 반민족행위처벌법은 민족을 배반하는 잘못된 행위를 한 자들을, 민족에게 고통을 주는 죄를 지은 자들을, 찾아내어 그 잘못에 대한 죗값을 치르게^{청산} 할 목적으로 만든 법입니다.

　반민족행위처벌법은 일제 강점기에 일본에 협력하여 민족을 배반하는 행위를 했던, 친일파^{친일분자}를 처벌하기 위하여 제정한 법률을 말합니다. 민족을 배반^{믿음과 의리를 저버리고 돌아섬}하는 행위를 한 자들을 처벌하기 위해 만든 법입니다. 친일파를 청산할 1948년 9월 반민족행위처벌법 제정됩니다. 이 법에 따라 친일파를 조사할 반민족행위특별조사위원회^{약칭} ^{반민특위}가 구성됩니다. 반민특위는 대표적인 친일파 박흥식·최남선·이광수·최린·노덕술·배정자·최인 등을 조사합니다.

  미국군정과 이승만 정권의 권력기반에는 친일파들이 많았습니다. 미국군정이 친일파 청산에 부정적^{반대함}이었던 것처럼 이승만 정권도 마찬가지였습니다. 이승만 정권은 집요하게 반민특위의 활동을 방해합니다. 대표적인 것이, 국회 프락치 사건^{1949.5}입니다. 프락치는 러시아어로 특수한 목적^{사명}을 띠고 어떤 조직체에 몰래 들어가서 신분을 숨기고 활동하는 사람이나 그 조직을 말합니다. 당시 반민특위위원이었던 김약수와 현역 국회의원 12명이 남조선노동당의 프락치^{비밀공작원}로 활동했다는 혐의^{범죄를 저지른 사실이 있으리라는 의심}로 검거하여, 기소^{형사사건에서, 검사가 법원에 공} ^{적으로 재판을 청구하는 일}한 사건을 말합니다. 13명의 국회의원 모두에게 유죄선고^{재판장이 판결을 알리는 일}가 내려집니다. 당시 국회의원 김약수 등은 반민족행위자 처벌 등에 소극적인 태도를 취하는 이승만 정부를 강하게 비판하는 입장이었습니다.

  결국 국회프락치사건은, 국회의 이승만 정부에 대한 비판적 행위와 친일파 처단^{결단하여 처치하거나 처분함.} 청산을 차단하여, 이승만은 흔들리는 정권을 요지부동^{흔들어도 꼼짝하지 않음}으로 다지고자 했던 것입니다. 이승만은 자신의 권력에 도전하는 자들에게 '빨갱이 프레임틀'을 씌워 '간첩'이라는 이름으로 척결찾아내어 깨끗이 없앰한 것입니다. 인간은 좋은 것보다, 욕처럼 나쁜 것을 더 빨리 배웁니다. 이승만의 '빨갱이·간첩 프레임'은 그 후 박정희·전두환·노태우 등의 우익 계열의 정치인들에게 고스란히 이어졌고, 그것은 현재도 진행형이라고 할 수 있습니다.

국회프락치사건 이후 이승만 정권은, 반민특위 활동의 법적 근거인, 반민법반민족행위처벌법의 시효를 1950년 6월 20일에서 1949년 8월 31일반민특위 해산로 단축시키는 법안을 통과시켜, 반민특위의 활동을 무력화시켜 버립니다. 결국 반민특위의 활동은 물리적 시간 때문에 활동이 어려워져, 반민법을 통한 친일행위자 처단청산은 좌절되고 말았습니다. 따라서 반민법으로 제대로 처단 당한 친일파는 거의 없었습니다. 프랑스는 제2차 세계대전 후, 나치 협력자 1천여 명을 사형시키고 5만여 명을 투옥시켰다고 합니다. 이승만 정권 아래서의 남한에선 그런 일이 일어나지 않았습니다.

미국군정과 이승만 정권에 의한, 의도적인 '친일파 청산 거부'는, 대한민국의 가치값어치의 혼돈사물의 구별이 확실하지 않음으로 이어집니다. 항일독립운동이 정의가 되고, 친일이 불의가 되어야 하는데, 그렇지 못한 것입니다. 항일이 가치가 되고 친일이 무가치가 되어야 하지만, 그렇지 못한 것입니다. 가치가 전도위치나 차례가 뒤바뀌어 거꾸로 됨된 것입니다. 독립운동을 한 분들은 독립운동을 하느라, 후손들을 제대로 교육시키지 못했습니다. 한동안 국가로부터 제대로 된 대우도 못 받고, 제대로 배우지 못했으니 아직도 어렵게 사는 분들이 많습니다.

남한에서 친일파는 거의 청산되지 않았고, 그들의 후손들을 제대로 배웠고, 그 배운 것을 바탕으로 각계각층^{사회 여러 방면의 여러 계층} 거의 모든 분야에서 요직^{중요한 직책이나 직위}을 차지합니다. 한 마디로 항일한 분들의 후손들은 대체로 어렵게 살고, 친일을 한 자들의 후손들은 대체로 잘 산다는 것입니다. 그것이 아직도 진행형의 문제이고 앞으로도 미래형의 문제가 될 것입니다. 남북 분단의 시공간^{시간과 공간}에서 언제나 그랬던 것처럼 재빠르게 반공주의자로 변신한 친일파들은, 어느새 '빨갱이'를 잡는 애국주의자가 되었고, 그들과 맞서는 자들은 자칫하면 '빨갱이'가 될 수 있었습니다. 반공과 북진통일의 선봉장이었던 이승만을 든든한 배경으로 두었던, 친일파 출신의 반공주의자들에겐 그칠 것이 없었습니다. 물론 모든 반공주의자들이 친일파였다는 말은 결코 아닙니다.

남한의 미국군정과 이승만 정권이 친일파 출신들을 감싸고돌았던 반면에, 공산정권의 북한에서는 토지개혁과 함께 산업의 국유화가 추진됩니다. 그 과정에 지주와 자본가들은 농토와 사업장의 상당 부분을 정부에 빼앗기게 됩니다. 지주와 자본가들 가운데는 친일파 출신들이 많았습니다. 당시 친일파들은 민족의 원수이자 공공의 적이었습니다. 친일파의 처단은 일종에 민족의 원수를 갚는 일이었기에 공산정권 입장에선, 처단의 명분과 실리가 충분했습니다. 북한의 공산정권 아래서 숙청의 대상은 대체로 지주·자본가·친일파출신·종교인·민족주의자 등이었습니다. 이들 가운데 상당수는 숙청을 피해 월남^{북쪽에서 삼팔선이나 휴전선의 남쪽으로 넘어옴} 하게 됩니다. 공산주의자들에게 피해를 입었던 이들 월남민의 상당수가 반공주의자가 된 것을 어쩌면 당연한 일이었다고 할 수 있습니다.

정리를 하자면, 광복 이후 북한에서는 친일파 청산이 제대로 이루어졌지만 남한에서는 안타깝게도 그렇지 못했다는 점입니다. 공산주의자들은 공산주의 국가 건설에 방해되는 사람들을 '반동분자'라고 합니다. '반동분자'는 반동 진보적이거나 발전적인 움직임을 반대하여 강압적으로 가로막음 적인 행위를 하는 사람이라는 의미입니다. 북한 공산정권 아래서, 지주·자본가·친일파출신·종교인·민족주의자들은 '반동분자'였던 것입니다.

49 6·25전쟁

북한의 김일성은 남침^{북쪽에서 남쪽을 침략함.} 남진_{으로} 한반도를 통일하고자
했습니다. 남한의 이승만은 북진으로 한반도를 통일하고자 했습니다. 이
승만은 일관되게 북진통일을 주장했고, 무력을 사용해서라도 통일하고
자 했습니다. 이를 이승만의 북진통일론이라고 합니다. 이승만의 북진통
일 주장은, 북한이 6·25전쟁은 남침이 아니라 북침이라고 주장하는 이
유로 작용했습니다. 그러나 분명한 것은 6·25전쟁은 북한의 남침으로
시작되었습니다. 김일성이 전쟁을 일으킨 이유는, 한반도에 북한을 중심
으로 한 통일된 사회주의_{공산주의} 국가를 세우는 것이었습니다.

6·25전쟁은 1950년 6월 25일에서 1953년 7월 27일까지의 3년 전쟁이
었습니다. 6·25전쟁은, 분명히 북한 공산군이 38선을 넘어 남한으로 침
략함으로써 일어난 전쟁입니다. 광복 후 남한과 북한이 양분_{둘로 나누거나}

가름되어 각각의 정부가 수립되었습니다. 남한에서는 자본주의와 민주주의 사상을 바탕으로 하여 대한민국이 수립되었고, 북한에서는 사회주의_{공산주의} 사상을 바탕으로 하여 조선민주주의인민공화국이 수립되었습니다. 중국에서는 중국공산당이, 중화인민공화국_{중국}을 수립_{1949.10.1. 마오쩌둥}하였습니다. 한반도에서 소련군과 미군이 철수₁₉₄₉하였고, 미국 국무장관 애치슨은 1950년 1월 '애치슨라인'을 발표하여 태평양의 미국 방어선에서 한반도와 대만_{타이완}을 제외함으로써, 김일성이 6·25전쟁을 일으키는 하나의 원인이 되었습니다.

김일성은 중국의 마오쩌둥, 소련의 스탈린으로부터 전쟁을 지원하겠다는 약속을 받습니다. 이어 중국에서 중국공산당을 돕던, 조선의용군_{독립군} 출신들이 북한군에 편입됨으로써 북한군_{인민군}의 군사력이 크게 증강됩니다. 전쟁 직전의 남한은 1949년 미군이 철수함으로써 국방력이 매우 약해진 반면, 북한은 소련과 중국의 도움을 얻어 빠르게 군사력을 키웠고 승리에 자신감을 크게 갖고 있었습니다. 전쟁 직전, 38선 부근에서 남북한 간의 잦은 소규모 무력 충돌 지속되고 있었습니다.

1950년 6월 25일 새벽, 북한은 남한을 무력으로 통일_{남침통일. 남진통일}하기 위해 북위 38도선을 넘어 침략해 왔습니다. 북한군이 기습적으로 남침한 것입니다. 멍청한 지도자는 적보다 더 무서울 수 있습니다. 이승만의 북진통일론은 허풍_{너무 과장하여 믿음성이 적은 말이나 행동}이었고, 거칠게 말해 침략에 대한 대비는 별로였다고 할 수 있습니다. 남침 3일 만에 수도 서울이 함락됨_{1950.6.28}으로써, 대한민국의 운명은 풍전등화_{바람 앞에 놓인 등불이라는 뜻으로, 매우 위급한 처지에 놓여 있음을 가리키는 말}였습니다.

한국 국군은 북한군의 침략에 맞서 잘 싸웠으나, 미리 침략을 준비한 북한군의 공격을 이겨 내지 못하여, 낙동강 이남까지 후퇴할 수밖에 없었습니다. 낙동강 유역을 제외한, 나머지 남한 지역은 북한군이 점령하게 됩니다. 이에 국제연합_{유엔}은 북한을 침략자로 규정하고, 미국을 중심으로 16개국이 참여한 국제연합군_{유엔군}을 한반도에 파견하였습니다. 불행 중의 다행으로, 유엔안전보장이사회의 이사국인 소련이 중국 문제로 안전보장이사회 회의에 불참했기에, 이사국_{소련}의 거부권 행사 없이, 유엔군이 참전_{전쟁에 참가함}할 수 있었습니다.

유엔군의 대부분은 미군이었습니다. 유엔군의 사령관은 미군 극동군사령관이었던, 맥아더가 맡았습니다. 맥아더는 1950년 9월 15일 인천상륙작전을 성공시켰습니다. 인천상륙작전의 성공으로, 국군과 유엔군은 서울을 3개월 만에 수복_{되찾음. 1950.9.28}하고, 이어 평양을 비롯한 북한 지역 대부분을 장악한 후 압록강까지 진격하였습니다. 맥아더의 인천상륙작전은 전쟁을 한국군과 유엔군에게 유리하게 반전_{일의 형세가 뒤바뀜}시켰습니다. 한국군과 유엔군은 1950년 10월 19일 평양을 함락시키고 1950년 12월 24일 압록강까지 진격합니다.

그러나 중국군_{중공군}이 북한군을 도와 전쟁에 참전하면서 국군과 유엔군은 다시 한강 이남까지 밀려나게 되었습니다. 미군의 흥남철수작전도 중국군의 참전과 관련이 있습니다. 1951년 1월 4일 서울을 두 번째로 북한군에게 빼앗겼습니다. 이를 1·4후퇴라고 합니다. 1·4후퇴는 중국군_{중공군. 중국공산당에 딸린 군대}의 공세_{공격하는 태세}에 따라 정부가 수도 서울에서 철수한 사건을 말합니다. 중국군은 인해전술을 사용했습니다. 인해전

술은 우세한 병력을 특정 지역에 집중적으로 투입해서 전투원의 희생을 고려하지 않고 계속 공격함으로써, 방어부대를 수적으로 압도하여 돌파구를 형성하고 방어지역을 분단·고립시키는 공격 방법을 말합니다. 전쟁은 혼전두 편이 뒤섞이어 싸움 상태로 접어들었습니다. 전쟁의 장기화로 양측 모두 피해가 급증합니다.

6·25전쟁은 자유진영은 한국군과 유엔군미군 중심의 16개 국가이 연합하였고, 공산진영은 북한국과 중국군이 중심이 되어 싸웠습니다. 따라서 6·25전쟁은 내전국내의 싸움에서 시작하여 국제전으로 성격이 바뀌었습니다. 전쟁이 장기화되고, 서로의 피해가 늘어나면서 전쟁을 멈춰야 할 필요성을 양측이 인식사물을 분별하고 판단해서 아는 일합니다. 3차 세계대전으로 확전싸움을 더욱 크게 벌임될 우려근심과 걱정도 있었습니다.

소련이 유엔에 휴전벌이던 전쟁을 얼마 동안 쉼 제의제안하고, 이를 미국이 받아들입니다. 북한의 김일성 또한 휴전에 찬성했습니다. 이에 미군과 중국군이 양측의 대표로 휴전회담을 했고, 여기에 북한도 휴전협정에 찬성했기 때문에, 휴전협정에는 미국과 중국·북한이 서명한 것입니다. 그러나 이승만은 끝까지 휴전협정 반대했습니다. 휴전협정 반대의 의사 표시로, 미국의 승인 없이 거제도에 수용되어있던 반공포로유엔군에 잡힌 공산군의 포로들 가운데서, 공산주의에 반대하던 사람들 들을 석방시켰습니다. 이승만의 생각은 북진하여 멸공공산주의·공산주의자를 멸망시킴으로 통일하는 것이었습니다. 군사분계선전쟁 중인 쌍방의 협정에 따라 설정한 군사 활동의 한계선. 군사경계선 설정과 포로 교환 문제로 휴전 회담이 지연되기도 했지만, 1953년 7월 27일에 어렵게 휴전 협정협의하여 결정함이 체결되었습니다.

자본주의 진영국군과 미군을 포함한 유엔군과 공산주의 진영북한군과 중국군에 약간의 소련군이 3년 동안 서로를 없애겠다고 미친 듯이 싸웠는데, 휴전협정의 결과는 '군사분계선을 협정이 체결되는 날까지의 전선전쟁터에서 적과 상대하는 맨 앞 지역을 연결한 선으로 한다.'였기에 양측은 조금이라도 땅을 더 차지하기 위해서 치열하게 싸웠습니다. 3년을 싸웠는데 서로에게 인적·물적 피해만 남긴 채, 이미 있던 38선과 별로 차이가 없는 휴전선에서 휴전을 한 상태에서 현재에 이르고 있는 것입니다.

전쟁으로 인한 인명사람의 목숨, 사망 및 실종자 피해는 대략적으로 양측 군인의 사망자와 실종자가 100만 명 정도 됩니다. 민간인 인명 피해는 300만 정도 됩니다. 전쟁은 항상 군인의 피해보다 민간인의 피해가 훨씬 더 많은 법입니다. 사망과 실종자만 400만 명 이상이니, 부상자까지 하면 1,000만 명 정도가 피해를 입었다고 봐도 지나친 말이 아닐 것입니다. 1950년 당시의 남한 인구가 2천만 명 정도이고, 북한의 인구가 1천만 명 정도라고 하면, 3명 가운데 1명이 전쟁으로 인한 육체적인 피해를 입었다고 할 수 있습니다. 이처럼 3년간의 전쟁으로 많은 피해가 생겼습니다. 군인뿐만 아니라 많은 민간인들이 죽거나 다쳤고 가족이 흩어져 서로 생사삶과 죽음를 확인하기 어려운 경우가 많습니다. 많은 어린이들이 부모를 잃고 전쟁고아가 되었습니다. 국토는 황폐해졌고, 건물·도로·철도·다리 등이 파괴되어 복구하는 데 많은 시간과 비용이 들게 되었답니다.

6·25전쟁은 자본주의와 공산주의가 싸운, 이념한 사회나 개인이 이상으로 여기는 생각이나 견해 전쟁이었습니다. 어쩌면 자본주의를 대표하는 미국과 공산주의를 대표하는 소련이, 대리자인 남한과 북한이 미국과 소련을 대

신해서 싸운 전쟁이었습니다. 6·25전쟁은 승자승리자가 없는 전쟁이었습니다. 모두가 패배자였던 전쟁이 6·25전쟁이었습니다. 국군과 유엔군이 소중한 목숨을 던져 자유와 자본주의를 지킨 것은 분명하지만, 남한은 미국을 포함한 유엔군의 도움으로 겨우 원래 있던 땅영토을 지켰을 뿐입니다. 북한은 남침으로 남한의 수도인 서울을 두 번씩이나 빼앗았지만, 남침통일공산화 통일. 적화통일에는 실패했습니다.

전쟁의 패배와 동족상잔같은 겨레끼리 서로 싸우고 죽임의 최고 책임자는 김일성과 이승만입니다. 그러나 두 사람은 전쟁 패배와 동족상잔의 책임을 지지 않았습니다. 오히려 전쟁 패배의 책임을 다른 사람들정적에게 돌리거나, 이념과 법에 따른 통제를 강화하는 방식으로, 정적정치에서 대립 관계에 있는 사람들을 제거하고 권력의 독재권력을 차지해 모든 일을 상의 없이 독단으로 처리함를 공고히견고하고 튼튼하다 했습니다. 이승만은 자신에게 반대하는 사람들을 북한의 간첩빨갱이으로 몰았고, 김일성 역시 반대 세력을 반동 또는 미국의 간첩으로 몰아 처단했습니다. 이념과 그에 따른 분단이, 권력 독재의 도구가 되었던 것입니다.

2019년 2월 현재, 남북한은 아직 휴전정전 상태입니다. 종전전쟁이 끝남. 또는 전쟁을 끝냄이 아니라, 전쟁을 하다가 잠시 쉬는 휴전정전 상태가 66년째 지속되고 있는 것입니다. 휴전 협정은 다른 말로 정전 협정이라고도 합니다. 정전停戰은 교전서로 싸움 중에 있는 양방이쪽과 저쪽이, 합의에 따라 일시적으로 전투를 중단하는 일을 말합니다. 정전 협정은 1953년 7월 27일 국제연합군유엔군 총사령관과 북한군 최고사령관 및 중공인민지원군 사령관 사이에 맺은, 한국 군사 정전잠시 싸움을 중단함에 관한 협정조약. 국가 간 또는 국가와 국제기구 사이의 문서에 의한 합의을 말합니다.

한편 한국과 미국은 6·25전쟁과 같은 공산주의 세력의 공격으로부터 자본주의 체제를 지켜야 한다는 데 뜻을 같이하고, 이를 위하여 한미상호방위조약을 체결1953.10.1.하였습니다. 한미상호방위조약에 따라 미군이 한반도에 주둔하고 있는 것입니다.

6·25전쟁은 이념전쟁이었습니다. 이념은 생각입니다. 이념은 주의-ism입니다. 자본주의와 사회주의공산주의라는 이념 때문에 싸운 전쟁이, 6·25전쟁입니다. 공산주의자들은 자본주의자들을 용인너그러운 마음으로 인정함하지 못했고, 자본주의자들 역시 공산주의자들을 용인하지 못했습니다.

오늘날 자본주의 체제인 미국과 공산주의사회주의 체제인 중국은 서로를 용인하며, 더불어 살고 있습니다. 내가 상대를 부정하면 상대도 나를 부정하는 것은 당연한 이치입니다. 전쟁의 반대말은 평화입니다. 6·25전쟁은 전쟁의 참혹비참하고 끔찍함. 잔인하고 무자비함함을 충분히 증거하고 있습니다. 어떤 전쟁이든 전쟁의 가장 큰 피해자는 민간인들입니다. 전쟁 영화에서는 군인들이 가장 많이 죽는 것처럼 보이나, 실제로는 그렇지 않습니다. 군인들은 최소한 자신을 지킬 무기를 갖고 있습니다. 민간인일반사람은 그렇지 않습니다.

우리는 역사에서 배울 것이 너무나 많습니다. 역사는 훌륭한 스승이라고 할 수 있습니다. 상대를 용인하기 어려우면 부정그렇지 않다고 단정함만 하지 않으면 됩니다. 그것이 전쟁을 억제하고 평화를 유지하는 방법입니다. 국가도 개인도 마찬가지입니다. 세상에서 가장 무서운 전쟁은 종교전쟁, 이념전쟁, 민족전쟁입니다. 이들 전쟁의 특징은 끝이 없다는 것입니다. 경제전쟁은 경제적인 문제가 해결되면 얼마든지 화해할 수 있습니다. 그러나 앞의 세 가지 전쟁은 그렇지 않습니다. 세 가지가 뒤섞인 경우에는 더욱 심각합니다. 이스라엘과 팔레스타인은 2천 년 이상 전부터 싸웠고, 아직도 진행형입니다. 미래에도 그럴 가능성이 많습니다. 상대를 용인하는 것, 그것이 남북한 문제 해결의 핵심입니다. 하지만 아직도 이념을 자극하여 집권만 하고, 기득권만을 유지하려는 무리들이 우리들 주위에 상존^{아직 그대로 있음}하고 있음을 기억해야 할 것입니다. 그들은 스스로를 애국자로 분장합니다.

50 4·19 혁명

5·10총선의 결과 제헌의원들이 선출되고, 제헌의원에 의해 헌법이 제정됩니다. 제헌헌법은 3권의 분립과 대통령 중심제, 국회 단원제를 채택했습니다. 대통령 선출은 국회의원들이 뽑는, 간접선거^{간선} 방식을 채택했습니다. 이로써 제1공화국이 수립됩니다. 제헌헌법에 따라 이승만이 대통령에 당선됩니다. 이승만은 1948년 8월 15일 대한민국의 수립^{이룩하} ^{여 세움}을 선포합니다.

1공화국 당시 국회의원의 임기는 2년이었고, 대통령의 임기는 4년이었습니다. 대통령을 뽑는 선거를 대선^{大選}이라 하고, 국회의원 전부를 한꺼번에 뽑는 선거를 총선^{總選}이라고 합니다. 임기가 2년이었던 국회의원을 뽑는 총선이 1950년 5월 30일에 실시되었는데, 이승만 추종자들이 많이 탈락했습니다. 이승만 추종자들이 많이 당선되지 못한 이유는, 이승만 정권이 친일파 청산 등과 같은 국민의 열망을 따르지 않았기 때문입니다. 추종자들의 대거^{한꺼번에 많이} 탈락은, 국회의원들이 간접선거로 대통령을 뽑는 제도에서, 이승만이 대통령에 당선되기 어렵다는 것을 의미했습니다.

이에 이승만은 6·25전쟁 중인, 1951년 12월 임시 수도였던 부산에서 자유당 창당합니다. 자유당의 창당 이유는 지속적인 집권을 위해서는 자신을 지지하는 정당이 필요했기 때문입니다. 이승만의 대통령 임기는 1952년까지였습니다. 이승만의 입장에서 간접선거로 되지 못할 것 같으면, 직접선거로 대통령 선출방식을 바꾸면 되었습니다. 그러자면 헌법을 고쳐야^{개헌} 했습니다. 전쟁 중임에도 불구하고 권력욕의 화신^{추상적인 특질이 구체화 또는 유형화된 것} 이승만은, 정치깡패^{특정한 개인이나 집단이 자기의 정치적인 목적을 달성하기 위하여 동원하는 깡패}들을 동원하여 국회의원들을 겁박^{으로고 협박함}하여 강압적으로 헌법을 바꿉니다. 그것도 비밀투표가 아닌 거수투표^{손을 들어 각자의 의사를 표시. 공개투표}와 비슷한 기립표결이었습니다. 기립표결은 자리에서 일어서서 가부^{찬성과 반대}를 표시하는 표결방식으로, 기립투표라고도 합니다. 정치깡패를 동원하여 국회의원들을 겁박하고 기립투표를 한 결과, 참석 국회의원 166명 가운데 찬성 163명, 반대는 없고, 기권 3명으로 '대통령 직선제'를 핵심으로 하는 개헌^{헌법을 고침}이 되었습니다. 이승만이 의도한 대로 된 것입니다.

이를 '발췌개헌^{1차 개헌}'이라고 합니다. 발췌란, 필요하거나 중요한 부분만 뽑아서 모으는 것을 말합니다. 발췌개헌의 핵심은 대통령 선출을 간선제에서 직선제로 바꾸는 것이었습니다. 그 이유는 이승만이 또 대통령에 당선되어 국민에게 군림어떤 분야에서 절대적 세력을 가진 사람이 남을 압도하는 일하는 것이었습니다. 물론 이때도 야당에 대한 빨갱이 몰이는 있었습니다. 우리가 기억해야 할 것은 이승만이 재집권다시 정권을 잡음에 몰두할 때, 우리는 우리를 통째로 집어삼키려는 공산주의자들과 전쟁 중이었다는 사실입니다. 앞에서도 말한 것처럼, 인간은 좋은 것보다 나쁜 것을 더 빨리 배웁니다. 이승만의 이러한 가르침?을, 아직도 잘 계승하고 있는 사람들이 있습니다.

1차 개헌의 내용은 대통령 직선제, 의원내각제와 국회 양원제였습니다. 그러나 의원내각제는 실시되지 않았습니다. 이렇게 개정된 헌법에 따라 1952년 8월에 실시한, 대통령 직선으로 이승만은 2대 대통령에 당선되었습니다. 그런데 당시 헌법상제헌헌법 대통령의 임기는 4년이고, 1회에 한하여 연임임기가 끝난 사람이 다시 그 직위에 임용됨이 가능했습니다. 두 번만 대통령을 할 수 있는 것입니다. 한여름의 갈증 같은 권력욕을 가졌던 이승만은 두 번의 대통령으로는 만족하지 못합니다. 마침 1954년 실시한 총선국회의원 전체를 뽑는 선거에서 이승만의 자유당은 승리합니다국회의원 203명 가운데서, 114명이 당선. 자신감을 가진 이승만은 또 다시 헌법의 개정개헌에 돌입합니다.

이승만이 바라던 개헌의 요지는 '초대 대통령에 한하여 중임 제한을 철폐한다.'는 조항을 삽입하고 싶었습니다. 당시 개헌에는, 국회의원 2/3 이상의 찬성이 있어야 했습니다. '대통령의 3선을 제한하는 조항을 철폐하는 개헌안'을 상정토의할 안건을 회의에 내어놓음합니다. 이 개헌안이 통과되려면, 203명 중에서 2/3 이상인, 136명 이상의 찬성이 필요했습니다. 그런

데 135명이 찬성하여, 1표가 부족했습니다. 이에 국회의장은 '대통령의 3선을 제한하는 조항을 철폐하는 개헌안'을 부결회의에 제출된 의안을 통과시키지 않기로 결정함을 선포합니다. 그러자 이승만은 이를 번복시킵니다. 203명의 2/3로 계산하니까, 135.3333이 되자, 이승만은 사사오입의 원칙에 의해 0.3333은 버리는 수니까, 135명이 의결정족수합의체 기관의 의결이 성립하는데 필요한 구성원의 찬성표수라고 우깁니다. 이를 '사사오입개헌'이라고 합니다. 집권욕에 눈먼 이승만은 의결정족수 미달의 헌법개정안을 불법으로 통과시킨 것입니다. 대한민국의 대통령이 대한민국의 가장 큰 법인, 헌법을 어긴 것입니다. 그것은 국민을 무시하는 것이었습니다.

민도民度는 국민의 문화수준이나 생활수준을 말합니다. 그리고 국민의 의식수준어떤 대상에 대하여 생각하고 판단하는 능력의 정도을 의미하기도 합니다. 당시 대한민국 국민의 민도의식수준는 상당히 낮은 편이었습니다. 민도가 높아야 선진국이 될 수 있습니다. 민도가 낮을 땐, 권력욕에 불타는 자들은 국민을 우습게 여기고 또한 국민을 우롱사람을 바보로 만들어 놀림합니다. 흔히 말하는 국민을 우롱하는 처사일을 처리함가 일상매일 반복되는 생활이 될 수 있는 것입니다.

인간은 정치적 동물입니다. 정치는 정치인들만이 하는 것이 아닙니다. 인간은 누구나 정치적입니다. 가정생활에도 정치가 필요하고, 학교생활에도 정치가 필요하며, 직장생활에도 정치가 필요합니다. 국가생활은 말할 필요가 없습니다. 정치는 조정분쟁을 중간에서 화해시키거나 타협해서 합의하도록 함하는 행위입니다. 인간이 사는 어느 곳에서나 시비옳음과 그름가 있고, 이해이익과 손해. 득실와 유불리유리와 불리가 존재합니다. 그것을 조정하고 조율서로 다른 의견 따위를 알맞게 맞춤하는 행위가 필요합니다. 그것이 정치입니다. 나쁜 정치인들은 국민들이 정치에 관심을 갖는 것을 싫어하고 정치에 관심을 갖지 못하게 합니다. 그래서 비아냥거리며 하는 말이, '그 사람 참 정치적이야'입니다. 다시 말하건대, 대한민국 국민은 정치적이어야 합니다. 인간은 누구나 정치를 하며 삽니다. 심지어 동물도 정치를 합니다. 공부가 버거운 학생들도 많고, 삶이 무거운 역기처럼 버거운 분들도 많습니다. 그 버거움을 조금씩 폭포처럼 쏟아내는 지혜는, 정치적으로 사는 것입니다. 가정정치를 잘하는 부모가 있는 가정은, 물질이 다소 부족해도 행복할 수 있습니다.

잠깐 연임連任과 중임重任의 차이를 알고 넘어가겠습니다. 연임은 '일정한 기간을 정해서' 직위를 갖는 자리에 거듭해서 그 자리에 임명되는 것을 말합니다. 중임은 '일정한 기간을 정하지 않고' 직위를 갖는 자리에 거듭 임명되는 것을 말합니다. 직위를 갖는 기간을 정하고 임명되는 것을 연임이라 하고, 직위를 갖는 기간을 정하지 않고 임명되는 것을 중임이라고 합니다.

1차 개헌발췌개헌은 1회 더 대통령 직위를 연임하고 싶어서 한 것이어서, 실제로 이승만은 2대 대통령이 되었습니다. 제헌헌법은 1회에 한하여 연임은 되지만, 중임은 못 하게끔 규정규칙으로 정함하고 있었습니다. 2차 개헌사사오입개헌의 불법적 통과처리는, 이승만이 중임으로 가는 길을 열어 준 헌법 개정이었습니다. 사사오입개헌1954.11.29.의 핵심은 '초대 대통령에 한해서, 중임을 제한하는 것을 철폐한다.'입니다.

초대 대통령이 두 명일 수는 없습니다. 대한민국의 초대 대통령은 이승만밖에 없습니다. 이승만은 자신만큼은 최소한 세 번 이상 대통령을 하고 싶다는 것입니다. 연임은 이미 하고 있으니 중임을 하고 싶다는 것입니다. 사사오입개헌으로 대통령 출마^{선거 등에 입후보함. 후보자로 나섬} 자격을 갖게 된, 이승만은 다시 1956년 대선에 출마합니다. 3대 대선^{대통령 선거}엔, 대통령 후보로 자유당의 이승만, 민주당의 신익희, 무소속의 조봉암이 출마합니다. 부통령 후보로 자유당의 이기붕, 민주당의 장면이 출마합니다. 당시 대선에서는 대통령과 부통령을 따로따로 뽑았습니다. 유력^{가능성이 많음}한 대통령 후보였던 신익희의 갑작스런 사망^{선거 열흘 전}으로, 이승만이 3대 대통령에 당선됩니다. 그러나 부통령에는 이승만과 같은 자유당의 이기붕이 떨어지고, 민주당의 장면이 당선됩니다. 당시 민주당의 슬로건은 "못살겠다. 갈아보자!"였습니다.

이기붕의 낙선^{선거에서 떨어짐}과 장면의 당선, 그리고 신익희 사망 후 조봉암의 높은 인지도^{어떤 대상을 알아보는 정도}에 위기를 느낀 이승만은 공포정치^{가혹한 수단으로 반대파의 세력을 탄압하여 행하는 정치}를 강화합니다. 이에 정치적 라이벌^{경쟁자. 맞수}이었던 조봉암^{진보당 소속}을 간첩죄^{빨갱이 프레임}로 몰아서 사형을 시킵니다. 그리고 조봉암이 속해 있던 진보당을 해체해버립니다. 이를 진보당 사건^{1958.1}이라고 합니다. 진보당 사건은 진보당의 정당 등록을 취소하고 위원장 조봉암을 간첩죄의 혐의^{범죄를 저지른 사실이 있으리라는 의심}로 사형을 시킨 사건을 말합니다. 이 사건은 2011년 1월 대법원이 조봉암의 무죄를 선고합니다.

이승만의 독재와 자유당 정권의 부정부패는 갈수록 심해졌습니다. 이승만의 권력욕은 브레이크가 파열된 기관차 같았습니다. 사사오입개헌으로 초대 대통령에 한해서, 중임을 제한이 철폐되었기 때문에, 4대 대통령 선거에도 이승만은 출마합니다. 1960년 4대 대선1960.3.15에는 대통령 후보에 자유당의 이승만과 민주당의 조병옥이 출마했고, 부통령 후보에는 자유당의 이기붕과 민주당의 장면이 또 출마합니다. 부통령 후보는 이기붕과 장면이고, 대통령 후보는 신익희와 조봉암에서 조병옥으로 바뀌었습니다. 대통령 후보였던 조병옥이 선거를 한 달여 남겨두고 미국에서 심장마비로 사망합니다. 조병옥의 사망으로 이승만의 4대 대통령 당선은 기정사실이미 정해진 사실이었으나, 문제는 같은 자유당의 부통령 후보인 이기붕이었습니다.

이승만은 1965년 망명지 하와이에서 사망했습니다. 사망 당시 이승만의 나이는 90세였습니다. 1960년 4대 대통령 선거 당시, 이승만의 나이는 85세였습니다. 85세는 지금도 고령이지만, 그땐 더했습니다. 연로한 이승만이 대통령 임기 도중에 언제 사망할지 모르는 처지였습니다. 대통령이 유고특별한 사정이나 사고가 있음 때에는 부통령이 대통령직을 승계뒤를 이어받음하는 규정 때문입니다. 혹여나 부통령에 민주당의 장면이 당선된다면, 정권이 자유당에서 민주당으로 넘어갈 판이었습니다. 자유당에겐 절체절명몸도 목숨도 다 되었다는 뜻으로, 어찌할 수 없는 급박한 경우의 비유의 상황이었습니다. 선거 분위기는 자유당의 이기붕이 민주당의 장면에게 밀리는 상황이었습니다.

이에 이승만과 자유당은 조직적일이나 행동에 체계가 짜여 있는으로 부정선거정당하지 못한 수단과 방법에 의한 선거를 제멋대로 해 나갑니다. 이를 3·15부정선거1960.3.15.라고 합니다. 이승만 정권, 자유당의 부정과 조병옥의 사망으로 이승만은 대통령에 이기붕은 부통령에 당선되었습니다. 12년간의 이 승만의 독재와 전횡권세를 혼자 쥐고 제 마음대로 함, 자유당의 부정부패와 부 정선거에 항거하여 부산과 마산 등지에서 시위운동위력이나 기세를 떨쳐 보임 이 있었습니다. 시위 도중에 마산상고 1학년의 김주열 학생이 최루탄이 눈에 박힌 채 사망했고, 그 시신이 마산 앞바다에 떠오릅니다. 이를 계 기로 부산과 마산 지역에서 시작된 시위운동은 전국적으로 확산됩니다. 김주열 학생의 사망은 4·19혁명의 도화선사건 발생의 직접적인 원인이 되었습 니다.

1960년 4월에 학생을 비롯한 국민들이 이승만 자유당 정부의 독재와 부정부패, 부정선거에 항거하여, 이승만의 퇴진을 요구하며 이승만 정 권에 맞선 것입니다. 이를 4·19혁명이라고 합니다. 4·19혁명의 선봉에는 학생들이 있었습니다. 3·1운동, 6·10만세운동, 광주학생항일운동, 4·19 혁명, 5·18민주화운동, 6·10민주항쟁 등의 불의에 맞선 항쟁대항하여 싸움 의 중심에는, 늘 학생들이 있었습니다. 학생들은 광복 이전에는 일제일본 제국주의의 불의한 식민지배에 맞섰고, 광복 이후에는 불의한 독재독재정치 와 맞서 싸웠습니다. 또한 불의한 공산주의자들에 맞서 학도병학생 신분으 로 군대에 들어간 병사. 학병으로서 국군과 함께 목숨으로 싸운 것도 학생들이 었습니다. 당시에 그들은 지식인이었습니다. 학생들은 지행일치아는 것을 그 대로 실천하는 것. 또는 아는 만큼 실행하는의 실천적 지식인이었습니다. 기억하지 못 한 역사는 반복된다는 말이 있습니다. 우리는 기억해야 합니다. 그분들 의 목숨을 건, 불의에 맞선 항쟁이 있었기에 오늘이 있는 것입니다.

항쟁은 4월 19일에 절정에 달하였으며, 4월 26일에 이승만 대통령이 하야대통령 등의 권력자가 직위에서 물러남하면서 자유당 정권이 붕괴되고, 제2공화국이 탄생하는 기틀이 마련되었습니다. 4·19혁명은 학생을 비롯한 다양한 시민 계층이 참여해 불의한 독재정권을 물리친타도한, 우리나라 최초의 민주주의 혁명입니다. 4·19혁명은 국민 스스로의 힘으로 독재정권을 무너뜨린 최초의 민주주의 혁명이었습니다. 4·19혁명은 우리나라의 민주주의가 발전하는 계기기 되었습니다. 4·19혁명 학생과 교수와 시민들이 연대했기에 가능했던 일입니다. 여럿이 함께 무슨 일을 하거나 공동으로 책임을 지는 일을 하거나, 서로 연결하는 것을 연대라고 합니다. 2016년에서 2017년의 촛불시위촛불혁명는 연대의 중요성을 인식시키는 대표적인 역사적 사건이라고 할 수 있습니다.

　필자가 이승만에 대해서 좀 디테일하게 설명하는 데는 이유가 있습니다. 그것은 이승만이 대한민국 헌정사에서 너무나 많은 나쁜 선례를 남겼다는 것입니다. 그 나쁜 선례가 바로 흔히 말하는 적폐오랫동안 쌓여 뿌리 박힌 폐단입니다. 앞서 말한 것처럼 인간은 나쁜 것을 먼저 배운다고, 이승만의 나쁜 선례를 전통처럼 이어간 이들이 박정희·전두환·노태우 등등입니다.

51 제2공화국

　1960년 4·19혁명으로 이승만과 자유당 정권이 붕괴하고, 과도정부^한 정치 체제에서 딴 정치 체제로 넘어가는 과정의 임시 정부가 수립됩니다. 외무부장관^{외교} 부장관이었던 허정이 과도정부의 내각 수반^{행정부의 가장 높은 자리에 있는 사람이} 되어서 내각책임제^{의원내각제}를 골자로 하는 개헌^{헌법을 고침. 3차 개헌}을 합니 다. 이로써 제2공화국이 수립되었습니다.

　내각책임제^{의원내각제}는 국회 안의, 다수당이 내각^{수상과 장관. 국가의 행정권을} ^{담당하는 최고합의기관}을 구성하는 정부 형태로, 수상이 정치적 실권 행사하 고, 왕이나 대통령은 상징적으로만 국가 원수가 됩니다. 의원내각제라고 도 하는데, 실질적인 행정권을 담당하는 내각이 의회^{특히 하원} 다수당의 신임에 따라 조직되고 또한 존재하는 의회중심주의 권력분립^{국가 권력} ^{의 남용을 막고 국민의 정치적 자유를 보장하기 위하여 권력을 분산하는 일} 형태를 말합니다.

내각책임제의 대표적인 국가는 독일, 영국, 일본 등입니다.

개정된 헌법3차 개헌에 따라 총선제5대 국회의원 선거을 실시합니다. 총선의 결과 민주당이 압도적으로 승리함으로써, 민주당의 장면이 국무총리수상가 됩니다. 2공화국 정부는 내각책임제였기에, 실권은 국무총리내각의 수반였던 장면에게 있었고, 윤보선은 대통령으로서 상징적인 존재만 됩니다. 우리 역사상 유일하게 내각책임제를 정부의 형태로 취했던 때가, 제2공화국입니다. 제2공화국의 골자는 의원내각제와 함께 국회의회 양원제 국회의 구성을 상원·하원 두 개로 하는 것의 실시였습니다. 상원에 해당하는 참의원과 하원에 해당하는 민의원을 구성하는 것으로 되었지만, 실제로는 민의원 하나만 구성되었습니다.

2공화국 정부장면 내각의 핵심 과제는 4·19혁명의 정신을 구현어떤 사실을 구체적으로 나타냄하는 일이었습니다. 그것은 군주적인 대통령에 의한 독재전제가 사라지고, 민주와 공화정이 이룩되는 것이었습니다. 민주民主의 반대말은 군주君主입니다. 국민이 주인인 것이 민주이고, 왕이 국가의 주인인 나라를 군주제라고 합니다. 독재는 독단적으로다른 사람과 의논하지 않고 혼자서 결단함 처리하는 것을 말합니다. 공화共和의 반대말은 전제專制. 남의 의사는 존중하지 않고 혼자서 일을 결정함입니다. 공화는 여러 사람이 공동으로 일하는 것을 말합니다. 공화는 두 사람 이상이 공동으로 정치상의 사무를 처리하는 것을 말합니다. 공동으로 화합해서 정치적인 일을 처리하는 것을 공화라고 합니다. 이승만 정권은 형식적으로는 대통령중심제였지만, 독재였기에 실제로는 전제군주제나 마찬가지였던 정권이었습니다.

역사는 군주제도전제군주제도에서 입헌군주제도로, 입헌군주제도에서 민주공화제도로 발전해왔습니다. 장면 내각에게 주어진 역사적 임무는 민주공화제의 실현이었습니다. 그러기 위해선, 이승만 정권 아래서 반민주적이었던 세력들을 청산해야 했습니다. 그러나 민주와 우유부단어물어물하며 결단을 내리지 못함을 혼돈하여 정책의 결정과 추진에 우물쭈물했으며, 민주당 내부의 권력다툼윤보선의 구파와 장면의 신파의 다툼. 구파는 신민당으로 분열으로, 주요 정책의 추진에 집중하지 못했습니다.

한마디로 말하자면, 집권당여당인 민주당은 국민들이 자신들에게 부여한 임무보다, 권력다툼에 집중함으로써 국민들의 신뢰를 잃게 됩니다. 장면 내각은 이승만의 독재와 부정부패, 부정선거3·15부정선거에 기생하고 기여했던 자들을 청산했어야 했습니다. 장면내각은 적폐오랫동안 쌓여 온 폐단를 일소모조리 쓸어버림해야 했습니다. 그러나 그러질 못했습니다. 장면 내각은 4차 개헌을 통해, 3·15부정선거에 불법적으로 개입되었던 사람들을 처벌할 수 있는 법적 근거를 마련했지만, 그 시행에 적극적이지 못한 부분이 있습니다. 강력한 처벌의 의지가 있었는지 궁금합니다.

또한 어느 시대나 국가나 국민에게 가장 중요한 일은 먹고 사는 문제의 해결입니다. 국민의 생존이 국가의 생존입니다. 1960년 당시, 자본주의 종주국 미국과 사회주의 종주국 소련은 자신들에게 종속된 나라에 경제적·군사적 지원을 하고 있었습니다. 종주국은 어떤 범위 안의 나라들 중에서 으뜸이 되어 주변국종속국의 주권을 좌우하는 나라를 말합니다. 미국은 대한민국의 종주국 역할을 하고 있었습니다. 대한민국에 대한 미국의 군사적 지원원조의 대표적인 것이 미군의 남한 주둔입니다. 물론 그 과정에서 미국이 얻는 것도 많습니다. 무기의 판매가 그 중심에

있을 것입니다. 대한민국에 대한 경제적 원조가 밀가루 등을 무상대가 없
이으로 원조물품이나 돈 따위로 도와줌하는 것이었습니다.

그런데 미국은 국가재정이 어려워지자, 1958년부터 원조를 줄이기 시
작합니다. 미국은 무상원조를 줄이고3분의 1 정도 유상원조차관. 외국 정부나 국
제기구에서 자금을 빌려 옴를 늘리면서 한국경제가 어렵게 됩니다. 무상원조의
감소는 이승만 정권의 붕괴도 일정한 영향을 미칩니다.

이러한 국가적인 경제곤란불황을 극복하고자 장면 정부는 경제개발 5
개년 계획을 세웠지만, 5·16군사쿠데타로 이루지 못하고, 그것을 수정
하여 실행한 것은 박정희 정부에서였습니다.

장면 내각에 주어진 또 하나의 과제가 통일이었습니다. 당시 학생들과
시민들은 민주화와 함께 희망한 것이, 한반도를 통일하자는 것이었습니
다. 이승만 정권의 통일에 대한 접근방식은 무력에 의한 북진통일이었습
니다. 이승만은 북진통일을 주장하던 철저한 반공주의자였습니다. 그래
서 평화통일을 주창했던 조봉암을 간첩죄로 사형시켰습니다. 4·19혁명
이승만 정권이 붕괴하면서, 학생들과 혁신계진보적 인사들을 중심으로 평
화적인 국토통일을 주장합니다만, 장면 내각은 그럴 여력일을 하고 난 나머지
의 힘. 또는 다른 일을 할 수 있는 힘이 부족했습니다. 이처럼 장면 내각은 민주화
도 평화통일도 민생경제도 적폐부정선거와 부정부패 청산도 오락가락이었습
니다. 그 이유는 집권당의 분열과 국민들의 민주주의에 대한 인식 부족,
미국의 무상원조 축소, 미소 냉전이라는 국제정세 등이라고 할 수 있습
니다.

그 허약힘이나 기운이 없고 약함의 틈새를 비집고 박정희, 김종필과 같은 정

치군인군부들이 1961년 5월 16일에 군사쿠데타를 일으킨 것입니다. 이 쿠데타로 제2공화국의 장면 내각은 불과 1년도 채 되지 못해 붕괴합니다. 군의 수뇌부를 중심으로 하여 형성된 세력을 군부라고 합니다. 한국사는 5·16군사쿠데타의 주역들을 '군부'라 하고, 박정희의 아류모방하는 일이나 그렇게 한 것. 또는 그런 사람인, 전두환·노태우와 같은 12·12군사쿠데타의 주역들을 '신군부'라고 일컫습니다.

  민주주의는 본래 시끄럽고 때론 혼돈스러울 때도 있습니다. 민주주의는 찬반을 놓고 다투는 토론과 더 나은 방안을 찾는 토의가 밑바탕이고, 그 과정에서 시끄럽기도 혼돈스럽기도 합니다. 토론과 토의, 주장의 장소로 광장이고라. 광화문 광장이 존재하는 것입니다. 그리고 민주주의의 기본정신은 서로의 다름을 인정하는 것입니다. 특히 생각의 다름을 인정하지 않으면, 그것은 민주주의가 아니고 전체주의가 될 수 있는 것입니다. 대大. 전체를 위해서 소小. 개인가 희생될 수 있다는 생각이 전체주의입니다. 전체주의가 바로 히틀러입니다. 히틀러 하면 독재이지요. 역사는 이미 지나왔기에, 만약에 ~라고 가정할 필요는 없지만, 군부들이 쿠데타를 일으키지 않았더라면, 여러 혼돈상태는 자정작용저절로 깨끗해지는 작용을 통해 정돈상태로 갈 수도 있지 않았을까요? 물론 그렇지 않았을 수도 있었겠지만요.

52 5·16군사쿠데타

1961년 5월 16일, 박정희 장군^{당시 계급은 소장으로, 소장은 별이 두 개}과 김종필 중령 등의 육사 8기 출신들이 주도세력인, 군부들이 제2공화국의 장면 정권을 무너뜨리는 군사쿠데타를 일으켰습니다. 이를 5·16군사쿠데타라 고 합니다. 쿠데타는 지배계급 내의 일부 세력이 무력 등의 비합법적인 수단으로 정권을 탈취_{빼앗아 가짐}하는 기습적인 정치활동을 말합니다. 군 인들이 총칼이나 탱크와 같은 무력_{군사력}을 동원하여 국민과 정치인들을 겁박_{으르고 협박함}하고 죽이는 등의 비정상적인 방법으로 정권_{권력}을 탈취_{빼 앗아 가짐}하는 행위를 쿠데타라고 합니다.

군부들의 군사쿠데타의 명분_{표면상의 이유, 명목}은, 대한민국의 정치·경 제·사회적인 질서가 혼란스럽다는 것이었습니다. 그 혼란된 질서로 인 하여, 대한민국 국가체제가 공산주의자들에게 빼앗길 수 있다는 것이었

52 5·16군사쿠데타

1961년 5월 16일, 박정희 장군(당시 계급은 소장으로, 소장은 별이 두 개)과 김종필 중령 등의 육사 8기 출신들이 주도세력인, 군부들이 제2공화국의 장면 정권을 무너뜨리는 군사쿠데타를 일으켰습니다. 이를 5·16군사쿠데타라 고 합니다. 쿠데타는 지배계급 내의 일부 세력이 무력 등의 비합법적인 수단으로 정권을 탈취(빼앗아 가짐)하는 기습적인 정치활동을 말합니다. 군 인들이 총칼이나 탱크와 같은 무력(군사력)을 동원하여 국민과 정치인들을 겁박(으르고 협박함)하고 죽이는 등의 비정상적인 방법으로 정권(권력)을 탈취(빼 앗아 가짐)하는 행위를 쿠데타라고 합니다.

군부들의 군사쿠데타의 명분(표면상의 이유, 명목)은, 대한민국의 정치·경 제·사회적인 질서가 혼란스럽다는 것이었습니다. 그 혼란된 질서로 인 하여, 대한민국 국가체제가 공산주의자들에게 빼앗길 수 있다는 것이었

습니다. 하지만 6·25전쟁으로 휴전1953한 지 불과 8년 남짓 되었고1961, 1954년엔 한미상호방위조약이 발효조약·법령 등의 효력이 나타남되고 있는 상태였습니다. 따라서 미군이 남한에 주둔하고 있는 상태였고, 당시의 북한은 생산증대를 위한 주민들의 노동력 동원 운동인, 천리마운동이 일정한 성과를 내면서 자주적 사회주의 국가 건설에 열중하고 있었습니다.

미국은 처음에 쿠데타에 반대했지만, 당시 대통령이었던 윤보선이 쿠데타의 필연성그렇게 될 수밖에 없는 요소나 성질을 인정하자, 미국도 쿠데타 세력군사혁명위원회의 지도자들이 반공친미적인 성향이라는 이유로 쿠데타를 승인함으로써 박정희 등 군부세력은 정권 장악에 성공했습니다. 군부세력이 내세운 혁명공약의 첫째가 반공을 국시국가 이념이나 국가 정책의 기본 방침의 제일로 한다는 것이고, 둘째가 미국을 위시한비롯한 자유 우방서로 우호적인 관계를 맺고 있는 나라과의 유대긴밀한 관계를 더욱 공고히견고하고 튼튼하게 한다는 것이었습니다.

윤보선이 박정희의 불법적인 쿠데타를 대통령당시에는 형식적인 국가의 원수으로서 승인한 이유는 명확하진 않지만, 아마도 장면을 내친 다음에, 대통령중심제로 헌법을 개정하고선, 그 헌법 아래서 실제적인 대통령이 되고 싶어서였지 않을까 합니다. 그 근거는 그가 3공화국에서 박정희와 대통령직을 놓고 대선에서 다투었기 때문입니다.

어떻든 군사쿠데타로 집권한 박정희 군부는 반공공산주의에 반대함. 반공산주의을 국시국가 이념이나 국가 정책의 기본 방침로 합니다. 이승만 정권과 동일하게 반공정책을 국가 최고의 과제로 삼습니다. 반공을 하니, 공산정권인 북한과의 소통은 단절될 수밖에 없었습니다. 박정희 군부세력 아래서 대한민국은, 자본주의와 사회주의공산주의의 냉전의 첨단뾰족한 끝에 서 있었고, 통일은 금기어사용이 금지되거나 꺼려지는 언어표현였습니다. 이승만처럼 박정희도 반공을 무기로, 정적정치에서 대립 관계에 있는 사람들을 '간첩죄'로 숙청했습니다. 미국과 소련의 세계냉전질서 아래서, 이승만이 그랬던 것처럼 박정희도 친미와 반공은 생존정권 유지의 방편수단과 방법이었습니다. 당시 미국의 관심은 대한민국의 집권자가 얼마나 민주적이고 인도적인사람으로서 마땅히 지켜야 할 도리에 바탕을 둔 성향인가의 여부보다, 얼마나 친미적미국과 친하게 지냄이고 반공적인가의 여부그러함과 그렇지 않음였을 것입니다.

군사쿠데타로 집권한 박정희 등의 군부세력은 군사혁명위원회를 국가재건최고회의초헌법적인 최고 통치기구로 바꾸고 군정군인이 국가의 실권을 장악하고 행하는 정치을 실시합니다. 대한민국은 고려의 무신시대처럼 군인이 통치하는 나라가 된 것입니다. 국가재건최고회의는 5·16군사쿠데타 세력이, 3공화국 수립 직전까지 입법·사법·행정의 3권을 행사하였던 국가최고통치의결기구였습니다. 3공화국의 수립과 박정희 정권의 탄생에 주도적 역할을 한 조직이 국가재건최고회의였습니다. 당연히 국가재건최고회의의 의장은 박정희였습니다. 박정희 등의 쿠데타 세력은 사회가 안정되고, 반공으로 국가체제가 다져지고, 부정부패가 없어지면, 군정에서 민정민간인에 의한 정치으로 이양넘겨줌하겠다고 말했지만, 그 말은 지켜지지 않았습니다. 당근 맛을 본 말처럼, 권력에 맛 들인 정치군인들이 권력을 물고 날뛰는 것은, 동쪽에서 해가 뜨는 것과 동일한 이치입니다.

정보를 지배하는 자가 세상을 지배합니다. 빅데이터는 여기에 해당하는 용어일 것입니다. 박정희 군부는 중앙정보부라는 정보·수사기관을

설치합니다. 중앙정보부는 국가재건최고회의의 직속으로 발족_{새로 만들어져}
활동을 시작함된 정보·수사기관입니다. 중앙정보부는 현역군인들을 중심으
로 조직되었습니다. 그 책임자는 박정희의 최측근인 김종필 중령이었습
니다. 그는 제1대 중앙정보부 부장을 지냈습니다. 중앙정보부는 박정희
가 1961년부터 1979년까지 18년 동안, 대한민국을 모든 면에서 장악하
는 수단도구이 되었던 조직이었습니다.

박정희 군정은 쿠데타를 정당화하기 위하여, 부정부패·부정축재_{부정}
_{한 방법으로 재물을 모음}·특수반국가행위_{평화통일·중립화통일운동} 등의 명분으로 정
적_{정치적으로 적대관계에 있는 사람}들을 제거하고, 재산을 빼앗아 군부세력의 재
정적 기반으로 삼았습니다. 또한 자신들의 쿠데타 행위가 정의롭다는 것
을 내세우기 위해, 기존의 정치·경제적인 세력들을 불의하게 만들어야
했습니다. 물론 그 가운데 진짜 불의한 자들도 있었겠지만, 그렇지 않은
사람들도 있었을 것입니다.

남한이든 북한이든 집권자들은 정적들을 제거하는 명분으로 이용된
것이, 이념입니다. 김일성 등의 공산주의자들은 정적들을 미제_{미국 제국주}
_{의의} 앞잡이라고 몰아 제거했습니다. 제국주의의 뿌리는 자본주의입니
다. 공산주의_{사회주의}의 반대말은 자본주의입니다. 결국 북한의 김일성은
정적들을 자본주의의 앞잡이라고 내몬 것입니다. 자본주의가 번영하면
공산주의는 존재하기 어렵기 때문입니다. 마찬가지로 남한의 집권자들
가운데서는 정적들을 빨갱이_{공산주의자}로 몰아서, 실제로 빨갱이였던 사람
들도 있었겠지만, 제거했습니다. 이념이 정권을 만들고 권력을 유지하는
수단이 되었던 것입니다. 이념으로 인한, 냉전과 남과 북의 분단은 남과

북 모두에서 정치적 라이벌을 제거하는 도구로 작동되기도 했습니다. 그것은 분단의 비극 가운데 하나입니다.

민정 이양을 위한 헌법개정안이 국가재건최고회의에서 의결되었고, 1962년 12월 국민투표로 헌법의 개정제5차 개헌이 이루어집니다. 제5차 개헌의 골자는 대통령 중심제대통령 권한강화, 대통령 직선제, 국회 단원제입니다. 제5차 개헌은, 개정고쳐 바르게 함보다 제정제도나 법률 따위를 만들어 정함에 가깝습니다. 이로써 대한민국의 제3공화국이 시작됩니다.

박정희 등의 군부세력은 민정군인이 아닌 민간인이 하는 정치 이양의 명분으로, 군인출신들과 그들을 지지하는 세력들을 결집하여, 민주공화당1963을 창당정당을 새로 만듦하고 박정희는 민주공화당의 총재가 되었습니다. 이어서 개정된 헌법에 따라 대통령 선거를 실시하여, 민주공화당의 대통령후보 박정희는 신민당의 윤보선을 누르고 제5대 대통령에 당선되었습니다. 박정희의 대통령 당선으로, 1961년 군사쿠데타 이후 계속되었던 군정은 마감되고, 박정희 중심의 민정이 실시됩니다. 그는 군정에서 민정으로의 이행 약속은 지켰지만, 군정군복에서과 민정양복으로 모두의 중심에 자신이 있었던 것입니다.

제3공화국의 박정희 정부정권는, '반공과 경제개발'을 내세우며 성장 위주의 경제정책을 추진하였습니다. 본래 경제개발 5개년 계획은, 장면 정부제2공화국의 공약사항이었습니다. 박정희 정부는 이를 계승하고 발전시킵니다. 경제개발은 대한민국의 시급한 과제였고, 그 계획의 중심에는 미국의 조언도움이 될 수 있도록 말을 거들거나 깨우쳐 주는 일이 있었습니다. 당시 미국은 경제적으로 어려운 면이 많았고, 그래서 무상원조도 유상원조차관로 전환했던 것입니다. 미국이 자본주의의 종주국으로서의 지속적인 지위 유지하는 데에는, 종속국인 대한민국의 안정적 발전이 필요했습니다. 대한민국을 도울 경제적 여력은 부족하고, 살게는 해야 하니 경제개발산업을 일으켜 국가 경제를 발전시키는 일을 하라고 조언을 한 것입니다.

펌프로 지하의 물을 끌어올리기 위해 위에서 붓는 물을 마중물이라고 합니다. 더 많은 곡식을 얻기 위해선 종자를 파종해야 합니다. 어떤 일을 하는 데 바탕이 되는 돈종잣돈이나 물건을 밑천이라고 합니다. 경제를 발전시키려면 밑천이 있어야 하는데, 대한민국은 밑천자금. 자본금이 별로였습니다. 경제개발 자금자본금을 확보하고, 국내의 실업문제를 해결하기 위해 박정희 정부는 독일서독에 광부와 간호사를 파견1963~1980합니다. 이들을 파독 광부, 파독 간호사라고 부릅니다. 실업은 일할 의사와 노동력을 가진 사람이 일자리를 잃거나 일할 기회를 갖지 못하는 상태를 말합니다. 파독은 독일로 일이나 업무 처리를 위해 보낸파견 것을 말합니다.

또한 박정희 정부는 일본과 한일협정한일기본조약. 1965을 체결합니다. 한일협정의 체결로 대한민국과 일본의 국교국가 간의 교제. 나라와 나라 사이의 외교관계가 이루어집니다. 광복 이후 대한민국과 일본은 국교가 단절관계나 교류를 끊음된 상태였습니다. 국교의 회복에는 미국이 적극적이었습니다. 미국의 입장에선 대한민국과 일본은 종속국이었습니다. 쉽게 말하면 보스실권을 쥐고 있는 최고책임자. 우두머리는 미국인데, 대한민국과 일본은 비슷비슷한 똘마니부하. 졸개이고, 졸개끼리 사이가 서먹서먹한낯설거나 친하지 아니하여 어색하다 것은 보스에게 도움이 되지 않는 일인 것이지요. 억지 비유를 하자면, 부모 입장에서 형제끼리 서로 다투면 마음이 편치 않은 것이 당연한 것처럼 말입니다. 미국이 대한민국과 일본 사이에서 서로 화해하라고 독촉합니다. 특히 소련, 중국, 북한의 사회주의 국가 연대에 맞서 미국, 한국, 일본의 자본주의 국가의 결속은 미국이 세계질서 속에서 패권을 유지하는 데 절대적이었습니다.

냉전 시기의 미국은 대한민국의 민주화나 인권에 관심이 없었습니다. 냉전 시기의 미국은 속히 대한민국이 친미적이고 친자본주의적인 나라로 뿌리내리길 바랐습니다. 그래야 자본주의 국가인 한·미·일이 공조_{여럿이 함께 도와주거나 서로 도와줌}해서 공산화가 확산되는 것을 막을 수 있었기 때문입니다. 미국이 한국과 일본에 한일수교를 압박한 것을 이런 맥락에서 이루어진 것입니다. 이런 맥락을 정확히 알고 있는 일본은 한일회담에서 배짱을 퉁깁니다.

그런데 일본은 지금도 그렇지만, 우리 민족에게 저지른 죄_{만행. 잘못. 야만스런 행동}가 얼마나 큰지 잘 모르는지, 잘 알고 싶지 않은지, 사과할 마음이 전혀 없습니다. 그때도 마찬가지였습니다. 피해자 대한민국은 사과를 받아야 하고, 가해자 일본은 사과할 생각이 전혀 없는 것입니다. 사과해야, 사과_{죗값}에 따른 용서를 하든지, 배상_{남에게 입힌 손해를 물어 줌}을 받던지 할 것인데, 죄를 지은 놈은 사과할 생각이 전혀 없는 것입니다. 그때₁₉₆₅년도 지금도 일본은 그렇습니다.

필자의 생각으로는 그런 일본은 결코 선진국이 될 수 없다고 봅니다. 일본이 경제적으로는 잘 사는 나라이지만 독일 같은 선진국은 될 수 없습니다. 잘 살기만 한다고 선진국이 되는 것은 아닙니다. 잘못에 대한 사과와 반성이 없다는 것은, 앞으로 또 다른 잘못된 행위를 할 소지본디의 바탕. 밑바탕가 많다는 뜻입니다. 그 본질이 헌법을 바꾸어 전쟁 가능한 나라로 만들겠다는 것이고, 다른 나라와 전쟁이 가능하다는 것은, 과거에 했던 것처럼 전쟁을 일으킬 여지어떤 일을 하거나 어떤 일이 일어날 가능성가 있다는 뜻일 것입니다. 말은 평화헌법이라고 하지만, 전쟁헌법인 것입니다.

한·일기본조약한일수교 당시 일본은 대한민국에 사과도 무상원조도 할 의사가 없었지만, 유독 강자에겐 약하고 약자에겐 강한 칼의 나라 습성으로, 강자인 미국이 대한민국과 수교나라와 나라 사이에 외교 관계를 맺음하라고 겁박하니까 마지못해서 돈 몇 푼을 주면서, 과거사지나간 과거의 일를 퉁치자줄 것과 받을 것을 서로 없는 것으로 치다 했고, 박정희 정부는 이 조약에 그래 그렇게 하자고 하며 서명을 한 것입니다.

이러한 이유들 때문에 학생들과 시민들은 한·일협정한일기본조약. 1965 체결에 결사적으로 반대했습니다. 한일기본조약은 대한민국과 일본국간의 기본관계에 관한 조약을 말합니다. 한일기본조약의 체결에 대해 학생들과 시민들은 굴욕적인 외교라면서 반대했습니다. 이 조약에는 두 나라 관계정상화의 전제조건인 일제 강점기의 죄악에 대한 일본 측의 공식적인 사과는 한마디도 포함되어 있지 않습니다. 경제협력이라는 명목으로 무상원조 3억 달러, 재정차관 2억 달러였고, 2억 달러는 10년에 걸쳐 갚도록 되어 있었습니다.

1964년부터 한일국교정상화회담이라는 이름으로 회담이 개최되자, 회담에 반대하는 학생들과 시민, 야당의 투쟁이 1964년 6월 3일부터 본격화됩니다. 이를 '6·3항쟁'이라고 합니다. 박정희 정부는 계엄령국가 원수가 계엄의 실시를 선포하는 명령을 선포하여 이 항쟁을 무력으로 진압합니다. 계엄은 일정한 곳을 병력으로 엄하게 경계한다는 뜻으로, 군사적 필요나 사회의 안녕아무 탈 없이 편안함과 질서 유지를 위하여 일정한 지역의 행정권과 사법권의 전부 또는 일부를 군대가 맡아서 다스리는 일을 말합니다. 대한민국 국민과 한편이 되어야 할 대한민국 정부가, 국민의 편이 아닌 일본의 편을 든 것입니다.

가해자의 불법위법행위에 의해 입은 손해를 갚게 하는 것을 손해배상이라고 합니다. 적법법에 맞음행위에 의해 입은 피해를 갚게 하는 것을 손실보상이라고 합니다. 손해배상은 위법성어떤 행위가 범죄 또는 불법 행위로 인정되기 위한 객관적 요건을 전제논리에서 추리할 때, 결론의 기초가 되는 판단로 하는 것이고, 손실보상은 적법성법에 어긋남이 없는 성질을 전제로 하는 것입니다. 박정희 정부가 일본으로부터 받은 돈무상원조. 차관의 성격은 손해배상이 아니라, 손실보상에 해당한다고 볼 수 있습니다. 더 정확하게 말하자면, 한국의 독립을 축하하는 축의금축하하는 뜻으로 내는 돈으로 받은 것입니다.

위에서 말한 것처럼 '자기네들일본은 잘못한 것이 없다. 하지만 너희들대한민국의 경우놓여 있는 조건 또는 놓이게 된 형편이나 사정가 딱하니 인도적 차원에서 조금 도와줄게.' 이런 의미입니다. 한국과 동일하게 일본의 식민 지배를 당했던, 필리핀 등의 동남아시아 나라들은 공식적인 사과와 함께 손해배상을 받았습니다. 그러나저러나 그것은 그렇다 치고 박정희 정부는 국민들의 반발을 계엄령과 군대로 진압하고, 일본으로부터 약간의 돈을 받아냅니다. 이 돈 역시 경제개발의 자금으로 사용되었습니다.

파독 광부와 간호사, 한일수교를 통한 무상원조와 차관 이외에 또 하나의 경제개발 자금의 출처나오거나 생긴 근거는 베트남전쟁에 파병입니다.

베트남전쟁 파병은 미국의 요청으로 1964년부터 1973년까지 한국정부가 베트남전쟁에 5만여 명을 파병한 사건을 말합니다. 파병의 조건은 경제개발에 필요한 차관자금을 빌려 옴과 기술지원 및 무기원조였습니다. 베트남전쟁은 베트남의 독립과 통일을 위하여 벌인 전쟁을 말합니다. 베트남의 독립전쟁은, 처음에는 프랑스였고, 그다음은 일본이었으며, 마지막이 미국이었습니다. 1945년 제2차 세계대전이 끝나면서, 1884년 프랑스에 이어 1940년부터 일본의 지배를 받고 있었습니다. 일본이 패망하자, 다시 프랑스가 베트남을 지배하려고 합니다. 이에 비엣민베트남 독립동맹회을 중심으로 베트남의 독립과 정부수립을 위한 노력을 합니다. 그 과정에 호찌민은 비엣민을 중심으로 1945년 베트남 북부에 베트남민주공화국북베트남. 현재의 베트남. 사회주의이라는 정부를 수립하고, 프랑스와 독립전쟁을 전개합니다. 프랑스는 북베트남을 견제하고자, 허수아비 정권인 베트남국1949~1955을 세웠고, 베트남국은 다시 남베트남베트남공화국. 자본주의으로 계승됩니다. 남베트남월남이라고 부름은 1955년부터 1975년 사이에 베트남 남부에 존재했던 나라입니다.

베트콩 비엣꽁. 남베트남민족해방전선은 베트남 전쟁 중 미국과 연합한 남베트남월남에 대항하기 위해 무장투쟁조직을 말합니다. 남베트남민족해방전선베트콩. 사회주의은 북베트남베트남민주공화국. 월맹. 사회주의의 지원 아래 남베트남베트남공화국. 자본주의 및 이들을 지원하는 미국군과 싸웠습니다. 1975년 미군이 철수하고 남베트남 정부가 무너지자 베트남 남부에 정부남베트남공화국. 1975~1976를 잠시 수립했다가, 북베트남과 통일하여 현재의 베트남베트남 사회주의공화국이 되었습니다.

미국은 베트남이 공산화^{사회주의화}되는 것을 막기 위해, 군대를 보내어 남베트남^{베트남공화국. 자본주의}과 함께 사회주의적인 베트콩·북베트남을 상대로 싸웠습니다. 그 전쟁이 베트남전쟁입니다. 우리가 흔히 말하는 베트콩은 남베트남민족해방전선이 정식 명칭으로, 베트남공산주의자란 뜻입니다. 베트콩은 호찌민이 1945년 베트남 북부에 수립한, 베트남민주공화국^{현재의 베트남}의 군사적 지원을 받으며, 프랑스의 지원을 받던 남부의 베트남공화국^{남베트남. 자본주의}과 전쟁 중이었습니다.

이러한 상황에서 베트남이 공산화되는 것을 우려한 미국이 군대를 보내어, 남베트남을 지원함으로써, 전쟁은 프랑스와 북베트남·베트콩의 대결에서, 프랑스 대신에 미국이 들어가게 됩니다. 결국 자본주의인 미국·남베트남·한국 등이 한편이고, 반대편에는 사회주의인 북베트남·베트콩·중국·소련이 인도차이나 반도에서 이념의 싸움을 한 것입니다. 한반도에서도 인도차이나 반도에서도 이념의 대결은 계속되고 있었습니다. 1964년부터 1973년 사이에 베트남에선 한반도의 6·25전쟁과 비슷한 성격의 전쟁이 있었습니다. 베트남전쟁은 분단된 남북 베트남 사이의 내전^{국내의 싸움}인 동시에 냉전시대에 자본주의 진영^{미국·남베트남·한국 등}과 공산주의 진영^{북베트남·베트콩·중국·소련}이 대립한 국제전이었다고 할 수 있습니다.

베트남전쟁에 미국은 한국 등의 우방국^{서로 우호적인 관계를 맺고 있는 나라. 사이가 좋은 나라}에 군사적 지원^{파병}을 요청합니다. 전쟁으로 인한 미국의 인적 피해를 줄이고, 명분^{베트남의 공산화를 막겠다}이 부족한 전쟁에 반대하는 국민들의 요구를 잠재울 필요가 있었던 것입니다. 이에 전투 비용은 미국이 부담하고, 전투로 인한 인적 피해의 반대급부^{어떤 일에 대응하여 얻게 되는 이익}로, 경제개발비용^{차관}·경제개발기술지원·무기선진화·베트남재건참여 등을 약속합니다.

그러나 미국이 막대한 피해를 감수하며 지원했던, 남베트남^{월남} 정부는 독재했고, 무능했고, 부정부패했습니다. 남베트남 정부에 대한 국민들의 신뢰가 상실되고, 미국에서도 전쟁에 반대하는^{반전} 국민들의 시위가 커지면서 1973년 미군은 철수합니다. 동시에 베트남에서 한국군도 철수합니다.

미국의 요청으로 박정희 정부는, 베트남전쟁에 한국군을 파병한 ^{1964~1973} 대가로 경제개발자금을 지원받고, 무기를 지원받고, 기술을 원조받고, 군수품을 납품하여 돈을 벌고, 베트남 건설 사업에 참여하여, 외화^{달러}를 획득^{손에 넣음. 얻음.}하여 경제발전과 무기 선진화엔 큰 도움이 되었습니다.

베트남전쟁에서 미국과 파병이라는 빅딜^{Big deal. 기업 간의 대형사업의 교환이나 거래}로 벌어들인 외화는, 대한민국의 경제발전에 긴요하게^{매우 필요하고 중요하다} 사용되었습니다. 달러는 포항제철의 건설, 경부고속도로의 건설로 이어져 한강의 기적을 만듭니다. 한강의 기적은 대한민국이 6·25전쟁 이후부터 1997년 이전까지 급격하게 경제가 성장했던 시기를 말하는데, 제2차 세계대전 이후 수십 년 동안에 걸친 독일^{서독}의 경제적 발전을 이르는 말인 '라인 강의 기적'에 빗대어 하는 말입니다.

베트남 파병은 이렇게 경제적으로는 긍정적 효과가 있었지만, 파병 군인의 상당수가 전사하거나 부상당했으며, 아직도 고엽제고강도 제초제로 인한 후유증으로 고생하고 있습니다. 풀을 죽이는 농약을 제초제라고 하는데, 고엽제는 제초제의 일종이지만, 제초제보다 더 강력한 것이 고엽제라고 합니다. 고엽제는 풀과 나뭇잎은 물론이고 나무까지도 말라죽게 한다고 합니다. 베트남전쟁 당시, 미군은 '오렌지 작전' 이름으로 고엽제를 밀림에 대량으로 살포하였고, 그 아래서 작전 중이었거나 살았던 사람들은, 고엽제 살포의 후유증으로 고통을 받고 있습니다. 베트남에서도 미국에서도 한국에서도 고엽제로 인한 고통을 아직도 진행 중입니다.

인간의 삶에서 절실한 것은, 사람들에 따라 다르겠지만, 아마도 자유자유의지와 생존이 아닐까 합니다. 자유롭게 사는 것이 행복하게 사는 비결일 수 있습니다. 자유의지는 두 가지 이상의 동기에 대해 그 선택과 결정은 자신에게 있으며 이를 자유로이 선택할 수 있다는 의지어떤 일을 이루려는 마음를 말합니다. 일제 강점기에 우리가 그토록 갈망한 독립과 해방도, 자유를 얻기 위함이었습니다. 민족의 자유와 독립을 가장 우선하는 주장을 민족주의라고 합니다.

또 하나가 생존인데, 박정희 정부는 국민의 생존에 절실한 먹는 문제의 해결에 크게 기여했다고 할 수 있습니다. 흔히 일반 국민이 생활하는 데 겪는 고통을 민생고民生苦라고 합니다. 그 가운데 가장 큰 비중이 경제생활일 것이고, 경제생활의 곤궁에서 벗어나는데 일정한 기여를 한 것은 분명한 사실입니다. 농업과 산업이 되살아나는데 박정희 정부는 큰 공헌을 하였다고 할 수 있습니다. 그러나 산업화, 공업화의 과정에서 민주화와 인권은 길바닥의 개똥처럼 무시되었습니다.

역사적 존재로서의 인간의 자각을 역사의식이라고 합니다. 역사의식은 사물의 역사적 기원과 그 역사적 발전 과정 및 역사적 위치에 관한 의식_{사물이나 일에 대한 개인적·집단적 감정이나 견해나 사상}을 말합니다. 역사 발전에 대한 나름대로의 발전적인 생각이 역사의식입니다. 박정희 정부는 경제_{경제생활. 민생고 해결}가 자유의지와 인권에 우선한다는 역사의식을 가졌던 것으로 보입니다. 어느 나라든 어느 민족이든 빛과 그늘이 있기 마련입니다. 한국사의 빛과 그늘을 함께 알려고 노력할 때, 올바른 역사의식, 균형 잡힌 역사의식을 갖게 될 것입니다.

53 유신헌법

  1962년에 시작한 박정희 정권의 1차 경제개발계획은 1966년에 성공적으로 마칩니다. 1차는 기간산업_{산업의 바탕이 되는 중요산업으로, 화학·제철·기계·광공업·조선공업 등}과 사회간접자본_{생산 활동에 간접적으로 도움을 주는 시설. 국민경제 발전의 기초가 되는 도로·항만·철도·통신·전력·수도 등의 공공시설}을 확충하는 데 집중했습니다. 이를 발판으로 1967년부터 2차로 경제개발계획이 추진되어, 식량의 자급화에 노력합니다. 1차 경제개발계획의 성공은 1967년 대선에서 박정희가 대통령이 되는데 결정적으로 작용합니다.

  '절대 권력은 절대로 부패한다.'는 말이 있습니다. 상대할 자가 없는, 절대적인 권력자는 반드시 부패하기 마련이라는 뜻입니다. 절대 권력자였던 이승만은 절대_{반드시. 꼭} 부패했고, 절대로의 부패는 대통력직의 하야_{권력자가 직위에서 물러남}와 하와이 망명_{도주_{망명. 죄를 지은 사람이 몸을 피하여 멀리 도망함}}

로 이어졌습니다. 절대는 상대하여 비교될 만한 것이 없음을 뜻합니다.
절대 권력은 법률과 기관기구. 시스템이나 누구의 구속자유행동을 제한 또는 정지
시킴을 받지 않으며, 행사하는 권력을 말합니다. 권력은 부패합니다. 절
대 권력은 달콤하기 때문에 반드시 부패하는 것입니다.

이승만이 권력의 달콤함에 취했던 것처럼, 박정희도 이승만이 갔던 길
을 갑니다. 인간은 똑똑한 것 같지만, 이처럼 어리석은 것입니다. 이념과
진영서로 대립하는 세력의 어느 한쪽. 체제 간의 대결은, 냉전을 잉태했고 냉전은
분단을 잉태했고 분단은 독재를 잉태했습니다. 독재 권력의 달콤함에 취
한 박정희는 장기 집권을 시도합니다.

1967년 대선대통령선거에서 공화당의 박정희 후보는 신민당의 윤보선 후
보를 누르고 다시 당선됩니다. 경제의 성장과 발전은 박정희의 재집권
성공에 크게 기여했습니다. 당시의 헌법으로는, 대통령의 임기는 4년 중
임까지였습니다. 4년 중임이니까, 총 햇수가 8년이 되면 더 이상 대통령
을 할 수 없었습니다. 그때가 1971년입니다. 나쁜 것을 더 잘 배운다고,
박정희의 이승만 따라 하기는 끝이 없습니다. 한 번을 더세 번 하려면 헌
법을 개정해야 했습니다. 이에 박정희는 1969년 국회를 압박하여, 대통
령의 3선을 금지하는 조항을 삭제하는 개헌을 하게 됩니다.

한편 1968년 1·21사태가 일어납니다. 1·21사태는 김신조를 포함한 31
명의 북한특수부대 소속 무장간첩들이 청와대를 기습공격 하다가 실패
한 사건입니다. 1·21사태를 계기로 박정희 정부는 중앙정보부를 중심으
로, 인천 인근의 실미도에 실미도 부대를 창설하고, 북한의 주석궁을 공
격하는 준비를 하다가, 1969년 닉슨독트린으로 냉전이 완화데탕트. 국제 관

계에서의 긴장완화**되면서** 실행계획이 중단되었습니다. 이 과정에 일어난 사건이 실미도 사건으로, 1971년 8월 인천 중구 실미도에서 훈련을 받았던 실미도부대원들이 실미도부대를 무장으로 탈출해 서울로 향하던 중 자폭 또는 사살되거나 사형당한 사건을 말합니다. 실미도 사건은 냉전 상태에서 냉전완화로 가는 과정에 한국에서 일어난 비극입니다.

1968년 1월 23일 미해군 정보수집선 푸에블로호가 북한군에 의해 나포 영해를 침범한 배를 붙잡음**되는** 사건이 일어납니다. 1969년 5대, 6대 대통령을 지낸 박정희는, 대통령 3선을 금지하고 있는 헌법을 개정하고자, 여당인 공화당 단독으로 입법처리하고, 국민투표를 통해 개헌6차 개헌에 성공합니다. 이를 바탕으로 박정희는 1971년 7대 대통령 선거에서 김대중 후보를 누르고 어렵게 3선에 성공합니다. 이승만이 역할모델본기기가 되는 대상이나 모범이었을 박정희는, 이승만이 했던 것처럼 대규모의 금권선거돈으로 표심을 사는 선거, 관권선거국기기관이나 공무원을 선거에 동원 등의 부정선거를 통해 당선됩니다. 또한 북한에 의한 1·21사태나 푸에블로호 사건은 박정희의 당선에 유리하게 작용합니다.

그러나 박정희 정권에 위기가 닥칩니다. 가장 큰 위기는 냉전의 완화입니다. 이념자본주의와 공산주의과 이념에 따른 분단을 남북의 권력자는 장기집권과 독재에 적절하게 활용하였습니다. 냉전 완화의 계기가 된 것이 닉슨 독트린입니다. 닉슨 독트린은 1969년 미국의 37대 대통령 리처드 닉슨이 밝힌 아시아에 대한 외교정책으로, 힘이 약한 우방국이 자주국방 태세를 갖추도록 경제적 군사적 원조를 제공하는 대신에, 해외 주둔 미군을 감축한다는 것이 요지입니다. 이에 따라 미국은 중국과 대화를 재개하였고, 베트남에서 군대를 철수시키게 됩니다. 닉슨 독트린은 냉전을 완화겠다는 발표였습니다. 닉슨 독트린은 미군이 베트남에서 철수하는 명분이 되었습니다.

데탕트는 1970년대 미국과 소련을 중심으로 한 동·서 냉전체제 간의 긴장완화를 말합니다. 데탕트는 프랑스어로 완화·휴식을 뜻합니다. 제2차 세계대전 이후 미국 중심의 자본주의 진영과 소련 중심의 사회주의 진영으로 하는, 양극단 서로 매우 심하게 거리가 있거나 상반되는 것의 냉전체제가 수립되었으나, 1960년대 말부터 변화의 조짐이 생겨났습니다. 패전국 독일 서독과 일본의 급성장, 제3 세계의 대두 어떤 세력이나 현상이 나타남, 중·소 중국과 소련 분쟁 등으로 복잡해져, 국제정세는 이데올로기 이념. 이상적인 것으로 여겨지는 생각이나 견해 보다 국가의 이익을 우선하게 되었습니다. 이러한 상황에서 나온 것이, 1969년의 닉슨 독트린입니다. 제3 세계라는 새로운 진영의 등장과 독일과 일본의 성장, 냉전 체제 대립적 관계가 미국과 소련 모두에게 도움이 되지 않는다는 생각, 같은 편인 중국과 소련 간의 분쟁 공산국가 내에서의 주도권 다툼 등등이, 냉전체제 대립적 관계의 지속보다 평화공존체제 체제와 이념을 달리하는 적대적인 두 나라가 서로 침범하지 않고 공존하는가 서로에게 이롭다는 인식 사물을 분별하고 판단해서 아는 일을 갖게 된 것입니다.

닉슨 독트린과 데탕트 등과 같은 평화적인 세계정세의 변화는 박정희 정권에 불리하게 작용합니다. 반공 공산주의에 반대함. 반공산주의 국시 국가 이념이나 국가 정책의 기본 방침였고, 그것이 박정희 정권을 유지시켜 주는 동력이었지만, 이젠 변화하는 세계정세, 즉 달라진 세계의 정치 형편일이 되어 가는 모양에 억지로라도 보조를 맞추어야 했습니다. 국제정세의 변화와 함께 국내적으로는 급속한 경제성장의 과정에서 희생되었던 노동자들이 집단적인 투쟁을 시작합니다. 대표적인 투쟁이 1970년 11월 13일 서울 평화시장 노동자 전태일이 근로기준법 준수를 요구하며 분신 항거 자살한 사건입니다. 열악한 노동조건과 인권 침해에 대한 투쟁이었습니다.

반공^{반공산주의}과 자본주의는 미국의 정체성이자, 박정희 정권의 정체성^{본모습. 존재의 본질}이었습니다. 박정희는 국제정세의 변화와 국내의 노동자와 학생들의 투쟁을, 자신^{박정희 정권}과 자본주의에 대한 도전과 위기로 여깁니다. 반공 프레임으로 정권을 유지시켜 왔는데, 체제유지의 프레임을 반공에서 평화로 바꾸어야 했습니다. 진정^{진실}으로 바꾸기보다 바꾼 체라도 할 필요가 있었던 것입니다. 북한의 김일성 역시 '평화 코스프레'가 필요했습니다.

박정희 정권은 안으로 국가 안보와 사회 안정을 명분으로 1971년 12월 국가비상사태를 선포하여, 체제에 대한 도전을 다잡^{감독을 철저히 하여 통제하다}습니다. 국가비상사태의 선포는 외적의 침략이나 내란, 대규모 천재지변의 발생으로 국가의 치안 질서가 중대한 위협을 받아 통상적 방법으로는 공공의 안녕질서 유지가 불가능한 상황일 때 대통령이 선포하는 통치행위를 말합니다. 국제적으로 냉전을 허무는 데탕트라는 긴장완화 정세 속에서, 대한민국에 대한 외적의 침략과 내란^{나라 안에서 정권을 차지하려고 벌이는 큰 싸}의 위협이 있었는지는 박정희 정권 스스로가 더 잘 알았을 것입니다.

박정희 정권은 밖으로 '평화통일 코스프레'를 합니다. 대중문화사전에 코스프레는 유명 게임이나 만화, 애니메이션, 영화 등에 등장하는 캐릭

터를 모방하여 그들과 같은 의상을 입고 분장을 하며 행동을 흉내 내는 놀이로 일종의 퍼포먼스공연. 연기에 해당한다고 정의되어 있습니다. '평화통일 코스프레'는 박정희 정권도 김일성 정권도 합니다. 1970년의 8·15선언, 1971년의 남북적십자회담, 1972년의 7·4남북공동성명, 1973년의 6·23평화통일외교정책선언 등의 '평화통일 코스프레'는, 남북한의 정권이 서로의 체제와 정권을 유지하려는 필요성에서 이루어졌을 개연성절대적으로 확실하지 않으나 아마 그럴 것이라고 생각되는 성질은 있다고 봅니다. 박정희 정권의 '평화통일 코스프레' 근거는 유신헌법의 제정에 있다고 할 수 있습니다. 남북한은 7·4남북공동성명을 계기로, 독재체제를 더욱 강화합니다.

냉전완화긴장완화로의 국제정세의 변화와 함께, 박정희의 반공반공산주의 프레임과 김일성의 미제미국제국주의. 반자본주의. 반제국주의 프레임보다, 평화 프레임이 서로에게 유리하다는 측면에서, 남북한 모두 신속한 평화모드평화통일로의 변환이 가능했습니다. 남한의 이승만은 북진통일을 외쳤었고, 북한의 김일성은 남침통일남진통일을 시도했었습니다. 둘 다 무력군사상의 힘에 의한 통일을 의미합니다. 이승만의 유산을 계승한 사람이 박정희였습니다. 이승만 정권 아래서 평화통일은 금기어였고, 그것을 외치던 조봉암은 공산주의자로 몰려 사형을 당했습니다. 이렇게 무력통일을 외치던 사람들이 어느 날 갑자기 평화통일을 이야기하기 시작합니다.

정리하자면, 박정희 정권은 안으로는 전쟁으로 밖으로는 평화로써 정권의 위기극복과 장기집권을 시도했던 것입니다. 안으로 국민과의 전쟁 선포와 다잡기가, 1971년 12월의 국가비상사태의 선포와 1972년의 10월 유신의 선포입니다. 당장 전쟁이 일어날 것처럼 국민들에게 공포 분위기를 조성한 것이 국가비상사태의 선포입니다. 평화통일을 위해선, 더욱 강력한 대통령이 필요하다고 주장합니다. '남한은 평화통일을 원한다, 그런데 북한의 남침 위협이 있고, 남한에는 내란의 음모가 있다, 이런 내우외환_{나라 안팎의 여러 가지 걱정거리}의 위기를 극복하고, 평화적인 통일을 위해선, 대통령에게 강력한 힘이 필요하고, 대통령이 장기적으로 집권해야 한다, 그러기 위해선 헌법을 바꾸어야 한다.' 이것이 박정희 정권의 국민 설득 논리였습니다. 대통령의 권력 강화와 영구 집권 프로젝트가 10월 유신이고, 유신헌법의 제정입니다.

그리고 한국적 민주주의를 토착화_{뿌리를 내림}해야 한다는 괴상한 논리_{궤변. 거짓논리}를 폅니다. 한국적 민주주의, 그런 것은 세상에 없습니다. 민주주의면 그냥 민주주의지, 한국적인 민주주의는 없습니다. 민도民度는 국민의 문화수준이나 생활수준을 말합니다. 그리고 국민의 의식수준_{어떤 대상에 대하여 생각하고 판단하는 능력의 정도}을 의미하기도 합니다. 당시 대한민국 국민의 민도_{의식수준}는 상당히 낮은 편이었습니다. 박정희 정권의 한국적 민주주의라는 궤변에 많은 국민들이 속기도 했습니다. 한국적 민주주의는, 박정희를 위한 한국적인 독재주의_{민주적 절차를 부정하고 통치자의 독단으로, 혼자서 모든 일을 마음대로 하고자 하는 생각}였습니다. 그 근거는 유신헌법입니다.

유신維新은 오직 새롭게 한다, 낡은 제도를 새롭게 고친다는 뜻입니다. 유신이라는 단어 자체가 나쁜 것은 아닙니다. 유신헌법은 실제로는 그렇지 않지만, 말 그대로 하면, 낡은 제도를 새롭게 고치기 위한, 헌법이라는 뜻입니다. 1972년 10월 17일 박정희는 유신을 한다면서, 국회를 강제로 해산시키고, 초헌법적_{헌법을 초월하는, 헌법을 넘어서는, 헌법을 무시하는}으로 유신헌법7차 개헌을 제정하여 공포합니다. 이것이 10월 유신이고, 이렇게 만들어진 헌법이 유신헌법입니다.

헌법은 입법기관인 국회가 만드는정부가 발의를 할 수는 있지만, 국회의 동의를 3분의 2 이상 얻어야 함 것이고 국민의 동의를 반드시 얻어야 합니다. 유신헌법의 요지는 '통일주체국민회의에서 대통령을 간접적으로 뽑고, 대통령의 임기는 6년으로 하고, 대통령의 연임 제한은 철폐한다.'입니다. 대통령은 긴급조치권과 국회 해산권을 갖게 되어, 대통령이 마음대로 헌법의 기능과 법률의 효력을 일시 정지시킬 수 있게 되었습니다. 이로써 제4 공화국이 시작되었습니다. 민주정치의 기초인, 입법권·사법권·행정권의 분립을 의미하는 삼권분립이 유신헌법의 제정으로 붕괴되었고, 통일주체국민회의의 대의원들은 박정희 정권의 필요에 따라 손을 들고 동의하는 거수기가 되었습니다. 박정희는 왕 같은 대통령이 된 것입니다. 거수기는 회의에서 가부찬성과 반대를 나타낼 때, 주견자기의 주장이 있는 의견 없이 남이 시키는 대로 손을 드는 사람을 낮잡아 이르는 말입니다.

유신헌법의 제정으로 박정희는 영구영원한 집권의 기반을 마련했습니다. 박정희는 종신목숨을 다하기까지의 동안으로 대통령을 할 수 있게 되었습니다. 1972년 박정희는 유신헌법으로 통일주체국민회의의 의장이 되었고, 이 헌법에 따라 치러진, 장충체육관에서의 통일주체국민회의 대의원들에 의한 간접선거로 8대 대통령에 당선되었습니다. 체육관에서 거수기들에 의해 뽑힌 박정희와 전두환을 속칭세상에서 보통 쓰는 이름 '체육관대통령'이라고 부르는 것입니다. 8대 대선에서 박정희는 단독으로 입후보해서, 거수기들통일주체국민회의 대의원의 99.9%2,359명이 투표, 2,357표 득표. 무효 2표의 찬성을 얻어 대통령에 당선되었습니다.

메이지는 일본 왕천황의 이름이자, 연호임금이 즉위한 해를 상징하는 이름입니다. 유신維新은 '새롭게 바꾼다.'는 뜻입니다. 메이지 국왕천황 시대의 개혁을, '메이지 유신'이라고 부릅니다. 메이지 유신의 목표는 국왕천황 중심의 중앙집권체제의 강화와 그러한 국가의 수립이었습니다. 10월 유신은 근대 일본의 메이지 유신을 모델로 했다고 할 수 있습니다. 왕 같은, 대통령을 중심으로 중앙집권체제를 강화하고 국가의 체제와 질서를 유지하는 것이, 10월 유신의 존재 이유였습니다.

북한의 김일성도 박정희와 비슷한 행보어떤 일을 해 나감를 합니다. 북한에서도 1972년 12월에 조선사회주의헌법이 제정되어, 주체사상이 전체 인민의 지도적 사상임을 천명사실이나 입장 따위를 드러내서 밝힘합니다. 조선사회주의헌법은 김일성 주체사상이라는 것이 괴상한 논리로 독재체제를 강화하는 수단이 됩니다. 1960년대 초부터 본격화한 중국과 소련의 이념분쟁으로, 사회주의 국가 간의 결속력 약화됩니다. 이런 상황에서 북한은 중국을 따르기도 소련을 따르기도 곤란한 입장이 됩니다. 이에 북한은 독자적 사회주의 노선일정한 목표를 이루기 위한 견해나 활동 방침 추구합니다. 사회주의 국가로서 북한만의 길을 가겠다는 것입니다. '마르크스-레닌주의'에서 '김일성주의'로 가겠다는 것입니다. 그것이 주체사상입니다.

주의主義. 방침는 굳게 지키는 주장이나 방침을 말합니다. 주체는 사물의 작용이나 어떤 행동의 주主. 주요하거나 기본이 되는 것를 가 되는 것을 말합니다. 북한의 사회주의헌법은 김일성이 1967년 12월 최고인민회의에서 발표한 대내외 정책의 기본 방침을 바탕으로 제정되었습니다. 사상적으로 주체를, 정치적으로 자주를, 경제적으로 자립을, 군사적으로 자위자기 힘으로 자기를 방위함를 중심 내용으로 하는데, 이를 통하여 김일성 중심의 지배체제가 한층 강화되었습니다.

겉모습명분은 주체, 자주, 자립, 자위로 외국의 간섭이 없는 자주적으로 국가를 운영한다는 것이었지만, 속모습실제은 김일성의 개인 우상화를 통한, 1인 독재체제의 강화가 주된 목적이었습니다. 북한 사람들이 김일성을 신神처럼 숭배하게 하여, 김일성을 중심으로 한 북한의 운영이 사회주의헌법의 목적이었습니다. 김일성은 주석이 되었고, 모든 권력은 김일성 주석에게 집중되게 만든 것이 사회주의헌법이었습니다. 박정희처럼 김일성도 왕 같은 주석이 된 것입니다. 남한에는 왕 같은 대통령이, 북한에는 왕 같은 주석이 백성들에게 군림君臨. 군주로서 그 나라를 거느려 다스림. 어떤 분야에서 절대적 세력을 가진 사람이 남을 압도하는 일하는, 한반도는 독재의 세상이 된 것입니다.

말이 공화국이지, 실제로는 군주국이 된 것이나 마찬가지입니다. 대한민국은 민주공화국이고, 북한의 공식 명칭은 조선민주주의인민공화국입니다. 북한식 사회주의인, 김일성주의는 김일성 주체사상을 말하는 것이고, 김일성 주체사상은 김일성 독재였습니다. 북한식 사회주의인, 김일성주의는 김일성의 독재정치에 기여했지만, 결과적으로는 마이웨이로 인한 북한의 고립을 자초했습니다. 그 고립에 따른 결과물이 낙후된 북한의 현재 모습입니다.

유신헌법의 제정으로 박정희는 영구영원한 집권의 기반을 마련했습니다. 이에 반발하는 국민들의 항쟁시위이 전국적으로 일어납니다. 반독재와 민주화운동이라고 할 수 있습니다. 유신헌법에 반대하는 격렬한 시위가 대학생들과 재야인사, 언론인, 교수 등을 중심으로 벌어집니다. 유신헌법을 반대하는 서명운동1973과 함께 민주구국선언1976으로 투쟁을 하자, 긴급조치권을 발동하여 탄압합니다.

긴급조치권은 유신헌법 53조에 규정되어 있던, 대통령의 권한으로 취할 수 있었던 특별한 조치를 말합니다. 유신헌법에서 국민의 자유와 권리를 잠정적으로 정지할 수 있는 대통령의 권한이 긴급조치권이었습니다. 박정희는 이 권한을 총 9차례 사용했습니다. 유신헌법 53조 ①항은 다음과 같습니다. '제53조 대통령은 천재·지변 또는 중대한 재정·경제상의 위기에 처하거나, 국가의 안전보장 또는 공공의 안녕질서가 중대한 위협을 받거나 받을 우려가 있어, 신속한 조치를 할 필요가 있다고 판단할 때에는 내정·외교·국방·경제·재정·사법 등 국정 전반에 걸쳐 필요한 긴급조치를 할 수 있다.' 박정희는 이 권한을 악용하고 남용함부로 씀하여, 유신체제에 대한 저항을 막습니다.

박정희의 유신체제는 긴급조치권으로 유지되고 있었던 것입니다. 긴급조치권은 1979년 10·26사태로 박정희가 사망한 이후, 신군부전두환 정권의 주도로 1980년 10월 27일 헌법이 개정되면서 폐지되었습니다. 시위는 많은 사람이 공공연하게 의사를 표시하여 집회나 행진을 하며 위력강력한 힘을 나타내는 일을 말합니다. 유신체제에 반대하는 시위를 박정희는 무력으로 진압합니다. 시위 가운데 가장 격렬하게 저항했던 것이 부마항쟁입니다. 부마항쟁은 1979년 10월에 부산과 마산에서 일어난 박정희의 유신체제에 반대한 시민들의 민주화운동을 말합니다.

석유파동Oil shock은 1973년~1974년과 1978년~1980년, 두 차례에 걸친 국제석유가격의 상승으로 인해 발생한, 세계 각국의 경제적 혼란을 말합니다. 파동은 사회적으로 어떤 현상이 퍼져 커다란 영향을 미치는 것을 말합니다. 특히 한국처럼 석유가 생산되지 않는 나라들의 충격은 너무나 컸습니다. 박정희 정부의 3~4차 경제개발계획의 핵심 분야는, 석유와 관련된 중화학 공업이었습니다. 석유의 제한적 공급석유의 무기화과 가격의 상승은 대한민국의 경제에 타격을 주었고, 그것은 박정희 정부에 정치적인 악재하락시키는 원인이 되는 조건로 작용합니다. 1978년 말부터 시작된 2차 석유파동은 한국 경제를 불황경기가 좋지 못함. 불경기의 늪에 빠지게 만들었습니다. 불경기상업이나 생산 활동에 활기가 없는 상태로 인하여 공장이나 회사의 폐업영업을 하지 않음은 이어지고, 국민들의 삶은 곤란해집니다.

이러한 가운데 YH무역사건이 일어납니다. YH무역은 가발을 제조하여 해외로 수출하는 기업회사이었습니다. YH무역은 경기의 호황과 정부의 수출 지원 정책으로 크게 성장합니다. 그러나 YH무역회사는 경영자의 과도한 사업 확장과 2차 석유파동이 겹치면서 회사의 운영이 어렵게 되자, 종업원들을 대대적으로 감원인원수를 줄임시키고선, 노동자들이 임금 인상을 요구한다는 구실로 회사까지 폐업해 버립니다.

이에 노동자들은 회사의 폐업에 반대하며, 농성어떤 목적을 위하여 줄곧 한자리를 떠나지 않고 시위함하다가 여의치 않자 야당인 신민당의 당사정당의 사무실로 쓰는 건물로 들어가서 농성을 하게 됩니다. 당시 신민당의 총재는 김영삼이었습니다. 이러한 농성을 박정희 정권은 경찰을 동원하여 폭력적으로 진압하였고, 그 과정에서 사망자와 부상자가 나오고 많은 사람들이 경찰서로 끌려가 고초고란를 겪게 됩니다. 또한 박정희 정권은 경찰의 폭력적 진압에 항의하는 김영삼 신민당 총재를 국회의원직에서 제명자격을 박탈함. 1979.10 시켜버립니다.

김영삼의 정치적 근거지활동의 터전으로 삼는 곳는 부산과 경남이었습니다. 박정희 정권의 독재와 반민주적인 행태, 김영삼의 제명에 항거하는 투쟁이, 김영삼의 정치적 근거지였던 부산·마산·창원 지역의 학생들과 시민들을 중심으로 일어납니다. 이를 부마항쟁1979.10.16.이라고 합니다. 부마항쟁은 시민항쟁이었습니다. 박정희 정권은 부마항쟁을 무력으로 진압을 시도합니다. 부산에는 계엄령을 선포하고 마산에는 위수령을 발동합니다. 계엄령戒嚴令은 국가 비상시에, 국가 원수대통령가 일정한 지역을 병력군사력으로 엄격嚴格하게 경계警戒하도록 하여, 국가의 안녕과 공공질서를 유지할 목적으로 내리는 명령命令을 말합니다. 위수령衛戍令은 국가 원수가 육군부대해군과 공군은 아님를 동원하여 일정한 곳에 주둔하며, 그 지역을 경비하게 하는 명령을 말합니다. 계엄령과 위수령은 비슷한듯하나 차이가 좀 있습니다. 계엄령은 법률적헌법에 규정됨 근거가 있는 대통령의 명령이고, 위수령은 법률적 근거가 없는 대통령의 명령이었습니다. 계엄령은 법률적 근거가 있기에, 발동 즉시 국회에 통보해야 하고, 국회의 요구가 있을 땐 해제해야 합니다. 그러나 위수령은 법률적 근거가 없기 때문에, 국회의 동의 없이 발령할 수 있었습니다. 그래서 위수령은 대통령이 권한을 남용할 가능성이 많았습니다. 이에 1950년에 만들어진 위수령은 68년 만에 국무회의를 거쳐 2018년 폐지되었습니다.

계엄령이든 위수령이든 대통령이 명령으로 군대를 동원하는 것입니다.

군대가 가진 것은 총칼과 같은 무기이고, 그것이 행사될 땐 반드시 피를 부르게 됩니다. 당시 박정희의 최측근으로는 중앙정보부장 김재규와 대통령경호실장이었던 차지철이었습니다. 차지철은 육군대위로서 5·16군사쿠데타에 적극 참여했던 인물이며, 김재규는 박정희와 동향^{고향이 같음}으로 군인출신이었습니다. 차지철은 박정희의 가장 가까이에서 신변을 지키는 임무를 맡고 있었고, 김재규는 정보를 수집하고 수집한 정보를 바탕으로 박정희 정권에 위협?이 되는 존재들을 해결^{사태 수습}하는 역할을 맡고 있었습니다.

박정희 독재 철옹성의 외곽 경호가 김재규라면, 내곽^{안쪽 테두리} 경호가 차지철이었다고 할 수 있습니다. 결국 이 두 사람은 박정희의 경호^{정권 유지 방법}를 놓고 다투게 됩니다. 차지철은 계엄령과 위수령의 확대를 통해, 부마항쟁을 무력으로 진압하자는 주장을 했던 것 같고, 김재규는 계엄령과 위수령을 축소 또는 해제하고, 학생들과 시민들의 요구를 수용해야 한다는 주장을 했던 것 같습니다. 학생들과 시민들의 요구를 수용한다는 것은, 박정희의 하야를 의미하는 것이었고, 박정희의 생각은 김재규의 주장보다 차지철의 주장에 더 가까웠던 것 같습니다. 이것은 어디까지나 유추^{유사한 점에 기초하여 다른 사물을 미루어 추측함}입니다.

사실로 확인하기 어려운 것은 유추가 제격입니다. 유추는 같은 종류의 것 또는 비슷한^類 것에 기초하여, 다른 사물을 미루어 추측^{推測}하는 것을 말합니다. 같거나 비슷한^類 것으로, 유사한^{類似} 것으로, 같거나 비슷한 원인을 근거로, 결과를 미루어 짐작하는 것을 유추라고 합니다. 유추하기는 역사 공부에서 중요한 역할을 합니다. 공부와 학문은 먼저 유추하고, 유추를 바탕으로 유추한 근거를 찾아가는 긴 여정이라고 할 수 있습니다.

한편 김재규는 자신의 주장이 관철_{끝까지 밀고 나아가 목적을 이룸}되지 않자, 차지철을 살해했고 이어서 박정희도 살해했습니다. 이 사건이 10·26사태₁₉₇₉입니다. 10·26사태로 박정희 정권은 붕괴됩니다. 박정희 정권의 붕괴로 4공화국도 유신체제도 붕괴합니다. 박정희는 1961년_{5·16군사쿠데타}에서 1979년_{10·26사태}까지 18년간 집권하였습니다. 독재자 이승만은 하와이로 쫓겨 갔고, 독재자 박정희는 최측근인 부하에게 피살되었습니다. 역사는 후세_{다음에 오는 세상. 또는 다음 세대의 사람들}의 거울_{감. 鑑}이라 했는데, 박정희는 이승만을 자신의 거울로 삼지 못했던 것입니다.

54 5·18민주화운동

10·26사태로 당시 국무총리였던, 최규하가 대통령의 권한을 대행대신하여 행함하다가, 헌법에 따라 통일주체국민회의에서 간접선거로 10대 대통령이 됩니다1979~1980. 최규하는 10·26사태 이후 제주도를 제외하고 전국에 비상계엄령을 선포합니다. 그리고 국군보안사령관이었던 전두환을 계엄사령부 합동수사본부장으로 임명합니다. 전두환은 보안사령관과 합동수사본부장을 겸직합니다. 후에 전두환은 10·26사태 당시까지 김재규가 맡고 있었던 중앙정보부장 서리직무 대리자까지 합니다. 전두환이 국군보안사령관에 이어, 합동수사본부장, 중앙정보부장까지 국가의 '보안·수사·정보'를 모두 장악한 것입니다.

보안은 안보와 비슷한 말로서, 안보는 외부의 위협이나 침략으로부터 국가와 국민의 안전을 지키는 일을 말합니다. 1979년 10·26사태를 전후하여, 전두환은 대한민국의 '보안·수사·정보'를 장악하고 있었던 셈입니다. 그것을 바탕으로, 박정희 저격범 김재규를 사형시켰고, 상관이었던 계엄사령관 정승화 육군참모총장·계엄사령관 겸직 를 제거 12·12군사쿠데타 하여 군사권을 장악합니다. 이어서 중앙정보부장 서리까지 차지하여, 대통령이 되는 발판을 마련합니다. 국군보안사령부 보안사 는 국군기무사령부 기무사 라고 하다가, 2018년부터 군사안보지원사령부로 변경되었습니다.

12·12군사쿠데타는 1979년 12월 12일 전두환·노태우 등이 이끌던 군부 내의 사조직인 '하나회'를 중심으로 한 신군부 세력이, 10·26사태라는 국가적 혼란 상황을 틈타 정권을 장악한 군사쿠데타를 말합니다. 한국사는 5·16군사쿠데타의 주역들을 '군부'라 하고, 박정희의 아류 모방하는 일이나 그렇게 한 것 인, 전두환·노태우와 같은 12·12군사쿠데타의 주역들을 '신군부'라고 일컫습니다.

전두환 등의 신군부는 정보권과 수사권을 바탕으로 군사권을 장악하고, 다시 군사권을 바탕으로 정치권력을 장악하는 일련의 과정을 거쳤던 것입니다. 그 과정에서 독재는 연장되었고, 대한민국의 민주화는 그만큼 지연 어떤 일을 더디게 끌거나 끌리어 나감 되었던 것입니다. 10·26사태는 독재를 종식하고 대한민국의 민주화를 앞당기는 역사적인 기회일 수 있었는데, 그렇게 하지 못한 책임에서 최규하는 자유롭다 할 수 없을 것입니다. 그에게 아쉬운 것은 용기와 용단입니다. '하나회'는 영남출신 육사 11기생들의 친목 모임에서 시작되었다고 하며, 그 중심에는 전두환·노태우·정호용·김복동 등이 있습니다. 노태우는 전두환에 이어 제13대 대통령을 했고, 정호용은 전두환 정권에서 국방부장관을 했고, 김복동은 노태우의 처남으로 국회의원을 두 차례 했습니다.

한편 최규하는 1979년 12월에서 1980년 8월까지 10대 대통령직에 있었습니다. 그는 허울뿐인 존재였습니다. 대한민국의 실권실제로 행사할 수 있는 권리나 권세은 전두환 등의 신군부 세력에게 있었습니다. 이승만과 박정희의 독재에 넌더리몹시 싫은 생각가 났던 시민국정에 참여할 지위에 있는 국민과 학생들은 민주적인 대한민국을 소망했습니다. 대한제국과 같은 황제의 나라가 아니라, 대한大韓은 민국民國이길 소망했던 것입니다. 주인으로서의 권리인 주권이 국민에게 있는 나라, 특정한 인물이 주인 행세권세를 부림하는 것이 아니라, 국민이 스스로 주인 행세를 할 수 있길 바랐던 것입니다.

국민 스스로가 주인 행세를 하는 것을 민주民主라고 합니다. 그런 소망을 역사는 '서울의 봄'이라고 부릅니다. 1968년 체코슬로바키아의 프라하에서 일어난 민주자유화운동을 '프라하의 봄'이라고 하는데, 여기에 빗대어 대한민국의 1979년 10월26일에서 1980년 5월 17일까지의 민주화운동을 '서울의 봄'이라고 부릅니다. 시민과 학생들은 신군부 세력의 퇴진, 비상 계엄령 해제, 언론 자유 보장, 유신 헌법 폐지 등을 요구하며 대규모의 민주화 운동을 합니다. '프라하의 봄'이 소련군의 침공으로 좌절했듯이, '서울의 봄' 역시 신군부의 비상계엄령을 앞세운 군사적계엄군 진압으로 좌절어떤 계획이나 일 따위가 실패로 돌아감되고 말았습니다. 대한민국 국민들에게 1980년 민주화의 봄은, 겨울이었습니다.

서울의 봄꽃들이 신군부 세력의 군홧발에 짓밟힐 때에, 꺼져가는 봉홧불을 이어받아 민주화운동의 불을 다시 지핀 곳이 전라남도 광주였습니다. 1980년 4월 이후 학생들의 민주화운동이 전국적으로 확산되고 노동자들의 생존권 투쟁이 거세지자, 신군부^{계엄사령부}는 이것을 진압하고 정치권력마저 장악하고자 1980년 5월 17일 비상계엄을 전국으로 확대합니다. 이를 5·17비상계엄확대조치라고 합니다. 비상계엄확대조치는 보안사령관 겸 계엄사령부의 합동수사 본부장이었던 전두환이 주도한 것으로, 국회를 군사력으로 장악한 상태에서 이루어진 불법 행위였습니다. 이 조치로 정치인들의 정치활동은 금지되었고 많은 정치인들이 정당한 이유 없이 강제로 합동수사본부로 끌려갔는데, 김대중도 그중의 한 명이었습니다.

이에 5월 18일 전라남도 광주에서 학생들과 시민들이 비상계엄확대 반대, 계엄령 철폐, 전두환 퇴진, 대학교 휴교령 반대, 김대중 석방을 요구하는 시위^{위력이나 기세를 드러내어 보임}를 하게 됩니다. 이러한 시위를 전두환 등의 신군부는 공수부대^{특전사군인} 등의 무장군인들^{계엄군}을 동원하여 무력으로 진압을 시도합니다. 이 과정에 많은 학생들과 시민들이 사망하거나 부상당하였고, 전남대 등의 학생들과 광주시민들은 신군부의 무지막지한 폭력적 진압에 맞서 시민군을 구성하고 저항하였습니다. 그러나 조직적인 군사훈련을 받은, 그것도 특수훈련을 받은 특전사령부 소속의 공수부대 군인들을 시민군은 감당할 수 없었고, 결국 많은 인적 피해를 남긴 채 진압당하고 말았습니다. 이를 5·18민주화운동이라고 합니다.

5·18민주화운동은 반군부통치, 반독재의 민주화운동이었습니다. 그리고 5·18민주화운동은 1980년대 이후의 반독재 민주화 운동의 밑거름이 되었다는 점에서 그 의의^{의미·가치}를 찾을 수 있습니다. 민주화란 정치, 경제, 문화를 포함한 사회 전 영역에서 자유와 평등을 포괄한 민주

주의의 원리들이 확산되고 심화되는 과정을 말합니다. 모든 면에서 민주적으로 되어 가는 것, 또는 민주적이게 하는 것을 민주화라고 합니다. 5·18민주화운동은 국민이 국가의 주인으로 인식하는 계기를 만들었던 사건이라고 할 수 있습니다.

반군부통치·반독재의 5·18민주화운동을 무력으로 진압한 전두환 등의 신군부는, 5월 31일 국가보위비상대책위원회^{국보위}를 설치합니다. 국보위는 신군부가 12·12군사쿠데타로 장악한 군사권^{계엄군. 무력}으로 바탕으로 자신들에 대한 저항을 제압한 후, 정치권력마저 장악하기 위하여 설치한 임시행정기구입니다. 박정희 등의 군부가 5·16군사쿠데타 이후 정치권력을 장악하기 위해 설치했던 국가재건최고회의를 따라 한 것이, 전두환 등 신군부의 국가보위비상대책위원회였습니다. 명분^{표면상의 이유}은 대통령을 보좌하고 자문한다지만, 대통령이었던 최규하는 허수아비 같은 존재였고, 실제로는 전두환이 국가보위입법회의 상임위원장으로서 대통령 구실을 하고 있었습니다.

전두환이 대통령이 되는데 필요한 길을 닦는 역할을 한 조직이 국보위입니다. 국보위위원장은 최규하였습니다. 안타까운 것은 그는 대한민국 운명의 절체절명 순간에서 번번이 국민과 민주화의 입장보다 신군부의 입장에 섰습니다. 물론 그도 그 나름의 입장은 있었겠지만, 그는 당시 대한민국의 대통령이었습니다. 그는 대한민국의 국가원수^{한 나라의 최고 통치권자}로서 모든 행정을 통할^{모두 거느려서 다스림}하고 국가를 대표하는 사람이었습니다.

한편 전두환 등의 신군부는 5·17비상계엄확대조치와 국가보위비상대책위원회의 설치 등을 통해, 그들과 정치적인 경쟁자가 될 수 있는 사람들을 여러 가지 이유반정부적 인사와 방법삼청교육대 등으로 제거했습니다. 삼청교육대는 국보위가 사회악마약·범죄·도박·매음을 일소모조리 쓸어버림한다는 명분으로, 사회를 정화불순하거나 더러운 것을 깨끗하게 함한다는 명분으로 군부대 내에 설치한 국보위의 하부조직입니다. 삼청교육대라고 부른 이유는 국보위의 사회정화분과위원회 본진이 서울의 삼청동에 위치했었기 때문이라고 합니다. 국보위신군부가 주도는 삼청교육을 통해 사회를 정화한다고 했지만, 정작 정화의 대상은 그들이었고, 그들이 국민 주권의 민주주의를 훼손한 사회악의 근원이었습니다. 전두환 등의 신군부는 민주공화국인 대한민국의 적폐오랫동안 쌓여 뿌리박힌 폐단 자체였습니다. 삼청교육대는 신군부가 정권을 장악하는데 걸림돌정치적 라이벌이 되는 사람들을 제거하는 수단이었던 것입니다. 이처럼 전두환 등의 신군부는 '사회악 일소사회 정화'라는 구실로 삼청교육대를 운영했으며, 언론사를 통폐합했고, 뉴스를 사전에 검열했으며, 민주화 시위를 탄압했습니다.

이후 최규하를 대통령에서 사임사퇴시키고, 통일주체국민회의에서 대의원들거수기의 간접선거로 전두환을 대통령으로 선출하였습니다. 이로써 신군부의 리더였던 전두환은 1980년 9월에 11대 대통령이 되었습니다. 그리고 전두환 등의 신군부는 헌법을 '대통령 7년 단임과 대통령선거인단에서 대통령을 간접선거'를 골자로 하는 개정하였습니다. 이로써 5공화국이 시작되었습니다. 1981년 이 헌법에 따라 서울의 장충체육관에 대통령선거인단이 모여서 간접선거를 함으로써, 12대 대통령에 전두환이 다시 당선되었습니다. 전두환의 대통령선거인단은 박정희의 통일주체국민회의를 따라 한 것입니다. 장충체육관은 국내 설계로 지은 한국의 첫 돔 경기장이라고 합니다. 유신 헌법과 5공화국 헌법에 따라 박정희, 최규하, 전두환은 모두 장충체육관에서 통일주체국민회의 또는 대통령선거인단의 간접선거로 당선되었기에, 이들을 일명 체육관대통령이라고도 부릅니다.

박정희의 군부든 전두환의 신군부든 모두 쿠데타로 집권했기에 정통성이 약했습니다. 박정희는 그래도 직접선거로 당선된 적이 있었지만, 전두환은 두 번 모두 간접선거로 대통령이 되었기 때문에 박정희에 비해 정통성이 더 약했습니다. 정통성이란, 통치를 받는 사람에게 권력 지배를 승인하고 허용하게 하는 논리적·심리적인 근거를 말합니다. 쉽게 말해, 국민들로부터 인정을 받는 것을 뜻합니다. 박정희에 비해 국민들로부터 인정받는 정도가 약했던 전두환은, 강온강함과 부드러움 양면두 가지 방면의 통치전략지배방법을 사용합니다. 정권이 안정될 때까지는 언론을 통제하고, 민주화운동과 노동운동을 탄압하였으며, 강압적으로 반대세력을 탄압하였습니다.

그 후 정권이 안정되면서, 약한 정통성을 만회바로잡아 회복함하기 위하여, 민심을 얻기 위하여 여러 가지 유화정책너그럽게 용서하고 사이좋게 지냄을 폈습니다. 교복과 두발 자유화, 야간 통행금지 해제, 해외여행 자유화, 각종 국제 스포츠 대회 유치, 프로 야구 등이 유화책에 해당한다고 할 수 있습니다. 5공화국의 전두환 정권은 정의 사회 구현어떤 사실을 구체적으로 나타냄과 복지 사회 건설을 표방어떠한 명목을 붙여 주의·주장을 내세움하고 있었습니다. 12·12군사쿠데타로 신군부가 정권을 장악한 것은 불의였습니다.

불의가 정의를 외친다는 것은 왠지 공허한 느낌을 줍니다.

전두환 정권에 세계경제는 호의적좋게 생각하여 주는 마음이었습니다. 전두환 정권 때 한국경제는 '3저 호황'으로 경제가 성장하고 무역도 흑자수입이 지출보다 많아 잉여 이익이 생기는 일였습니다. 3저 호황은 저유가, 저달러, 저금리라는 3저로 인해서, 수출 주도형 한국경제가, 누렸던 호황호경기. 경기가 좋음. 경기는 경제활동의 상태를 말함을 말합니다. 한국경제는 원유가격, 달러가치, 국제금리의 영향을 많이 받는데, 1985년부터 1986년에 걸쳐 원유가격 하락, 달러가치의 하락, 국제금리 하락 등 '3저' 현상이 나타나 그로 인해 한국경제가 한때 호황을 누렸습니다. 이를 3저 호황이라고 합니다. 국제금리가 낮아 돈을 빌려 생산에 투자하기 좋았고, 달러가치가 낮아 원자재 수입에 드는 돈보다 제품을 수출하여 벌어들이는 돈이 상대적으로 많아졌습니다. 에너지의 상당 부분을 석유에 의존하는 한국으로서는 원유땅속에서 뽑아낸 그대로의. 정제하지 않은 석유 가격이 낮게 형성된 것도 경제 성장에 큰 도움이 되었습니다.

KEY WORD

55 6·29선언

전두환 정권에 암울한 그림자가 드리웁니다. 전두환 정권군사정권의 독재는 1985년 2월의 12대 총선에서, 대통령직선제 개헌을 주장했던 야당이 상당수 당선되는 결과를 초래했습니다. 또한 갈수록 민주화운동은 거세져 갑니다. 이런 상황에서 1986년 노동 현장에 위장 취업한 여대생이, 부천경찰서에 체포되어 조사과정에 성적인 고문을 당한 부천경찰서성고문사건이 발생했습니다. 군사독재정권의 하수인으로 전락해 버린 고문경찰은 나중에 처벌을 받았습니다.

이어 1987년 1월 민주화운동을 하던, 서울대학교 언어학과 학생 박종철을 불법으로 체포하여 치안본부현재의 경찰청의 남영동 대공보안분실대공수사기관. 대공은 공산주의나 공산주의자를 상대한다는 뜻에서 조사하던 중 경찰의 고문자백을 강요하기 위하여 육체적, 정신적 고통을 주며 알고 있는 사실을 캐어물음으로 사망하는 사건이 발생합니다. 이를 박종철고문치사사건이라고 합니다. 고문으로 사망했는데, 그냥 심장마비로 죽었다고 경찰이 거짓말을 한 것입니다. 박종철고문치사사건치사는 죽게 한다는 뜻은 1987년 '6월 항쟁'의 중요한 계기가 되었습니다.

이런 상황에서 전두환은 1987년 4월 13일 '4·13호헌조치'를 발표합니다. 호헌은 헌법을 보호하여 지킨다는 뜻입니다. '4·13호헌조치'는 5공화국 헌법을 지키겠다는 말이고, 그것을 대통령직선제를 실시하지 않겠다는 말이고, 대통령간선제로 대통령의 임기 7년 단임을 지키겠다는 말이고, 신군부 출신들이 정권을 놓지 않겠다장기집권는 말이기도 했습니다. 전두환 등의 신군부 출신들의 입장에선 그들의 뒤를 이어 민주정권이 집권한다면, 자신들에게 끔찍한 일이 될 수 있기 때문이기도 했습니다.

'4·13호헌조치'에 반대하는 시위를 하는 과정에, 연세대학교 학생이었던 이한열이 6월 9일 전투경찰이 쏜 최루탄을 머리에 맞고 쓰러졌다가, 그로 인해 나중에 사망합니다. 이한열의 죽음은 '6월 항쟁'과 6·29선언의 직접적인 계기가 되었습니다. 전투경찰에 의한 이한열의 부상 소식이 알려지면서, 6월 10일부터 전두환의 독재정치와 '4·13호헌조치'에 반대하는 민주화 시위가 전국적으로 확산되었고, 시위 참여 대상도 국민 각계각층으로 확대됩니다.

이에 전두환 정권의 계승자, 노태우민주정의당의 대표위원는 1987년 '6·29선언'을 발표하여, 국민들의 대통령직선제 개헌 요구를 받아들입니다. 이로써 전두환의 '4·13호헌조치'는 철회한번 말한 것을 취소함되었습니다. 1987년 이한열이 부상당한 다음 날인, 6월 10일부터 6월 29일 노태우의

'6·29선언'이 있기까지 전국에서 전두환 정권의 독재에 반대하여 일어난 민주화 시위를 '6월 항쟁'이라고 합니다. '6·29선언'에 따라 '대통령직선제에 대통령 임기 5년 단임'을 골자핵심로 하는 개헌9차 개헌이 이루어집니다. 단임은 원래 정해진 임기를 다 마친 뒤에 다시 그 직위에 임용하지 않는 것을 말합니다. '6월 항쟁'의 결과, 많은 분들의 위대한 희생의 결과, 국민들이 소망하던 대통령직선제가 관철끝까지 밀고 나아가 목적을 이룸되었습니다. 6공화국이 시작된 것입니다.

그러나 1987년 확정된 대통령직선제 개헌안9차 개헌. 6공화국 헌법에 따라, 1987년 12월에 13대 대통령선거가 실시되었지만 야당의 후보 단일화 실패로, 민주정의당민정당의 대통령 후보 노태우가 대통령에 당선됩니다. 개표 결과 노태우는 유효투표의 36.6%, 김영삼은 28%, 김대중은 27%, 김종필은 8%를 득표하였습니다. 김영삼과 김대중이 서로 대통령이 되겠다고 다투는 과정에, 어부지리쌍방이 다투는 사이에 제삼자가 애쓰지 않고 가로챈 이득격식으로 노태우가 당선된 것입니다. 국민적인 여망어떤 사람이나 일에 대해 여러 사람이 기대함이었던 군사독재정권의 교체가 실패한 것입니다. 실패의 이유를 집권여당민정당의 금권돈, 관권정부의 권력 선거 등과 같은 부정선거정당하지 못한 수단과 방법에 의한 선거와 KAL858기 폭파사건과 같은 반공 프레임 등에서 찾을 수도 있지만, 가장 큰 이유는 김영삼과 김대중의 단일화 실패입니다. 군사독재 청산과 대한민국의 민주화라는 국민의 간절한 여망을 자신들의 소망보다 우선했다면, 그런 어처구니없는 일이 일어나지 않았을 것입니다.

56 문민정부

1988년 4월 26일 13대 총선국회의원 전체를 한꺼번에 선출하는 선거에서, 전체 의석 299석 가운데 여당인 민주정의당은 125석밖에 차지하지 못합니다. 집권여당이 과반수절반이 넘는 수의 의석의회 따위에서 의원이 앉는 자리 확보에 실패한 것입니다. 반면 야당인 민주평화당평민당. 총재는 김대중은 통일민주당 김영삼을 제치고, 70석을 확보하여 제1야당이 되는 성과를 내게 됩니다. 여소야대국회에서 여당은 소수의 의석을, 야당은 다수의 의석을 차지한 경우의 정국정치계의 형편이 형성된 것입니다.

이에 위기의식을 느낀 민주정의당민정당의 노태우는 통일민주당민주당 의 김영삼, 신민주공화당공화당의 김종필과 함께 1990년 1월 3당을 합당 하여, 민주자유당민자당을 창당합니다. 민자당은 299석 가운데 218석을 가진 거대한 여당으로 탈바꿈합니다. 이것은 보수들끼리 연합하여, 여소

야대의 정국을 흔들어 정국을 자신들에게 유리하게 주도하려는 속셈 때문이었습니다. 노태우에 이어서 대통령이 되고자 하는 김영삼과 김종필의 집권욕 때문이었습니다. 노태우는 대통령직을 수월하게^{까다롭거나 힘들지} 않게 실행할 필요성이 있었고, 김영삼과 김종필은 대통령이 되고자 했던 사람들이었습니다. 다수의 국민들은 김영삼에 배신감을 느낍니다.

한국 민주화운동의 대부^{어떤 분야에서 오랫동안 활동해서 영향력이 가장 큰 사람의 비} 유라고 할 수 있는 사람이 김영삼과 김대중입니다. 그들은 서로 협력하기도 때론 서로 다투기도 했지만 민주화운동에서 큰 발자취를 남겼다는 점을 부인하긴 어렵습니다. 김영삼은 특히 1979년 YH무역사건과 부마항쟁, 1987년 6월항쟁의 중심에 있었던 인물입니다. 그러나 1987년 김대중과 야당의 대통령후보 단일화에 실패함으로써, 신군부의 핵심인물 노태우가 대통령에 당선되게 하여, 군사독재정권의 단절에 실패했고 그로 인해 국민들에게 큰 실망감을 갖게도 했습니다.

1990년에는 5·16군사쿠데타^{군부}의 주역인 김종필과 12·12군사쿠데타^{신군부}의 주역인 노태우와 연합^{3당 합당}하여 민자당을 창당함으로써, 또다시 국민들에게 큰 실망을 주었습니다. 민주화운동을 했던 사람이 군부독재의 2인자들과 손을 잡은 것입니다. 그는 그런 민자당을 발판으로 1992년 민자당의 대통령 후보로 입후보하여, 평민당의 김대중 후보를 누르고 대통령 당선에 성공합니다. 김영삼은 1993년 제14대 대통령에 취임함으로써, 박정희·전두환·노태우로 이어지는 32년간의 군사독재는 종식^{한때 매우 성하던 일이 끝나거나 없어짐}되었습니다.

김영삼 정부는 스스로를 문민정부라고 불렀습니다. 직업군인이 아닌 일반인에 의한 정부라는 뜻으로 이전의 군인 출신 정권과의 차별화하는 의미에서 그렇게 불렀습니다. 김영삼 정부는 여러 가지 개혁적인 정책을 실시합니다. 김영삼은 취임 직후 공직자들의 부정부패 등을 막는다는 목적으로, 일정한 직위 이상의 공무원들의 재산을 등록토록 하는 제도인, 공직자재산등록제도 실시합니다. 1993년 모든 금융거래를 금융거래 당사자인 실제 본인의 이름으로 하도록 하는 금융실명제도를 실시합니다. 1995년 지방자치제도를 전면적으로 실시합니다. 김영삼 정부는 1995년 전두환과 노태우 등의 12·12군사쿠데타 관련자와 5·18민주화운동 유혈진압에 관련된 자들을 처벌합니다. 하지만 제대로 진상규명_{사건 따위의 거짓 없는 모습이나 내용을 자세히 따져서 바로 밝힘}은 하지 못합니다. 전두환은 1심에서 사형이 선고되었지만, 2심에서 무기징역으로 감형되었고, 1999년 김대중 정부 때에 사면_{죄를 용서하여 형벌을 면제함}되었습니다. 김영삼 정부는 역사 바로 세우기에도 열의를 보입니다. 1996년 '국민학교'라는 명칭을 '초등학교'로 바꾸었습니다. '국민학교'는 일제 강점기에 한국인을 일본왕의 충성스러운 국민으로 만들려는 의도에서 사용했던 명칭이었습니다.

그러나 삼풍백화점 붕괴 사고, 성수대교 붕괴 사고 등의 큰 사건들이 발생하면서 개혁의 동력을 조금씩 상실했고, 1996년 선진국들의 모임인 경제협력개발기구^{OECD}에 무리하게 가입함으로써 경제발전에 디딤돌보다 걸림돌로 작용합니다. 경제 선진국 클럽 가입이라는 무리수_{상황에 맞지 않은 무리한 생각이나 행동의 비유}는 1997년의 외환위기를 초래하는 하나의 계기가 됩니다. 달러_{외환}를 적게 갖고 있음으로 인해서 발생한 경제적 위기가 외환위기입니다.

국가는 다른 국가에 진 빚을 갚거나 국제 경기가 나빠질 때를 대비하여 어느 정도의 달러외환를 갖고 있어야 합니다. 이러한 목적으로 국가가 갖고 있는 돈을 '외환 보유액'이라고 합니다. 외환 보유액은 국가가 위급할 때 쓰려고 달러외환로 챙겨 놓은 돈의 액수입니다. 당시 대한민국은 거래의 결재수단이 되는 달러를 적게 보유하고 있었습니다. 외환 보유액의 감소는 국가의 신용 약화로 이어져, 국제사회는 대한민국과의 무역거래를 꺼리게 되었고, 그것이 나라의 경제를 어려운 지경에 이르게 한 것입니다. 달러가 있어야 경제적 위기의 극복이 가능했습니다. 김영삼 정부는 부족한 달러외환를 국제통화기금IMF. 국제금융결제기관으로부터 빌려오는데, IMF는 달러를 빌려주는 대신에, 대한민국이 IMF의 통제에 따를 것을 요구합니다. 이로써 대한민국은 IMF의 관리요구에 따라 기업들의 구조를 조정하게 되고, 그 과정에 기업이 없어지거나 외국에 싼값에 팔렸습니다. 또한 수많은 사람들이 해고로 인하여 실업자가 됩니다. 이러한 상황을 IMF사태라고 합니다. IMF사태는 김대중 정부에 이르러 무사히 극복하게 됩니다. 그러나 아직도 대한민국엔 IMF사태의 트라우마정신적 상처로부터 고생하는 분들이 계십니다.

57 역사와 유추하기

역사를 배우는 여러 목적 중의 하나는 오늘을 제대로 알기 위해서입니다. 또한 과거와 현재를 바탕으로 미래를 유추하여 조금이나마 예측하기 위해서입니다. 유추는 같은 종류의 것 또는 비슷한類 것에 기초하여, 다른 사물을 미루어 추측推測하는 것을 말합니다. 같거나 비슷한類 것으로, 유사한類似 것으로, 같거나 비슷한 원인을 근거로, 결과를 미루어 짐작하는 것을 유추라고 합니다. 유사성類似性으로 추론推論. 추리하는 것이 유추類推입니다. 유추는 유사성서로 비슷한 성질 찾기입니다. 유추의 핵심은 서로 다른 사물이나 현상의 유사성 찾기입니다. 여기서 유사성은 동일성을 의미하는 것이 아닙니다. 유추는 유사한 점에 기초하여 다른 사물을 미루어 추측함을 의미합니다.

학문은 어떤 현상이나 법칙을 유추하고, 그 유추한 것을 바탕으로 객관적이고 사실적인 근거를 찾아가는 여정일 것입니다. 역사공부는 사실을 바탕으로 진실을 찾아가는 여정이기도 합니다. 역사에서 일정한 법칙이나 공식이 반드시 존재하는 것은 아닙니다. 그러나 과거의 경험칙_경험으로부터 귀납적으로 얻어진 사물의 인과관계와 성질과 상태에 관한 지식과 법칙을 바탕으로 유추하여 현재 문제점의 원인과 미래를 예측할 수는 있다고 봅니다.

인간은 항상 과거 경험과 새로운 상황의 유사성을 활용하여 나아갈 길을 찾습니다. 인간이든 동물이든 무의식적으로 유추를 합니다. 이유는 생존에 유리하기 때문입니다. 무의식적인 유추를 의식적으로 하면, 더 나은 생존삶에 유리합니다. 고양잇과 동물의 특징은? 특징과 특성은 유사성입니다. 고양잇과 동물에는 호랑이·고양이·치타·표범·스라소니 등이 있습니다. 고양잇과 동물의 특성은 날카롭고 강한 발톱과 발로 먹이를 잡아채고, 나무에도 쉽게 올라갑니다. 또한 잡은 먹잇감을 장난감처럼 가지고 놀기도 합니다. '같은 고양잇과 동물인 사자와 살쾡이도 그럴 것이다.' 맞습니다. 그것이 유추하기입니다.

통일신라 말기인 889년_{진성여왕}, 신라의 사벌주_{상주}에서 원종과 애노 등이 일으킨 농민 봉기가 있었습니다. 이후 통일신라는 935년_{경순왕}에 고려의 왕건에게 멸망당했습니다. 고려 후기인 1193년에 경상도 운문_{오늘날 청}도에서 운문사를 거점으로 농민이었던 김사미의 난이 일어났습니다. 이후 고려는 조선의 이성계에게 1392년에 멸망당하였습니다. 1894년 전봉준 등이 전라도 고부를 중심으로 동학농민운동을 일으켰습니다. 조선은 일본_{일제}에 1910년에 멸망당했습니다. 농민들의 조직적인 저항이 지속되는 나라는, 멀지 않아 멸망한다는 것을 역사적으로 유추할 수 있습니다. 농민들은 정착생활을 합니다. 농민들은 대체로 유순합니다. 농민들은 좀체 국가에 저항을 잘 하지 않습니다. 그런 농민들이 집단적으로 국가에 저항한다는 것은, 그만큼 삶이 피폐하다는 것이고, 더 이상 희망이 없다는 것입니다. 그럴 때마다 농민들은 저항했고 그러한 조짐이 있던 나라는 생명력을 지속하기 어려웠습니다. 이것이 유추의 힘입니다. 우리는 역사공부를 통하여 많은 것을 유추할 수 있습니다. 유추를 잘하고 유추한 것을 바탕으로 사실적이고 객관적인 근거를 잘 찾는 사람은 무슨 공부를 하든지 잘 대처하고 대비할 수 있습니다.

고대 로마의 군사력과 경제력에 의한, 유럽의 평화를 '팍스 로마나'라고 합니다. 1918년 제1차 세계대전의 종전 이후, 미국의 군사력과 경제력에 의한 세계의 평화를 '팍스 아메리카나'라고 합니다. 미국의 군사력과 경제력에 의한, 미국 중심의 세계질서 유지가 '팍스 아메리카나'입니다. 미국 중심의 세계질서는 현재2019까지 100년 동안 지속되고 있습니다. 앞으로도 미국은 '팍스 아메리카나'라는 미국 중심의 세계질서패권. 팍스. 주도권. 헤게모니를 영구히 유지하려 할 것입니다. 여기에 도전장을 내민 나라가 중국입니다. '팍스 차이나'가 되고 싶은 것입니다. 말은 팍스평화이지만, 패권주도권. 헤게모니 다툼을 미국과 중국이 하고 있습니다. 그 중심에 한반도가 있습니다. 미국이든 중국이든 그 밖의 나라든 팍스의 중심에는 '경제'가 있습니다. 그 경제권을 지키는 방법은 강력한 군사력입니다. 미국과 중국의 패권 다툼·팍스 다툼의 중심 가운데 하나로 한반도가 있습니다. 미국도 중국도 일본도 러시아도 세계질서의 으뜸 자리에 존재하고 싶은 것입니다. 미국의 보호무역주의 정책은 그 일환이라고 볼 수 있습니다. 이처럼 우리는 한국사와 세계사의 공부를 통하여, 장래의 세계와 한반도의 미래를 유추할 수 있습니다.

한국 근대사1876~1945의 69년은, 불행한 일제의 식민지 지배를 위한 준비 과정이자 식민 지배의 시기였습니다. 한국의 현대사는 광복1945과 함께 분단으로 시작하여 아직도 분단된 상태에 있습니다. 한민족 69년의 근대사는 일본에 의한 불안과 고통의 연속이었습니다. 역사적 범죄자 일본은 아직도 사과는커녕 반성조차 없습니다. 한민족 74년2019년 기준의 현대사는 좌·우익의 칼날 같은 이념으로 서로에게 상처를 남겼고, 그 대립과 대결은 아직도 남과 북 또는 남과 남에서 진행 중입니다. 과거는 과거에만 머물지 않고 현재와 미래로 이어집니다. 과거는 호박돌처럼 된 광물로, 누른색으로 거의 투명하고 광택이 있다 속의 모기 같으나, 언제 되살아나 흡혈을 시도할지 모릅니다. 그것이 역사입니다.

자랑스러운 것도 역사이지만, 부끄러운 것도 역사입니다. 누구나 자랑스러운 것은 드러내고, 부끄러운 것은 감추고 싶은 마음이 있습니다. 인지상정사람이 보통 가질 수 있는 마음입니다. 하지만 자랑스러운 것과 부끄러운 것을 모두 기억할 때 균형감 있는 역사의식을 가질 수 있습니다. 우리는 이순신의 명량대첩도 원균의 칠천량 해전도 기억해야 합니다. 잘못을 반복하지 않는 유일한 길은 기억하는 것입니다. 기억하는 것은, 잊고 싶지만 결코 잊지 않는 것입니다.